國家社科基金重大項目（10&ZD104）

上海師範大學古籍整理研究所編
項目首席專家、主編　戴建國
主編　朱易安　傅璇琮　周常林

全宋筆記

第七編　三

国家出版基金项目
NATIONAL PUBLICATION FOUNDATION

大象出版社

顧　　問　王水照　朱瑞熙　徐　規　李裕民

項目首席專家、主編　戴建國

主　　編　朱易安　傅璇琮　周常林

編纂委員會（以姓氏筆劃爲序）

王劉純　朱易安　李亞娜　周常林　俞　鋼　查清華

徐時儀　陳　新　張劍光　傅璇琮　虞雲國　戴建國

目録

履齋示兒編　孫　奕撰　一

◎孫奕 撰

履齋示兒編

侯體健 況正兵 整理

點校説明

《履齋示兒編》，或稱《示兒編》，二十三卷，孫奕撰。孫奕，字季昭，號履齋，吉州盧陵（今江西吉安）人。孫奕的生平履歷，因文獻闕如，已不可詳考。據現有材料，他主要生活在南宋孝宗、光宗、寧宗三朝，與周必大、謝諤等有交往，曾舉鄉貢進士解元，宋寧宗時做過侍從一類的官。孫奕長於小學，除本書外尚著有《孟子明解》十四卷（佚）、《決疑賦》二卷（佚）、《九經直音》十五卷（存），在文字音韻學上多有建樹。

《示兒編》成書于寧宗開禧元年（一二〇五），其撰述動機或只作蒙學教材，但其於此書用心劬勤，時見功底，絶非一般蒙學讀物可比。分總説、經説、文説、詩説、正誤、雜記、字説七部分，「辯經傳之同異，核文辭之是非，詩之評，字之正，人物之綺談，奇聞奥旨，靡所不載」，涉及面十分廣泛，立論多求新異，見解常有他人未到處，由宋至今學人引用評述頗多，是一部甚有特色的著作。

該書的版本較多，價值較突出者有元劉氏學禮堂刻本、明雪晴齋鈔本、明潘膺祉如韋館刻本、清文淵閣《四庫全書》本和《知不足齋叢書》本等。這次整理以元刻本爲底本，主要參校文淵閣《四庫全書》本（簡稱「四庫本」）和《知不足齋叢書》本（簡稱「叢書本」）。另外，《知不足齋叢書》本又附有顧廣圻《履齋示兒編辛未年重校補》（簡稱「校補」）、《示兒編覆校宋本條録》（簡稱「條録」）以及盧文弨、孫志祖、徐鯤、錢馥等學者的校勘成果，一併參考吸收，個别地方還作了理校和他校。

敘

杜子美示宗武有詩，韓退之示兒有詩，學者至今誦之，而東坡先生一以爲聖賢事，一以爲利禄事，殆若有所區别。然君子苟不能忘其子，則隨其資而示以意，使之知學，則一而已。余之少也，猶不如人，今老矣，所望者惟子與孫，然懶惰無匹，聞學褊隘，上不能進之於聖賢之域，下不能引之於利禄之塗，則以平生之末學者示之，是亦使之知學之意也。苟籯無金，教無經，一再世不爲君子之歸，可不懼哉？於是考評經傳，漁獵訓詁，以立總説、經説、文説、詩説、正誤、雜記、字説，凡七條，大抵論焉而不盡，盡焉而不確，非敢以污當代英明之眼，姑以示之子孫耳，故名曰《示兒編》。使後世賢，廣吾意；不賢，毋謂不汝誨也。吾子其懋戒之哉。

開禧元祀九月上浣廬陵孫奕書

胡誌

《示兒》一編，孫先生之惠後學者渥矣。辯經傳之同異，核文辭之是非，詩之評，字之正，人物之綺談，奇聞奥旨，靡所不載。歲月彌深，散亂磨滅，學者病之。余復加訂正，手自謄録，以傳諸後，篤意義方者，毋惜家鈔一通【一】。

癸未月正元日晚學廬陵胡楷子式誌

【一】「余復加訂正」以下二十四字，原作「本堂重加訂正，以壽諸梓，篤意義方者，毋惜家置一通」，據明雪晴齋鈔本改。

卷之一

總説

經傳引古

經傳之文，雖出古聖賢之手，然旁舉遠引，亦必有所從始，如《書》引「人亦有言」，《論語》引「周任有言」之類【一】。古今皆知《文言》爲孔子之所作，以《左氏・襄公九年》考之：穆姜之薨，筮之，遇《艮》之八。史曰：「是謂《艮》之《隨》。」姜曰：「亡！是於《周易》曰：『《隨》，元、亨、利、貞，無咎。』元，體之長也；亨，嘉之會也；利，義之和也；貞，事之幹也。君子體仁足以長人【二】，嘉德足以合禮，利物足以和義，貞固足以幹事。然，故不可誣也，是以雖《隨》無咎。」案：穆姜之筮後十四年而聖人生，實魯襄公之二十二年也。又夫子年六十有三乃始繫《周易》，以此言解《乾》卦，故謂之《文言》云。

昭公十二年，楚靈王聞子革誦《祈招》之詩，而感其不能自克。仲尼曰：「古也有志，克己復禮，仁也。信善哉！」及其答顏淵之問而曰：「克己復禮爲仁。」則是援古志以告之也。

校勘記

【一】如書引人亦有言論語引周任有言之類　此十六字原脱，據四庫本補。

【二】君子體仁足以長人　「君子」二字原脱，據四庫本補。

《孟子》「論國家閒暇明政刑」一章並答滕文公以「太王去邠」事，人皆知其爲孟子之言。及稽諸《家語》：「孔子謂子路曰：『君子而强氣，則不得其死；小人而强氣，則刑戮荐臻。《豳詩》曰：「殆天之未陰雨，徹彼桑土，綢繆牖户。今汝下民，或敢侮余。」』孔子曰：『能治國家之如此，雖欲侮之，豈可得乎？周自后稷，積行累功，以有爵土。公劉重之以仁，及至太王亶父，崇以德遜，其立根置本，備豫遠矣。初，太王都豳，狄人侵之。事之以皮幣，不得免焉；事之以珠玉，不得免焉。於是屬耆老而告曰：「狄人之所欲吾土地也。吾聞之，君子不以所養而害人。二三子何患乎無君？」遂獨與太姜去之，踰梁山，邑於岐山之下。豳人曰：「仁人之君，不可失也。」從之如歸市焉。天之與周，民之去殷，久矣。若此而不能天下，未之有也。武庚惡能侮？《邶詩》曰：「執轡如組，兩驂如儛。」』孔子曰：『爲此詩者，其知政乎？』」此夫子訓子路之辭也。《孟子》一則援以證「政刑」之説，一則援以證小事大之問，良由此始。

若夫唐明皇序《孝經》而謂：「子曰：吾志在《春秋》，行在《孝經》。」蓋得之於何休序《公羊傳》之文，而何休又得之於《鉤命決》文也。

後漢趙岐序《孟子》而謂：「仲尼有云：我欲託之空言，不如載之行事之深切著明也。」蓋取之於《太史公自敘》之語，而太史公又取之於《春秋繁露》也。《經解》引《易》曰：「差若毫釐，繆以千里。」乃出《易緯》之文也。王充《論衡》注。詳見

「毫釐」解。

六經主於王

《易》始乎皇而成乎王，《書》作乎帝而繼乎王，《詩》始乎諸侯而終乎王，《禮》、《樂》制作乎王，而《春秋》一乎尊王也。

六經無真字

六經之中無「真」字，非無真字也，夫人而不僞也。是故「仙」之一字，聖經所不著，聖人所不言。以至於佛，若僧若禪，聖人尤不筆之於書，蓋其衛道之嚴也。故佛之敢入中國者，乃在於經籍焚滅之久，禮義衰微之末，二百餘年而後始至也，則六經之有功於人也大矣。

天帝

高而覆物者，天也；尊而宰物者，帝也；健而不息者，乾也。故以形體謂之天，以主宰謂之帝，以運動謂之乾。

后皇烝辟

后，繼也，謂繼治之君也；皇，大也，謂圖大之君也；烝，衆也，謂御衆之君也；辟，法也，謂立法之君也；君，臨也，謂臨涖天下之君也；主，宰也，謂宰制天下之君也。

皇帝王通稱

皇可以謂之帝，《月令》云「其帝大皞」是也；亦可以謂之王，《禮運》云「昔者先王未有宫室」是也。帝可以謂之皇，《吕刑》云「皇帝清問下民」是也；亦可以謂之王，《大禹謨》云「四夷來王」是也。王可以謂之皇，《文王有聲》云「皇王烝哉」是也；亦可以謂之帝，《歸妹》云「帝乙歸妹」是也。

歲祀年載通稱

《伊訓》「惟元祀」，陸氏《釋文》曰：「年也。」又引《爾雅》言：「夏曰歲，商曰祀，周曰年，唐、虞曰載。」則是帝王各有定名也。案：《堯典》曰「以閏月定四時成歲」，《舜典》曰「歲二月，東巡守」，則唐、虞不特曰載也。《禹貢》曰「作十有三載乃同」，則夏不特曰歲也。《伊訓》曰「太甲元年」，《太甲上》曰「三年復歸於亳」，則商不特曰祀也。《洪範》曰「惟十有三祀」，又云「一曰歲」，《周禮》曰大計羣吏誅賞，則必曰「三歲」，則周不特曰年也。然則四者名異而實同，何哉？蓋載以始一歲而終，歲以星一歲而周，祀以祭一歲而徧，年以禾一歲而熟，此名之所以異而實同。

校庠序皆在鄉

三代設學，果安所在？嘗讀太史公《儒林傳》謂：「三代之道，鄉里有教，夏曰校，殷曰序，周曰庠。」蓋繇是以參諸經：《左氏》則曰「子産不毁鄉校」，是校在鄉矣；《黨正》

又《内則》則曰「拜迎賓於庠門之外」，《鄉飲酒禮》則曰「屬民飲酒於序」，是序在鄉矣；左曰「虞庠在國之西郊」，是庠在鄉矣。先王盛時，學校徧於天下，故民於是時仰父俯子、左《詩》右《禮》，無非禮義之教。《學記》云：「家有塾，黨有庠，術有序。」此又一證也。由是言之，太史公得非有所據而云？

五行先後不同

五行一也。《大禹謨》則曰「水火金木土穀惟修」，《洪範》則曰「一水，二火，三木，四金，五土」，《月令》則曰「春木，夏火，中央土，秋金，冬水」，其言先後不同，何也？曰：聖經之言，各有攸主。《大禹謨》之所主者養民之政，故以五行之相剋者言之，剋下爲財故也。《洪範》之所主者自然之數，故以五行之生數言之，舉生數則成數可知矣。《月令》之所主者四時之令，故以五行相生之序言之，是以不同也。

問禮樂官名

或謂：「夫子大聖也，以生知之資，天縱之能，當無所不知，無所不聞，而猶問禮、問樂、問官名，有諸？」曰：「於傳有之。《曾子問》曰：『吾聞諸老聃。』問禮也。《樂記》曰：『唯！丘之聞諸萇弘。』問樂也。昭公十七年《傳》曰：『仲尼聞之，見於郯子而學之。』問紀官也。」曰：「然則何獨於斯三者是學？」曰：「五帝殊時，不相沿樂。三王異世，不相襲禮。至於官制，時異事異，沿革尤多。不恥下問，是以謂之聖也。」

倒文

六經或倒其文，如《易》之「西南得朋」、「吉凶者，失得之象」，類皆有之，唯《詩》爲多。如「中谷」、「中林」、「中河」、「中路」、「中原」、「中田」、「家室」、「裳衣」、「衡從」、「稷黍」【三】、「瑟琴」、「鼓鐘」、「斯螽」、「西南」、「南東」【四】、「下上」、「羊牛」、「樂豈」、「息偃」、「甥舅」、「孫子」、「女士」、「京周」、「家邦」、「鼐鼎」、「齊音資。明」，不一而盡。《記》雖有「吾得坤乾焉」，《書》雖有「月正元日」、「或四三年」【五】、「又北東入于海」，皆有説也。蓋《歸藏易》以純坤爲首，其次第不得不然也。《書》前有「正月上日」，則後不得不以「月正元日」錯綜言之也。此不言「三四」而曰「四三」者，自多而至少，故「四」言於「三」之上也。又濟水之勢【六】，北折而東，故「東」言於「北」之下也。然倒此一言，不徒其理爲長，而又且文矣。至如《祭義》云「禄爵慶賞」、《祭統》云「備外内之官」【七】、《閒居》云「春秋冬夏」、《中庸》云「設其裳衣」【八】，大率若此。

字訓辯

皇者，大也。

天曰皇天，父曰皇考，母曰皇妣。

王者，大也。

大父曰王父，大母曰王母。

【三】稷黍　「稷」原作「殺」，據諸本改。

【四】南東　原作「東南」，據《校補》改。

【五】或四三年　「四三」原作「三四」，據諸本乙。

【六】濟水之勢　「濟」原作「且」，據《條録》改。

【七】備外内之官　「外内」原作「内外」，據諸本乙。

【八】設其裳衣　「裳衣」原作「衣裳」，據諸本乙。

極，中也、正也、至也。

《書》曰「皇極」，《詩》曰「四方之極」，皆中也。《兒寬傳》「天子建中和之極」，師古曰：「極，正也。」《洪範》云「六極」者，窮也。《孟子》曰「使我至於此極也」，亦同【九】。

格，至也、正也、止也。

《詩》曰「祖考來格」，《書》曰「格爾舜」，皆至也、來也。《書》曰「格其非心」，《孟子》曰「格君心之非」，皆正也。《學記》云「扞格」者，止也。格，舊音户革切，或如字【一〇】。

擾，亂也、馴也。

《書》曰「俶擾天紀」，亂也。《周禮》曰「以擾萬民」，馴也。

亂，亂也、治也。

《書》曰「刑暴亂」，《語》曰「亂大謀」，謂亂也。《周官》曰「亂爾有政」，《語》曰「武王有亂臣」，謂治也。《古文尚書》「治」字作「乿」，與「亂」相類，後人不識古「乿」字，訛以亂訓治耳。

錫、畀、賚，上予下也。

《書》曰「敷錫」，又曰「不畀」，《詩》曰「賚，予也」，皆上予下之謂也。如「師錫

【九】「洪範」至「亦同」二十字原獨立成條，據叢書本並置於此。

【一〇】「學記」至「如字」十七字原獨立成條，據叢書本並置於此。

帝」、「納錫大龜」，此又古者下予上亦可謂之錫也【一二】。

貢、獻、供，下奉上也。《書》曰「任土作貢」，《春秋》「來獻捷」，《孟子》曰「無以供粢盛」，皆下奉上之謂也。

台、卬、朕，我也。《書》曰「以輔台德」，《詩》曰「人涉卬否」，皆我也。古者上下皆稱朕。「巽朕位」，堯自稱也；「朕德罔克」，禹自稱也。秦始皇方不許臣下稱朕。

乃、而、若，汝也。《書》曰「惟乃之休」，又曰「其害于而家，凶于而國」。《項籍傳》「吾與若北面懷王」，皆訓汝也。

覲，下見上也。覿，見也，非上非下也。《周禮》「秋見曰覲」，下見上也。《語》曰「私覿」，《揚子》曰「覿君子者問鑄人」，無所不見也。

如，此往彼也。適，往也，非彼非此也。《春秋》「如齊」、「如晉」，皆之彼也。董仲舒曰「道者所繇適治之路」，則無所不往也。

【一二】古者下予上　「予」原作「錫」，據叢書本改蕩蕩，廣大也，又放蕩也。

《語》曰「蕩蕩乎，無能名焉」，《書》曰「王道蕩蕩」，皆美辭也。《詩》曰「天下蕩蕩，無綱紀文章」，又曰「蕩蕩上帝」，又非美辭也。

囂囂，自得也，又愁歎也。

《孟子》「囂囂然曰」，又曰「人知之亦囂囂」，皆自得也。《詩》曰「讒口囂囂」，又愁聲也。

堇堇，少也。

《前·地理志》曰「豫章出黄金，然堇堇」，師古曰：「堇，讀作僅。」少也。

區區，小也。

《禮樂志》曰「河間區區小國」，《楚元王傳》曰「豈爲區區之禮哉」，謂小也。

鞅鞅，不滿也。

《高帝紀》曰「心常鞅鞅」，師古：「音於亮反。」《韓信傳》曰「居常鞅鞅」，師古：「音於兩反。」

拳拳，勤謹之意也。

《中庸》曰：「得一善，則拳拳弗失之矣。」

匈匈，擾擾之意也。

《高帝紀》「天下匈匈」，謂喧擾也。

云云，諄諄之意也。

韓愈詩曰：「諧笑方云云。」

往往，意其必然之謂也。

《仲舒傳》：「王道往往而絶。」

無限之謂不訾。

《蓋寬饒傳》：「用不訾之軀，臨不測之險。」

無聊之謂無俚。

《欒布傳》「其畫無俚之至耳」，晉灼曰：「揚雄《方言》曰『俚，聊也』，許慎曰『賴也』，爲其計畫無所聊賴。」

不難之謂何有。

《語》曰「從政乎何有」，《孟子》曰「於王何有」。

不幸之謂無禄。

《詩》云：「念我無禄。」

以詞譏之曰刺。

刺幽王、刺厲王，皆作詩以刺之，如操刀以刺人然。

以法殺之亦曰刺。

《記》曰：「司寇正刑明辟，以聽獄訟，必三刺。」《春秋》魯殺大夫曰「刺」，言用三刺之法。

因其世傳而繼之曰襲【一二】。

《揚子》曰：「襲堯之爵。」

掩其不備而取之亦曰襲。

《左·莊公二十九年》：「『夏，鄭人侵許』。凡師，有鐘鼓曰伐，無曰侵，輕曰襲。」杜曰：「掩其不備也。」

爾者，如此也。

《語》曰：「吾無隱乎爾。」

耳者，而已也。

《孟子》曰：「盡心焉耳矣。」

曾字

諸經除人姓及曾孫孔穎達解《詩·信南山》【一三】、郭璞注《爾雅》，「曾孫」之「曾」並音層。之外，「曾」字並無音。獨《論語》「曾謂泰山不如林放乎」，音則登切；「曾是以爲孝乎」，音增。馬融曰：「承順父母顔色乃爲孝也。」《正義》亦引是説，則是曾訓乃也。至於「曾由

【一二】因其世傳而繼之　「世」原作「可」，據諸本改

【一三】孔穎達解　「穎達」諸本均作「安國」，據《校補》改。

與求之問」，雖無音，孔曰「謂子問異事耳。則此二人之問，安足大乎」，又訓則也。《公孫丑上》「爾何曾比予於管仲」，又曰「曾比予於是」，曾音增，趙云：「何曾，猶何乃也。」丁云：「則也，乃也。」《禮部韻》亦訓則也，併援「曾是以爲孝乎」爲證。《檀弓上》「喪三年以爲極亡，則弗之忘矣」，鄭曰：「則之言曾也。」二説皆通，而乃字勝。嘗以類推之，《詩》曰「曾不容刀」、「曾不崇朝」、「曾是不意」、「曾莫惠我師」，《孟子》「曾不知以食牛干秦穆公之爲汙也」，《荀子・榮辱篇》「偷生淺知之屬，曾此而不知也」，《揚子・問神篇》「曾范蔡之不若」，《漢》「周勃、張相如兩人言事曾不出口」，及近世文集中有「曾不聞」、「曾不知」之類，皆作「層」字讀，更説不通，合盡讀如「曾是以爲孝乎」之「曾」。

屑字

「屑」之一字，先儒於《書》訓盡，於《詩》、於《孟子》訓潔。以今驗之，凡物之爲屑皆輕，故屑之言輕也。如《多方》「大淫圖天之命，屑有辭」，則言輕有辭説，又曰「爾乃屑播天命」，言輕播棄天命。《谷風》曰「宴爾新昏，不我屑以」，言宴安於新昏，而於我舊室則不輕用。《君子偕老》曰「不屑髢也」，言婦人髮美，不輕用它人之髮爲髢。《公孫丑上》「是亦不屑就已」、「是亦不屑去已」，《告子【一四】上》「蹴爾而與之，乞人不屑也」，《告子下》「予不屑之教誨也者，是亦教誨之而已矣」，宜一以輕釋之，非潔也。不然，《盡心下》有云「欲得不屑不潔之士而與之，是獧也」，何以既言「不屑」，又言「不潔」乎？

【一四】「告子」以下至「不潔乎」七十一字　原闕頁，據諸本補。

惟唯維字【一五】

六經有「惟」、「唯」、「維」三字，或從心，或從口，或從糸，皆通作助辭，又訓獨。但從心者，又訓思。《尚書》皆從心，乃盡爲助辭，如「我則末惟成德之彦」、「洪惟我幼沖人」是也。《詩》皆從糸，亦多是助辭，至如「縶之維之」則訓繫；「四方是維」、「紼纚維之」，則有維持之義；止有一字從心，乃作思惟之義，曰「載謀載惟」是也。《左氏傳》亦皆以「唯」爲助語，《論語》乃「惟」字，亦助辭，但「唯仁者」、「唯上智」、「唯我與爾」、「唯天爲大，唯堯則之」，從口，而訓獨也。《孟子》亦有此句，則作「惟」，故亦訓獨，其餘如「非惟百乘之家爲然」之類，皆訓獨也。蓋字畫不一，而所訓有同異，學者當隨其文意求之。若夫《周易》之「无」字，《周禮》之「灋」字，雖畫異於他經之「無」與「法」，而音義同。

有亡字【一六】

《記》曰「凡養老，五帝憲，三王有乞言」，鄭康成讀「有」爲「又」。《內則》。《周禮》曰「量其力，有三均」，鄭康成讀「有三」爲「又參」。《弓人》。《書》曰「朞三百有六旬有六日」，東坡讀二「有」爲「又」。《堯典》。《詩》曰「不日有曀」，蘇黄門云「古『有』、『又』通」，《終風》。則經意甚明，如本字讀，則説不通。《集韻》四十九宥韻中文二十七【一七】，而「有」字與其一，注云：「復也，通作又。」

《論語》曰「有若亡」、「我獨亡」、「亡而爲有」、「今亡矣夫」、「焉能爲亡」、「不如諸夏

【一五】本條原闕頁，據諸本補。

【一六】本條原闕頁，據諸本補。

【一七】文二十七　「文」諸本作「又」，據《集韻》改。

之亡也」、「今也或是之亡也」，以上舊讀作「存亡」之「亡」者，非，當讀爲「無」。唯「孔子時其亡也」、「自牖執其手曰亡之」合如本字讀。諸子史以「亡」作「無」者甚多，未能槩舉，當隨意是正之。

不字

世俗語言及文字中所急者，惟「不」字極關利害。韻書中如府鳩、方久二切者，施之於詩與賦押韻，無不可者。至於市井相與言，道塗相與語，官吏之指揮民庶，將帥之號令士卒，鄉校之教訓童蒙，凡出諸口而有該此字者，非以逋骨反者呼之，斷莫能喻。陳正敏《遯齋閑覽》云：「『不』字，本方鳩切，人皆以逋骨反呼之，徧檢諸韻，並無此音。」竊謂舉世同詞，必有所自始，逋骨切殆不可廢。按《廣韻》八物韻中，「不」與「弗」同，則近於逋骨聲。然亦庸夫難曉，况《禮部【一八】韻略》【一九】不出此音，徒見於佛經，有曰「不也世尊」，乃作「弗」聲讀，亦可一證。今以司馬公《切韻圖》考之，明舉一「杯」字以發聲，曰「杯彼貝不」【二〇】，即是與逋骨切同音，信乎此音不可廢矣。是字也，本有四音，自陳正敏之説興而人始疑，自温公之圖出而音始定，第温公之圖近行於世，知音尚希，故表而出之。

【一八】以上一百七十二字原闕頁，據諸本補。
【一九】禮部韻略　「略」原脱，據四庫本補。
【二〇】杯彼貝不　「彼」原爲墨丁，據叢書本補。

卷之二

經説

易

易有象數

《易》之爲書也，潔靜精微，有象焉，有數焉，不可偏廢也。夫天、地、雷、風、水、火、山、澤，爲《易》之象；木上有水曰「井」，頤中有物曰「噬嗑」，爲卦之象；《坤》之「黄裳」，《困》之「赤紱」，《剥》之「牀」，《渙》之「机」，爲爻之象，人皆知之也。五十有五爲天地之數，五十爲大衍之數，二篇之策當萬物之數，人皆知之也。然釋「鳴鶴在陰，其子和之」則論君子之言行，釋「同人先號咷而後笑」則論君子之出處語默，以幾事當密釋「不出户庭」，以藏器待時釋「射隼于高墉」，則人不知之也。蓋夫子之於《易》，又未始屑屑以象、數泥者也。

乾元坤元

《乾》、《坤》獨備四德，《屯》、《隨》、《臨》、《無妄》、《革》卦間亦有之，惟六子之卦俱不以「元」稱，何哉？蓋《乾》父《坤》母也，六子者，皆其所生也。父母既稱「元」，六子不復謂之「元」，是以乾元曰「大」，坤元曰「至」，《坤》且不得以擬《乾》之尊，況六子乎？

用九用六

諸卦惟《乾》爻純乎九，乃專用陽剛之道，故曰「用九」。惟《坤》爻純乎六，乃專用陰柔之道，故曰「用六」。

富以鄰不以鄰

《易》在《小畜》則曰「富以其鄰」，在《泰》與《謙》皆曰「不富以其鄰」，何邪？夫《小畜》則德之小也，《泰》、《謙》則德之大也，故左右相比謂之鄰。人君之與萬民，九重之與四海，中國之與四夷，無非鄰也。人君之所以撫萬民、綏四海、御四夷，德有餘者，不假於富，德不足者，非富莫行也。

六五童蒙吉

「六五」以柔順之才，居聖君之位。居聖君之位而猶以童蒙自處，蓋以人視我則聖君也，以我自視則童蒙耳。其不自居其聖而求師於其臣，養其正性以冀聖學之高妙，非聖益聖、明益明者不能也。古之聖帝明王，有志於聖學者，初不以形迹拘。故箕子爲武王陳

《洪範》，反覆以「汝」稱；周公爲成王作《洛誥》、作《立政》，終始以「孺子」呼而無嫌也。

七日來復

「七日來復」者，昔之計月，非其正歲則以日數之，即《豳詩》「一之日」、「二之日」是也。謂陰自《姤》而《遯》而《否》而《觀》而《剥》而《坤》【一】，蓋六日耳，及陽受之而《復》，乃七日焉。其來也《剥》，而至《復》已歷七日，是天數之運也。

先甲先庚

《蠱》之卦曰「先甲三日，後甲三日」，《巽》之卦曰「先庚三日，後庚三日」。夫「先甲三日」者，辛也；「後甲三日」者，丁也。言聖賢當事之蠱壞，必有飭蠱之道，既更新於其先，又丁寧於其後，則天下復歸於治矣，故於《蠱》言「甲」。「先庚三日」者，丁也；「後庚三日」者，癸也。言聖人當令之申行，必有發施之道，既丁寧於其先，又揆度於其後，則天下無不順矣，故於《巽》言「庚」。一説甲木主仁，以示其令之寛也；庚金主義，以示其令之嚴也。

屨校滅趾

《噬嗑》初九曰：「屨校滅趾，無咎。」蓋《噬嗑》用刑之卦也。用刑之卦，不絶於其初，其終必難制，故此卦於初爻言之。蓋慮罪小之時不爲之懲戒，則必至於大惡，故滅趾使不得行，則其惡不能肆也已。

【一】陰自姤而遯　「姤」原作「遇」，據諸本改。

頤取龜虎

《易》之有《頤》，所以觀其養也。作《易》聖人，「初九」既取於龜，「六四」又取於虎，二者之不相侔，何哉？蓋古之制簠簋，刻龜於蓋，以龜之爲性，不嗜食者也，仲冬之月虎始交，則虎之爲性，其交有時者也。大凡飲食男女，人之大欲存焉。有一溺其所欲，則必伐其良心，戕其正性，烏有所謂自養哉？故聖人斷斷乎有取於不嗜食之龜、交有時之虎，以明君子之自養者如此。

夬五陽一陰

《夬》以五陽而決一陰【二】，猶衆君子而去一小人之象也。以常人處之，則必健而暴、決而剛。今也不然，健而濟之以説，決而乘之以和，則君子之待小人以忠厚，欲其改過如此。

麗澤兑

「麗澤，兑。君子以朋友講習。」此言《兑》之爲卦，兑上兑下，是澤鄰於澤，瀦蓄者深，交相灌溉，互相流通，此深有益於彼，彼深有益於此，誠得朋友之象也。夫同門合志之友，以善相資，以文相接，有過相箴，有難相濟，兩有所利而無寡陋之患，此所謂以附麗爲悦，而有朋友之義也。

【二】夬以五陽　「夬」原作「夫」，據叢書本改。

衍字誤字

人有常言：「《易》以卜筮，獨免秦火之厄，得爲全書。」然讀其書，繹其義，不無可疑者。《繫辭》曰「能説諸心，能研諸侯之慮」，「侯之」二字是必傳寫之誤。嘗求之於《明爻》，有曰「能説諸心，能研諸慮」，乃知去是二字則辭切意明。

《雜卦》曰「《晉》，晝也。《明夷》，誅也」，先儒以爲「誅夷」之「誅」，然以「晝」與「誅」對，則非反對之卦矣。嘗求之《象》，則曰「明入地中，明夷」，又求之於《明卦》，有曰「明夷務闇」，《卦略》又曰「明夷爲闇之主」，則知明出地上爲晝，明入地中爲昧，當作「明夷，昧也」，若以爲「誅」，豈聖人《雜卦》之旨耶？

書

汝作士

「帝曰：『皋陶，蠻夷猾夏，寇賊姦宄，汝作士。』」《爾雅》曰：「士，察也。」《周禮》「士師」注曰：「士，察也。主察獄訟之事也。」孔安國曰：「士，理官也。」理，蓋獄官也，欲得其曲直之理，故謂之理。其謂之士者，則欲致其察故也。《月令》曰：「命理瞻傷、察創、視折、審斷，決獄訟必端平。」得此之意也。鄭康成曰：「有虞曰士，夏曰大理，周曰大司寇。」今士曹改爲司理，其源蓋本此。

九共

「《九共》九篇。」九共者，即九州之志，謂之九丘之丘。孔安國爲隸古定，書於序言則是，於此復以爲共，非是。九州異土殊俗，故有九篇，一篇言一州之事也。

無教逸欲

《皋陶謨》曰「無教逸欲有邦」，比之《前漢》王嘉上封事，云：「咎繇戒帝舜曰：『亡敖佚欲有國，兢兢業業，一日二日萬機。』」顔曰：「言有國之人，不可傲慢逸欲，但當戒謹危懼，以理萬事之機也。敖，讀曰傲。」則以「教」字爲「敖」，其理尤長，蓋自古未有人君教臣下佚欲者也。按「幾」字，《尚書》作「幾」，訓微也，《漢史》作「機」，則非。

九官相遜不相遜

「舜命九官，濟濟相遜，和之至也。」劉向此言，古今以爲真得九官之用心。然禹、垂、益、伯夷固相遜矣，若稷、契、皋陶、夔、龍皆不見其相遜之辭，何耶？且以此之遜是，則彼之不遜非，以彼之不遜是，則此之遜非，曰：皆是也。夫舜之命禹、垂、益、伯夷也，皆出於僉言，惟其出於僉言，故不容於不相遜。至於稷、契、皋陶之與夔、龍也，則不待於僉言，惟其不待於僉言，故不用於相遜。然則相遜者所當然，其不相遜者亦所當然，皆無一毫之僞者也，所以衆賢和於朝，獨爲稱首。

冀州不言山川

《禹貢》皆言山川，示其域民以封疆之界也，如「濟河惟兗」、「海岱惟青」之類，八州莫不皆然，獨冀州不言山川之界，何耶？禹之意若曰：「天子以四海爲家，以中國爲室，一民莫非其臣也，尺地莫非其有也，且祭則天下名山大川咸與焉，饗則四海九州之美味咸有焉，無此疆爾界之限，無内夏外夷之辨，豈容以一山一川局之，如餘州者哉？」禹之意微妙如此。

要蔡

「五百里要服」，薛肇明云：「『要』，讀如『要約』、『久要』之『要』。」則約之而已，非治之也。孔安國云：「要束以文教。」亦此意。陸音一遥反，非是。「二百里蔡」，當讀如《左氏》「蔡蔡叔」之「蔡」，音素葛反。杜預曰：「蔡，放也。」薛肇明曰：「放罪人於此，故謂之蔡。」則讀如本字，非。

要荒

「五百里要服：三百里夷，二百里蔡。五百里荒服：三百里蠻，二百里流。」蓋「要」、「荒」皆在九州之外。曰「夷」者，以夷禮待之，若春秋之杞、鄫也。曰「蠻」者，以蠻俗待之，若春秋之楚、越也。輕罪則蔡於要服，重罪則流於荒服。蔡近於夷，流近於蠻，則知中國之罪人，尚可變蠻、夷之俗也。

兼弱攻昧

《仲虺之誥》曰：「兼弱攻昧【三】，取亂侮亡，推亡固存，邦乃其昌。」載之於《書》，不過如此。襄公十四年：「中行獻子曰：『仲虺有言曰：亡者侮之，亂者取之，推亡固存，國之道也。』」又三十年：「子皮曰：『《仲虺之志》云：亂者取之，亡者侮之，推亡固存，國之利也。』」此言一唱，其汩亂聖經爲甚。孔安國從而和之曰：「弱則兼之，闇則攻之，亂則取之，有亡形則侮之，有亡道則推之，有存道則輔而固之。」嗚呼！信斯言也，則仲虺是誠何心哉？幸災樂禍之人也，焉有佐克寬克仁之君可出是言乎？竊謂兼人則自弱，攻人則自昧，取人則自亂，侮人則自亡，推人則益自亡，惟能保固人，則所以自存。德至於此，國乃昌盛也。不然，引君於非道，豈告戒之辭哉？

放諸桐

「太甲既立，不明，伊尹放諸桐。」甚哉，「放」字流傳之誤，有以涸經旨也。今夷考於《書》，並無「放之」之文。自「太甲既立，不明」也，乃舉湯「顧諟天命」以訓之。及其「罔念聞」也，又舉湯之「坐以待旦」以訓之。至於「未克變」也，乃始「營于桐宫，密邇先王其訓」，其終始告戒啟迪之意，無非訓之而已，孰謂伊尹而肯爲放君之醜耶？原伊尹之意，不處太甲於亳，而處於桐，使近先王之墓，以終其喪，故曰「王徂桐宫居憂」而已。惟其「克終允德」，所以「惟三祀十有二月朔，以冕服奉王歸于亳」乃即吉服也，故獨止於三年

【三】兼弱攻昧　「弱」原作「若」，據諸本改。

之久焉。雖復辟之後，猶以「終始惟一」之説，反復訓戒之，未始少忘，而曰「伊尹爲放君」，吾不信也。況《書》曰「密邇先王其訓」，《孟子》亦曰「太甲悔過，以聽伊尹之訓己」，則知《書》序爲「教諸桐」也，明矣。且舜放驩兜，則驩兜之罪不可赦，湯放桀，則桀之惡不可揜，太甲不明，初無大過，何放之有？則知《書》序爲非「放諸桐」也，益明矣。「放」、「教」，字相近，以隸古定者，遂從而謁久矣，當讀作「伊尹教諸桐」。且《書》序之謁，不寧惟是。《泰誓》曰：「惟十有三年春，大會于孟津。」序則曰：「惟十有一年，武王伐殷。一日戊午，師渡孟津。」

四爲字

「臣爲上爲德，爲下爲民。」孔氏、王荆公：「爲上」字，去聲；「爲德」字，平聲，下句同。東坡解「爲上」字，平聲；「爲德」字，去聲，下句同。皆有義。今四「爲」字，皆作去聲，理尤明。或謂上句二「爲」字，當上側下平；下句二「爲」字，當上平下側。

君子所其無逸

「周公曰：嗚呼！君子所其無逸」至「則知小人之依」。「所」與《曲禮》「拜受於尊所」之「所」同，「依」猶歸也。君子所在皆無逸，其先知者，則稼穡艱難之事，乃若自暇自逸，則知其爲小人之歸也，必矣。

文王卑服

「文王卑服，即康功田功。」文王知君臣之分不可犯也，故卑躬以服事殷而已。惟其卑以事殷，則安時處順，而得以日勤於民田之事。是故，既就其安民之功，又就其力田之功。然則卑服之効，其大如此，豈先儒所謂「卑其衣服」者所得而盡焉？

誥毖誥教

「厥誥毖庶邦」至「祀兹酒」，「誥教小子」至「無彝酒」，此見文王之於臣民，處之各盡其道。其戒飲酒也，於庶邦則曰「誥毖」，於小子則曰「誥教」。庶邦指士大夫而言，故以「毖」戒之，「毖」之爲辭嚴。小子指民而言，故以「教」戒之，「教」之爲辭寬。嚴以責士大夫，寬以責民，各當其用者也【四】。

其勿誤于庶獄【五】

周公作《立政》，初稱「庶言、庶獄、庶慎」者一，中則略「庶言」而稱「庶獄、庶慎」者三，終乃略「庶慎」而獨以「庶獄」告，何哉？周公之意，謂庶言、庶慎皆不可誤，而獄乃人之司命，尤爲當謹。苟殺一不辜，則不仁甚矣。此周公所以惓惓再三，特舉「庶獄」一事戒之。至於卒章，復以「式敬爾由獄，以長我王國」歸美於司寇蘇公，謂典獄在於「克用常人」。嗚呼！孰謂愛君愛民之心，猶有切至如周公者哉？

【四】當其用者也　五字原本闕，據諸本補。

【五】本條原闕頁，據諸本補。

執鋭【六】

《顧命》「一人冕，執鋭」，陸音以稅反，孔氏云：「鋭，矛屬。」考之《韻略》、《集韻》，十七準出一「鈗」字，注云「侍臣所執」，引《周書》「冕執鈗」爲證。從金從允，其義爲當，乃讀作允，亦是。而陸音非。然《今文尚書》及《孔傳》，陸音從兑，皆非。凡一時所執兵器，如惠、刃、劉、鉞、戣、瞿，皆芒鋭犀利，何獨於此執矛爲鋭哉？《韻略》指「侍臣所執」曰「鈗」，按許氏《説文》曰「一人冕，執鈗」，蓋有所據，而《玉篇》、《廣韻》不收，又何耶？

費誓秦誓【七】

上世帝王之《書》，終之以《文侯之命》，何升《費誓》、《秦誓》而殿焉？夫子之意，爲平王設也。平王東遷之初，有犬戎弑父之讎，當卧薪嘗膽，無須臾寧。乃彊顔苟安五十一年【八】，而恬不知報。在位時，惟以王子余並立之患未除爲己憂【九】，今得文侯爲我殺之，當思厚報，故錫文侯惟恐不及，曾未聞有一言及於不共戴天。夫子見其如此，知其無討賊之心，又無撥亂之材，而泰然有自安之意，深痛王室於此衰矣，王道於此絶矣，故序其《書》曰「平王錫晉文侯秬鬯圭瓚」。非褒也，蓋傷之也。今也，幸而有能治戎如魯侯，悔過如秦穆公，使平王幡然而改，以魯、秦之心爲心，則君父之讎，庶幾可復，王轍之東，庶幾可興。夫魯、秦，諸侯耳，其眂堂堂三代，未易續貂，特因其治戎有備，悔過有素，東周以來僅有此爾。雖欲不升，烏得而不升？夫子之定《書》，豈苟然哉？

【六】本條原闕頁，據諸本補。

【七】費誓秦誓　四字原闕，據諸本補。

【八】乃彊顔苟安　「彊」原作「疆」，據諸本改。

【九】惟以王子余並立　「子」下，四庫本有「攜」字。

卷之三

經説

詩

章句對耦

章句始於《詩》，對耦亦始於《詩》。故三言若「深則厲」之類，四言若「關關雎鳩」之類，五言若「于嗟乎騶虞」，六言若「狂童之狂也且」，七言若「遭我乎猺之間兮」，八言若「十月蟋蟀入我牀下」，是以後世由三言至七言，皆自此始。如「覯閔既多，受侮不少」、「誨爾諄諄，聽我藐藐」、「發彼小豝，殪此大兕」、「豈不爾受，既其女遷」、「念子懆懆，視我邁邁」之句，無一字非的對，則世之駢四儷六、抽黄對白者，得非又發端於是與？

相鼠

「相鼠有體，人而無禮，胡不遄死。」相，州名。陸璣云：「河東有大鼠，能人立，交前兩脚於頭上跳舞，善鳴。」故退之《城南聯句》云：「禮鼠拱而立。」按《地志》，相州屬河北，與河東相鄰。則知相州有此鼠，能拱而人立，其有禮之體如此，詩人蓋取譬焉。毛氏以「相」爲視，信如毛説，則視物之有體與皮者，皆可喻禮，何取於鼠哉？或謂「相州」當平聲呼，非也。世言「相纈」，亦有所本，陳無己詩云「相州紅纈鄂州花」，「相」字可平音呼哉？東坡《指掌圖》亦云：「河亶甲居相，即今相州是也。」

凱風

「《凱風》，美孝子也。衛之淫風流行，雖有七子，之母猶不能安其室。」當以「之母」屬下「猶不能安其室」爲句。如經云「之子于歸」，《莊子》云「之人也，之德也」、「之二蟲又何知」之類。

黄鳥

黄鳥有二種，名同而實異，小大殊也。如「黄鳥于飛，集于灌木，其鳴喈喈」、「睍睆黄鳥，載好其音」，鸎也，詩人取其善鳴者也。如「交交黄鳥，止于棘」、「于桑」、「于楚」者，黄雀也，詩人言其交交而集於楚棘者衆多也。如「黄鳥黄鳥，無啄我粟」、「我粱」、「我黍」，亦黄雀也。蓋啄其粟與黍、粱，正今人稻粱熟時，黄雀羣集於田壠以啄，爲人所羅、所逐者，正謂此耳。毛氏、陸氏謂黄鸎一名摶黍，能摶黍則亦當是黄雀。況黍熟於七、八月之間，亦無復有鸎矣。

鴇兔

古語有曰：「鴇無舌，兔無脾。」人皆疑焉。嘗以《鴇羽》、《兔爰》二詩推之，信其有證。蓋聲出乎舌，鴇之爲禽無舌，則無聲也，故詩人以《鴇羽》刺君子下從征役，不得養其親，而無舌以訴其情也。脾屬土，土主信，兔之爲獸無脾，則無信也，故詩人以《兔爰》刺桓王之失信，而無脾以表其信也。

鷽斯

《小弁》「弁彼鷽斯」，孔謂：「此鳥名鷽，而云斯者，語辭。」其説誠有據。及考，董氏則信《爾雅》、《禽經》師曠【一】以二字爲名，李迂中則又信《揚子》以二字爲名。曾不思詩人以「斯」爲語助者，多矣。如「彼何人斯」、「哀我人斯」、「湛湛露斯」、「彼旟旐斯」、「恩斯勤斯，鬻子之閔斯」、「以詛爾斯」、「天難忱斯」、「無射於人斯」，類皆云然。何董、李獨信諸子百家，而不信經耶？借曰《詩》亦有以「螽斯」名蟲，然《七月》云「斯螽」，其實一物，容可以一切已前之語辭者，顛倒其文而均指爲物名乎？不然，此篇又有「柳斯」、「鹿斯」，亦將併以二字爲柳、鹿名，可乎？

居諸

《柏舟》曰「日居月諸，胡迭而微」，孔曰：「居、諸者，語助也。」《日月》曰「日居月諸，照臨下土」，毛曰：「日乎月乎，照臨之也。」予謂《孟子》「注諸海」、「求諸遠」，《左氏》

【一】師曠　原作正文，據叢書本移作注文。

「拘諸原」、「免諸國」，此「諸」訓於也。而《韻釋》「於」字亦訓居也。「諸」猶「於」也，「於」猶「居」也，言日月皆有所在，未嘗失其軌度。獨仁人不遇於頃公，莊姜不見答於莊公，此二詩所以自傷而作也。孔皆以爲助語，脱或讀作「何居」之「居」則可，如本字讀則不可。毛並謂之「乎」，以「乎」字釋「諸」則是，以釋「居」字，義似不通。韓文公「爲爾惜居諸」之句，誠有味，當求之。

死生契闊

「死生契闊，與子成説。」契，舊音挈，非，當作「契合」之「契」。説，如字。契，合也。闊，離也。謂死生離合，與汝成誓言矣。

衡門

《衡門》一篇，誘掖其君之詩也。凡誘掖之説，必使之心競而力爭，蓋自卑者抗之使高，自惰者激之使勤，自退者揚之使進，自用者恢之使大，如雖愚必明，雖柔必强，乃所謂懦而有立志者也。説者謂：「衡門雖小，可以棲遲。泌水非廣，可以樂飢。食不必魴、鯉，娶不必姜、子。」非也。此詩三章，首章言「可以棲遲」、「可以樂飢」，先發其端也。中、末二章言食必魴、鯉，娶必姜、子者，次陳其説也。若曰衡門可棲遲、泌水可樂飢，則何以食魚者必須魴、鯉之美味，娶妻者必須姜、子之大姓？則知前曰「可」者，真不可也；後曰「必」者，不得不必也。此乃見其君愿而無立志，故作是詩以誘掖之也。説此詩者，死於語下則失之。

東門之楊

「《東門之楊》，刺時也。婚姻失時，男女多違。親迎，女猶有不至者也。」當以「親迎」二字爲句。

七月兼夏周正

周公作《七月》，備陳一歲之事，而正則迭用夏、周，何也？意其夏正建寅，順四時之序，便於農事，乃以月言。周正建子，明一陽之生，以改正朔，乃以日言。蓋周公以日月分陰陽，謂陰生於午，是以五月、六月、七月、八月、九月、十月皆屬陰，故以月言之。謂陽生於子，是以一之日、二之日、三之日、四之日皆屬陽，故以日言之。若夫夏之五月，不曰「五之日」，而曰「春日載陽」，言可蠶之候，所謂「季春之月，躬桑以勸蠶事」也。《月令》【二】。夏之四月，不曰「六之日」，而曰「四月秀葽」，蓋正陽之月嫌於無陰，亦猶十月嫌於無陽，謂之「歲亦陽止」也。

常棣

《常棣》「常」字，諸家並無音，合如字讀。《采薇》曰「維常之華」，毛謂「常」爲常棣，亦無音。常棣，與唐棣異，俗或書作「棠棣」，尤非。其四章曰：「兄弟鬩於墻，外禦其務。每有良朋，烝也無戎。」陸音「務，如字」，鄭曰「務，侮也」，《爾雅·釋言》亦云「侮也」。按

【二】月令　諸本均爲正文，據上下文意移作注文。

僖公二十四年：「富辰曰：『《詩》曰：兄弟鬩於墻，外禦其侮。』」《韓詩外傳》曰：「周文公之詩曰：『兄弟鬩于墻，外禦其侮。』」《國語》：「富辰諫襄王曰：『古人有言：兄弟讒鬩，侮人百里。』」比《毛詩》以「務」爲「侮」，其義明甚。戎字叶韻，當作戍，戍亦禦也。

黽勉

「黽勉從事」者，黽，鼃屬也。「蟈氏掌去鼃黽」，注謂：「鼃爲蟈。黽，耿黽也。蟈與耿黽尤怒鳴。」退之《雜詩》「蛙黽鳴無謂，閤閤秪亂人」，即其蟲也。蛙黽之行，勉强自力，故曰「黽勉」。如猶之爲獸，其行趦趄，故曰「猶豫」。

南山有臺

賢才不在野，則聚於朝，勢也，亦理也。南山、北山皆賢者昔日窮處之地，今徒見其有臺、萊之草，桑、楊、杞、李、栲、杻、枸、楰之木【三】，盛多如此，而無一賢之遺逸於其間，故作《南山有臺》之詩，而序則曰：「樂得賢也。」五章反復詠歎而美之，皆是意也。非謂山之有草木，喻國之有賢人衆多也。

天保

「君能下下以成其政」，陸音「下下【四】，俱户嫁反」，非。上「下」字，依舊音。下「下」字，亥雅反。

【三】枸楰之木　「楰」原作「庾」，據諸本改。

【四】陸音下下　「陸」原作「六」，據諸本改。

思齊

以「思齊」名篇，序《詩》者偶無其説，釋者無所考信，直以齊訓莊，似非文王儀刑於大姒之本意。齊，當讀如「見賢思齊」之「齊」，文王有聖德以刑於寡妻，故大姒既思有以同於大任，又思有以順《詩》媚訓順。於周姜也。不然，首章何以云「思齊大任」、「思媚周姜」？

下武

「《下武》，繼文也。」下者，猶言不上也。不上武，則是下其武事以繼文德，此武王之本心。其或用武，蓋不得已耳。即非右武之君，故曰「一戎衣，天下大定」，示天下弗復用也。不然，篇名「下武」而此詩未始一言及武，詩人之作，蓋有深意。

周禮

六官

成王作《周官》，見之於《書》。自三公、三孤之外，有六卿，分職率屬，各有司存，未嘗以象天地四時。今考《周禮》，無所謂「三公」、「三孤」，借曰：「既載之《書》，不必贅，可也。」而《書》謂「冢宰掌邦治」，此乃以爲天官，況天事多在春官，而臣下可稱天乎【五】？「司徒掌邦教」，此乃以爲地官，況地事本主於司空，而司徒可稱地乎？以宗伯掌禮之官

【五】而臣下可稱天乎　「下」原作「不」，據《條録》改。

而曰春官，春主生物而屬仁，反主禮乎？以司馬掌兵之官而曰夏官，夏物盛而方長，反主兵乎？惟以司寇掌刑爲秋官，可矣。至以司空掌土爲冬官，豈理也哉？設若成王果以象天地四時，則《書》必載之，《書》所不載，則亦無是事也。以《周官》之言質《周禮》之六官，相戾如此，信乎《周禮》非周公之全書也。

八柄

《太宰》「以八柄詔王馭羣臣」。夫「八柄」之法，先敘賞而後論罰，賞多而罰少。蓋爵禄予置生者賞之柄也，奪廢誅者罰之柄也。賞先而多，罰後而少，周家忠厚，不在兹乎？

宫正

《宫正》「凡邦之事，蹕宫中，句。廟中則執燭」。言有王祭祀之事，宫正則爲王蹕於宫中。祭於廟中則主執燭之役焉，蓋廟中不蹕也。

宗伯獨不垂法於象魏

《周禮》一書，其載制度、紀綱、庶事備，自昔論者皆以爲六官之所掌，無一或闕也。然以今考之，則惟五官垂法於象魏，而宗伯獨略於是焉，是則若有可疑者。然治、教、政、刑、事，均曰象者，實畫所用治具之象於魏闕也，其闕之上，既可垂，又可歛，使萬民而觀者，必有具之可指焉。凡可以隨其治具而圖寫之，特其治之粗迹耳。若夫宗伯不布法，非略也，不容以象言也，亦不容以粗迹著也。經禮三百，曲禮三千，以和邦國，以諧萬民，進退揖遜之儀，冠昏喪祭之用，班朝治軍之式，莅官行法之制，防民爲亂，禁民爲非，蓋舍此孰能使之然也？故天下之人，日用常行而不可須臾離，曾何待於有司之詔告，而可以一象魏盡之哉？

侯服

職方氏辨九州之圖：「方千里曰王畿，其外方五百里曰侯服。」按孔安國以謂「斥候」，孔穎達以謂「『侯』聲近候」，且曰：「斥候，謂檢行險阻，伺候盜賊。」見《禹貢》解。其發明多矣，故附於此。

園廛二十而一

《載師》：「凡任地，國宅無征，園廛二十而一，近郊十一，遠郊二十而三，甸稍縣都皆無過十二，惟其漆林之征二十而五。」説者以爲田稅，非也。竊詳鄭康成謂「園廛亦輕之者。廛無穀，園少利」，鄭已得其説而未盡。蓋在國之園廛既二十而一，如近郊、遠郊、甸稍縣都之園廛，自近而遠，雖漸增亦不過乎十二。讀《禮》者，當自近郊至縣都以上，皆承上園廛之文而求之。不然，漆林之征何以止於二十而五也？

載師閭師

《載師》：「凡宅不毛者，有里布；凡田不耕者，出屋粟；凡民無職事者，出夫家之征。」《閭師》：「凡無職者出夫布。凡庶民，不畜者祭無牲，不耕者祭無盛，不樹者無椁，不蠶者不帛，不績者不衰。」其責一何或重或輕耶？載師之法，掌士大夫受地之賦，而閭師之法，掌庶民受田之賦者也。夫所謂「不毛」、「不耕」、「無職事」者，蓋士大夫有分地而縱其民游惰末作，故罰其受地之人也重。士大夫受地既多，則其責也不得不重。夫所謂「無職」、「不畜」、「不耕」、「不樹」、「不蠶」、「不績」者，蓋庶民受井田而或至於惰游廢耕，故責其受田之人也輕。民受百畝，則其責也不得不輕。

脱字

按《地官》「廛人」之後有「胥師」，釋文亦有「胥師」，而正經止曰「胥」，當是脱字。

司險

司險隸夏官司馬，又儕於掌固、掌疆【六】，蓋周公謹固封守之職也。是以五溝者，設壕塹五重，以捍患防盜也；五塗者，即壕上爲五路，以通車徒兵馬也。鄭康成乃以「五溝」爲遂、溝、洫、澮、川，「五塗」爲徑、畛、涂、道、路，是指爲田畝，則失其旨。

萍氏

萍氏掌幾酒、謹酒。《神農書》曰「萍能勝酒」，取其不沉溺於酒也。

【六】又儕於掌固掌疆　「掌固掌疆」原作「司固司疆」，據四庫本改。

校勘記

卷之四

經説

禮記

餕餘不祭

或人有問：「『父不祭子，夫不祭妻』，而時人多祭之，何也？」曰：「胡不以《禮經》上文觀之？上文自『餕餘不祭』而後繼之以『父不祭子，夫不祭妻』二句。所謂『餕餘』者，食物之餘。雖妻、子皆卑，而父與夫亦不以食餘之物而祭之，嫌其黷也。然則非食物之餘，焉有不祭者乎？」

死曰嬪

《曲禮下》「生曰妻，死曰嬪」。按：下文有曰「天子有后，有夫人，有世婦，有嬪，有妻，有妾」，又曰「天子有夫人，有嬪」。《月令》曰「后妃帥九嬪御」，《堯典》曰「嬪于虞」，《大雅》云「曰嬪于京」，《天官》「七曰嬪婦，化治絲枲」、「内宰以陰禮教九嬪」，又「贊九嬪之禮事」，又「九嬪掌婦學之法教九御」，昭公三年「君若不棄敝邑，而辱使董振擇之，以備嬪嬙」，《爾雅·婚姻》云「嬪，婦也」。徧閲羣經，皆以生爲嬪，獨此以死爲嬪，而一篇之中自相背馳，信乎漢儒之説雜之。

舞斯下脱六字

「舞斯」下脱「蹈矣人悲則斯」六字，當作「人喜則斯陶，陶斯咏，咏斯尤，尤斯舞，舞斯蹈矣。人悲則斯愠，愠斯戚，戚斯歎，歎斯辟，辟斯踊矣」。蓋自喜而至蹈凡六變，自悲而至踊亦六變，所謂「孺子慕者」，乃在於此。豈有喜與悲之情混者乎？

子之哭也壹

「孔子過泰山側，有婦人哭於墓者而哀，夫子式而觀之，使子路問之，曰：『子之哭也壹，似重有憂者。』而曰：『然。』」讀《禮》者當以「哭也壹」爲句，「似重有憂者」宜屬下句。按下文曰「昔者吾舅死於虎，吾夫又死焉，今吾子又死焉」，是死者三人，其哭之聲壹而不雜，聖人所以問之，蓋知其憂之甚也。今洪慶善注昌黎《元和聖德詩》云「一似堯禹」，輒引《禮記》「一似重有憂者」爲釋。且謂「退之作文，老杜作詩，無一字無來處」，誠是也，而以此「一似」字指爲黄魯直之所取在是，吾恐聖經不如是之膚淺也。

聖人之葬人與

「子夏曰：『聖人之葬人與？句絶。人之葬聖人也，子何觀焉？』」此與「古之人與？

古之人也」同此句法，見《仲尼燕居》。

爾以人之母嘗巧

「般，爾以人之母嘗巧，則豈不得以其母以嘗巧者乎？」鄭氏於「豈不得以」釋之，又改「以」爲「已」字，隔「其母以嘗巧者乎」於下句，既不可讀，又不可説，當依方氏作一句爲是，又免改字之患。下「母」字，舊音無，亦非。

千里之外曰采

「千里之内曰甸，千里之外曰采、曰流。」「采」當作「蔡」，「蔡叔」之「蔡」，此綏服之制，内外皆千里也。

鷹化爲鳩

《月令》於仲春言「鷹化爲鳩」，蓋喜其能變不仁之心也。如《王制》言「鳩化爲鷹，然後設罻羅」，《周禮》「司裘」注亦云「仲秋鳩化爲鷹」，而《月令》於仲秋當言而不言者，嫌其變而之不仁，故不記也。

養老於學

《内則》曰：「有虞氏養國老於上庠，養庶老於下庠；　夏后氏養國老於東序，養庶老於西序；　殷人養國老於右學，養庶老於左學；　周人養國老於東郊，養庶老於虞庠，虞庠在國之西郊。」四代之養老必於學，何也？　蓋人君之養老，所以教天下之孝也。爲人子止於孝，而父子有親者，人倫之始也。《孟子》曰「三代之學所以明人倫」者，其謂此夫？然則，於此而養老，豈不得其所哉？《祭義》又曰：「食三老五更於太學，所以教諸侯之弟也。祀先賢於西學，所以教諸侯之德也。是故，鄉里有齒而老窮不遺，强不犯弱，衆不暴寡，此由大學來者也。」即是而觀，古之聖人莫不於此爲重，所以治效如此其盛。

燕居閒居

或者謂：「《禮記》名篇，既有《仲尼燕居》，又有《孔子閒居》，無乃贅乎？」答曰：「鄭氏不云乎：『退朝而處曰燕居，退燕避人曰閒居。』王昇亦云：『退朝曰燕，退燕曰閒。』孔子可以即安，故次之以燕居、閒居。」

毫釐

《經解》引《易》曰：「君子慎始，差若毫釐。」《漢・東方朔傳》引《易》「失之毫釐」，按今《易》中無此語。顔師古曰：「《易象》之別記也。」陳正敏《遯齋閑覽》曰：「歐陽永叔作【一】《傳易圖序》云『予讀《經解》至引《易》曰「差若毫釐，繆以千里」之句』，怪今《易》無此文，疑《易》非完書。且《經解》所引，按《王充論》注，乃《易緯》之文。永叔於《易經》求之，誤矣。」則又與顔師古之説小異。及考字書，「毫釐」當用「氂」字，而太史公用「釐」者，借而用之也。世用「毫釐絲忽」者，皆假「釐」字用之。《説文》：「釐，福也，理也。氂，牛尾也。」十毫曰氂。而《前漢・五行志》曰：「天漢三年八月，天雨白氂。」師古

【一】歐陽永叔作　「陽」原脱，據諸本補。

曰：「凡言鼇者，毛之彊曲者。」《志》用「氂」字，而師古注用「鼇」字，則知「鼇」、「氂」二字，通用久矣。

盤銘

湯之《盤銘》曰：「苟日新，日日新，又日新。」場屋屢出《盤銘又日新賦》及《盤銘詩》，學者往往多因方氏誤指爲燕器，故國學詩有「食息不遑安」之句，殊昧經旨。按《正義》曰：「湯沐浴之盤，而刻銘爲戒。必於沐浴云者，戒之甚也。」蓋取其澡身浴德常加之意，故有日新而又新之義。抑嘗觀諸荀子曰：「君者盤也，水者民也，盤圓則水圓。」謂之「盤圓則水圓」，則盤非沐浴之器而何？

春秋

春秋書法

《春秋》之辭簡而嚴，《春秋》之旨婉而微，然所書大約有三：斷自隱公而下，訖於獲麟，首正而繫月，首月而繫事，以一天下之統；先王人而黜諸侯，先諸侯而黜大夫，以明天下之分；內其國而外諸夏，內諸夏而外夷狄，以正天下之勢。仰觀天下之災異，俯察人事之善惡，褒貶予奪一歸乎大中之道，此《春秋》所書之大約也。

春秋用周正

《春秋》紀元必書「春王正月」，所以尊周也。尊周必用周正，周正以建子爲首歲。在夏爲十一月，不得四時之正，惟取其一陽生之月而已。若建寅則便於民事。故《堯典》所尚則夏正，誠萬世不易之典也。或謂夫子作《春秋》以夏時冠正月，垂法後世，以周正紀事，示無位而不敢自專，殆不然也。且以僖公五年書「正月辛亥朔，日南至」觀之，實夏之十一月也，使屬夏之春，日有南至乎？又以莊公七年「秋，大水，無麥苗」觀之，實夏之五月也，使屬夏之秋，麥尚有苗乎？定公元年「冬，十月，隕霜殺菽」，襄公二十八年「春，無冰」，若非周之春、冬，冰霜何足爲災乎？文公二年「自十有二月不雨，至于秋七月」，十三年「自正月不雨，至于秋七月」，若非周之秋，不雨何足爲傷乎？由是而言，則知《春秋》之用周時無疑矣。且周公周之冢宰，改用建子，乃其制作之大者，使夫子之於《春秋》反不用其時，是敗常亂紀，自夫子倡之，尚何以律它人乎？益知夫子修周公之法，豈苟作云乎哉？

矢魚觀社

隱公「矢魚于棠」，五年。莊公「如齊觀社」，二十三年。《春秋》皆書，云譏其舉動之非也。矢者，射也。夫矢魚乃有司之事，於己所不當射而射；齊社乃它國之事，於我所不當觀而觀。二者胥失之。《春秋》書以示貶，益知人君不當親舉者也。

家父求車

桓公十有五年「天王使家父來求車」。使，音疏吏切，言使者私有求於魯，即非致天子之命，致天子之命則不得謂之求。故《春秋》書「家父」而加「天王使」於其上，以貶之。謂既爲天王之使而來，則不當私有所求也。

儉德之共

《左氏·莊公二十四年》：「春，刻其桷，皆非禮也。御孫諫曰：『臣聞之：儉，德之共也；侈，惡之大也。』」按司馬温公《訓儉》文，援此語而申之曰「共，同也」，乃作「共」。《後漢》翟酺上疏曰「儉德之恭」，直作「恭」。今詳杜預以「不丹楹刻桷爲共」之説，則讀爲「恭」者非。況陸氏無音。

陳殺其大夫洩冶

孔子嘗曰：「邦有道，危言危行。邦無道，危行言孫。」蓋君子處世之法，不可苟也。聖人於甯武子，取其得智愚之道；於蘧伯玉，取其得仕卷之理；至於史魚，則一之以直而已矣。夫邦有道，直可也。邦無道而直，豈不速其禍哉？危行言孫，足矣。今洩冶之諫陳靈公，斥之以宣淫之醜，指之以公卿之惡，其言無隱，可使人畏，可使人愧。然訖不能回靈公荒淫之心者，蓋當無道之時，不能雍容開陳，引其君於當道，必欲軒然以直鳴，是所以殺其身而已矣。夫子於《春秋》，書陳殺其大夫洩冶；書陳以其君與二卿同殺之也；

書「大夫」，言其刑不當上及而自取之也；稱「洩冶」，則咎其以訐直殺身也。殺諫臣者，必亡其國，所以有徵舒弑君、楚子滅陳之禍。

税畝丘甲田賦

宣公之初税畝，十五年。譏其始什二而税也。成公之作丘甲，元年。譏其賦增四分之一也。哀公之用田賦，十二年。譏其既什二而税其田，又什二而斂其才也。一説用田賦者，田以足食，賦以出兵。使田出賦，民何以堪乎？

築囿

宣公之十三年「夏，築蛇淵囿」，以游觀而勞民也。成公之十八年「八月，築鹿囿」，以養獸而勞民也。昭公之九年「冬，築郎囿」，以遠築而勞民也。魯侯不道，既煩其役，又非其時，斯三者皆貶之，故曰：「無囿猶可，無民其可乎？」

見易象春秋

「韓宣子適魯，見《易象》與魯《春秋》，曰：『周禮盡在魯矣。』」夫《易》自《易》、《春秋》自《春秋》，初無與於禮，而宣子乃云耳，何耶？蓋禮之爲禮也，辨尊卑、别貴賤、正君臣、定名分，數者不失其所，即周禮之所在也。故《繫辭》有之曰：「天尊地卑，乾坤定矣。卑高以陳，貴賤位矣。」此《易象》之體也。《孟子》有之曰：「孔子成《春秋》而亂臣賊子懼。」此《春秋》之體也。惟其辨尊卑、别貴賤、正君臣、定名分，舉不外此，孰謂周禮而非

《易象》、《春秋》耶？且言偃嘗問曰：「夫子之極言禮也，可得聞歟？」孔子曰：「我欲觀夏道，是故之杞，而不足徵也。吾得《夏時》焉。我欲觀殷道，是故之宋，而不足徵也。吾得《坤乾》焉。《坤乾》之義，《夏時》之等，吾以是觀之。」夫孔子亦以夏、殷之《易》而觀夏【一】、殷之禮者，皆是義也。豈非《易》之所見者象，禮之所形者器？《繫辭》不云乎：「以制器者尚其象。」則觀其《易》固可以知其禮。況《坤乾》者，天地也；《夏時》者，四時也。天地有上下之位，四時有先後之序，禮之實如斯而已。因觀《易》以知禮，則觀《春秋》可知矣。

行李

襄公八年：「不使一个行李告於寡君。」杜預曰：「一个，獨使也。行李，行人也。」陸音：「个，古賀反。一本作介。」按李正文【二】《資暇集》云：「李字，人姓之外，更無別義。《左傳》『行李之往來』，杜不究意理，注云：『行李，使人也。』今遠行結束次第，謂之『行李』，而不悟是『行使』耳。按舊文『使』字作『⿱山⿱人子』，傳寫誤作『李』。」「⿱山⿱人子」字山下人【四】，人下子，則「⿱山⿱人子」與「李」相近，乃知杜之説是而讀非。僖公七年曰：「行李之役，共其乏困。」昭公十三年又云：「行理之命，無月不至。」既謂爲「行李之役」，又謂爲「行理之命」，則是「行使」無疑也。但「理」、「李」字異讀。《管子・五行篇》：「黄帝得后土而辯于北方【五】，故使爲李。」又曰：「冬，李也。」【六】注云：「李，獄官也。」益知古者多以「李」

【一】夫孔子亦以夏殷之易　「夫」原作「去」，諸本脱，據《條録》改。

【三】按李正文　「正文」原作「文正」，據叢書本乙。

【四】⿱山⿱人子字山下人　「⿱山⿱人子」上原有「使」字，據叢書本删。「⿱山⿱人子」下原脱「字」字，據叢書本補。

【五】黄帝得后土　「得」原作「待」，據諸本改。

【六】冬李也　「李」原作「季」，據叢書本改。

爲「理」矣。

宰木

《左氏傳》：「蹇叔哭之曰：『孟子，吾見師之出，而不見其入也。』公使謂之曰：『爾何知？中壽，爾墓之木拱矣。』」《穀梁傳》作「子之冢木已拱矣」，《公羊傳》作「宰上之木拱矣」。注曰：「宰，冢也。」合三《傳》而求之，《左氏》曰「墓」即《穀梁》曰「冢」也。「冢」、「宰」字相近，《公羊》乃譌而爲「宰」，注則又譌以傳譌。

論語

總説

《論語》一書，凡稱「子曰」者，與弟子答問之辭也；稱「孔子對曰」者，皆答君之辭也，答異邦之君亦然，蓋示其敬也。於昭公、定公、哀公，不稱其國，於齊景公、衛靈公則稱之者，蓋夫子魯人也，以示其莫非臣也。其爲敬君莫大焉。至如孔門之高弟，莫顔子若也，其書尚以名稱。獨有若、曾參得以子稱，又見是書成於有子、曾子之門人，故不敢斥其名，所以尊師也。以至於羣弟子，則稱名，於子産、蘧伯玉，則稱字，又別其非同門之友矣。

作經本末

聖賢之書，豈苟作云乎哉？嘗觀《論語》顛末，夫豈無他説？斷斷乎首以「學」名篇，以「學而時習之」冠於首，而必終之以「堯曰」者，謂學者必以聖王爲師，而聖王則莫堯若故也【七】。是以荀卿之書，首標以《勸學》，首發端以「學不可以已」，而以《堯問》之篇終之。揚雄之書，亦首名以《學行》，首發端以「學行之上也」，而必以「唐矣夫」【八】一言終之，蓋有望於後之君子復古云。

三年無改

「子曰：『父在觀其志，父没觀其行。三年無改於父之道，可謂孝矣。』」此章觀人子之所爲也。言其父在，吾則觀其子所以善繼志之志者如何；其父没，吾則觀其子所以善述事之行者如何。若觀以三年之久，不改於父日用常行之道，則可謂盡子之孝道矣。蓋謂他人觀其子之志行，非子自觀其父之志行者也。學者於此，當於「觀」字上求之。以三年觀之，見其不改，則知終身無改矣。然則歐公《三年無改問》，不疑可也。

貧而樂

「子曰：『可也。未若貧而樂，富而好禮者也。』」較之《史記·仲尼弟子傳》、《後漢·東平王論》，皆曰「貧而樂道」，多一「道」字，必是脱文。

從心

「七十而從心所欲，不踰矩」，「從」字無音，或作「縱」字，非也。當以從心所欲爲矩。

【七】而聖王則莫堯若故也　「堯」原作「克」，據諸本改。

【八】唐矣夫　「夫」原脱，據叢書本補。

視其所以

所以者，其意也。揚子曰：「得其言，未得其所以言。」所以言者，則其意所指也。謂聖門之於人也，初詳視其意指，中泛觀其蹤迹，終深省其定向【九】，則自始及終，無不見之，何所匿其情哉？

攻乎異端

「子曰：『攻乎異端，斯害也已。』」「攻」如「攻人之惡」之「攻」，「已」如「末之也已」之「已」。已，止也。謂攻其異端，使吾道明，則異端之害人者自止。如孟子距楊墨，則欲楊墨之害止；韓子闢佛老，則欲佛老之害止者也。

【九】終深省其定向　「終」原作「中」，據諸本改。

卷之五

經説

論語

哀公問社

「哀公問社於宰我」至「既往不咎」。按：「哀公患三桓之侈也，欲以諸侯去之，公遇孟武伯，問曰：『余及死乎？』三問不對。公欲以越伐魯，而去三桓。」哀公二十七年。則哀公懷去三桓之心久矣，而患其彊，故假古人「弗用命，則戮于社」之意《甘誓》。以問焉。宰我謂「周人以栗，使民戰栗」，勸之以誅也。聖人警之以「成事不説，遂事不諫，既往不咎」之三語，謂三桓自宣公以來至於今，勢偪公室，積威五世，莫能制之也。一旦而欲誅之，則昭公之事可鑒矣。昭公二十三年【一】，季平子作亂【二】，昭公奔齊。哀公苟知自治，則三桓之禍自息，無事於誅也。

校勘記

【一】昭公二十三年　「三」疑當作「五」。

【二】季平子作亂　「平」下原有「半」字，據諸本删。

不以其道得之

「子曰：富與貴，是人之所欲也」至「不去也」。蓋富貴，人之大欲存焉，善處富貴者，必以其道，苟不以其道而得處富貴，則不處之也。貧賤，人之大惡存焉，善去貧賤者，必以其道，苟不以其道而得去貧賤，則不去之也。

觀過斯知仁矣

「子曰：『人之過也，各於其黨。觀過，斯知仁矣。』」黨，謂偏也，偏則過之所由起也。觀吾有偏而不正之處，於此乎識之，則過不得著見矣，非仁者能之乎？

朝聞道夕死可矣

孔子豈尚未聞道者？苟聞天下之有道，則死亦無遺恨矣。蓋憂天下如此其急。

孰謂微生高直

此言微生高於乞醯之際，盡其委曲之道。先儒泥於「孰謂微生高直」之句，乃解「乞諸其鄰」爲不直，是直情徑行而無委曲周旋之義，豈善與人交者哉？嗚呼，聖人之意決不如是，故曰「孰謂微生高」爲直情徑行之「直」。

先難後獲

「子曰：『仁者先難而後獲。』」此章救樊遲之失也。自其學稼、學圃觀之，則遲避害趨利之心勝。故夫子於問仁，則對以「先難後獲」；問崇德，則對以「先事後得」。蓋抑其利欲之心，而勉之義理當爲之事。苟能先義後利，非仁者之用心乎？

南子

説者皆引《史記》以謂孔子見衛靈公之寵姬南子。《仲尼弟子傳》。以愚觀之，必非衛之南子。蓋嘗考《家語》曰：「孔子適衛，子驕爲僕。顔刻，字子驕。《史記》作「顔高」。衛靈公與夫人南子同車出，而令宦者雍梁驂乘，使孔子爲次乘，遊過市。孔子耻之。」且聖人方以季桓子受齊女樂而去魯適衛，至衛而又耻爲靈公、南子次乘，豈肯輕身以先於匹婦哉？又且六經以至《魯論》、《家語》皆無見衛南子之文，不知子長何所本而云然。則南子者爲誰？是必魯之南蒯也。何以知之？以「佛肸召，子欲往」而知之也。佛肸以中牟畔，子路不欲之往【三】，而夫子有「吾豈匏瓜」之喻。南蒯以費畔，子路亦不悦其見。昭公十二年，南蒯以費畔，遂奔齊。十三年，費人畔南氏，即南蒯也。蓋昭公十四年，南蒯之奔齊也。侍飲於景公，公曰：「叛夫？」對曰：「臣欲張公室也。」杜預曰：「張，强也。」南蒯欲弱季氏而强公室，此夫子所以見之，將以興魯也。與佛肸事不約而同，故知其必非見衛之南子，而見魯之南子也昭昭矣。

民鮮久矣

「子曰：『中庸之爲德也，其至矣乎。民鮮久矣。』」言中庸之德，其極至難能之事，斯民之所日用常行者也。然行之者能暫而不能久，故曰「民鮮久矣」。

【三】子路不欲之往　「之」諸本作「子」。

老彭

「竊比於我老彭」，按《大有》卦「匪其彭」，陸音：「步郎反。子夏作『旁』。」老彭，當讀如「匪其彭」之「彭」者，音旁，旁側也。欲自比於老子之側，蓋謙辭也。老子，古之好道者，宜孔子之所自比。嘗考諸《曾子問》，有記孔子聞諸老聃者屢矣。《家語》亦曰：「孔子問禮於老聃。」此誠孔子欲自附於老子之側之驗也。舊説以老彭爲彭祖，然六經所不載，聖人所不道，非夫子之願比者，今不取。

束脩

漢儒説「自行束脩以上」，皆以十脡脯爲「束脩」，蓋因《禮記》「束脩之問不出竟」及「束脩一犬」以誤之也。觀鄭玄注《論語》，謂年十五以上也。《後漢》杜詩薦伏湛曰：「自行束脩，訖無毀玷。」注云：「謂年十五以上。」然以經意詳之，初非此意。聖人設教，雖互鄉、闕黨童子所不拒，長少何擇焉？惟《延篤傳》：「吾自束脩以來，爲人臣不陷於不忠，爲人子不陷於不孝。」注云：「束脩，謂束帶脩飾。」此説稍通。然以「脩」爲脩飾則是，以「束」爲束帶則非。不若以檢束脩飾爲正。如《鄭均傳》曰「均束脩安貧」，「太守薦劉般束脩至行」皆同一意。方性夫解《禮記》「束脩之問」，以爲與《論語》名同而實異，其説謂約治其身，則無不誨之真，得所謂「人潔己以進，與其潔也」之意。

聞韶

人皆以聞《韶》不知肉味爲喜之之辭，吾獨以爲怒之之辭，何也？曰食旨不甘者，悲而不知也；曰發憤忘食者，怒而不知也；曰在齊聞《韶》者，亦怒而不知也。未聞有人喜而不知者矣。蓋《韶》，帝樂也，齊，侯國也，夫子在齊忽聞侯國僭作帝樂，又至三月之久，是以怒而不知肉味。故曰：「不圖爲樂之至於斯也。」非怒辭而何？

一說以「子在齊」絶句。韓退之改「三月」爲「音」字，亦穿鑿。「聞《韶》三月」絶句。

文莫吾猶人也

欒肇曰：「案燕、齊之間，謂勉强爲文莫，今語猶然。」肇深於《論語》，此説必有所授。杜詩有「久拚野鶴同雙鬢，遮莫鄰雞下五更」，「遮莫」二字，殆不可曉。嚴有翼以「儘教」之説發明之，其旨遂顯。予喜其文相若，故併有取焉耳。《草堂詩箋》云：「遮，音之夜反。」

無間然

「子曰：『禹，吾無間然矣。』」間，隙也，猶玷缺也。孔子謂禹之所爲，我無以見其玷缺之可議也。由其菲飲食、惡衣服、卑宮室言之，似儉不中禮也。由其致孝乎鬼神、致美乎黻冕、盡力乎溝洫言之，則誠無玷缺之可議。是以始終言其無間然矣。

食不厭精

厭，讀如「厭飫」之「厭」，言食與膾雖精而細，亦不厭飫而食之。蓋夫子嘗曰「食無求飽」，又曰「謀道不謀食」，故知其於精細猶不求其厭飫，況饐餲、餒敗、臭惡、失飪，則不食也必矣。

先進後進

「子曰：先進於禮樂」至「吾從先進」。先進，指三代而上；後進，指三代而下也。謂三代而上，教行俗美，而禮樂達天下，雖野人亦能之，況君子乎？三代而下，政異俗殊，而禮樂有壞闕，惟君子能之，野人則莫之能行也。所以夫子必欲從三代之盛時也。

皆不及門也

「子曰：從我於陳、蔡者」至「子游、子夏」。門，非「門庭」之「門」，乃「門目」之「門」。夫子歎其從陳、蔡之徒，其同患難如此，苟不幸不保首領以没，皆不及門目之側，無以表於後世，是有遺恨也，可不念歟？遂舉四科之目，以歸於顔、閔而下十人焉。

子樂

「閔子侍側，誾誾如也；子路，行行如也；冉有、子貢，侃侃如也。」此三句非夫子之言，乃當時記事者之言也。繼之以「子樂」。若由也，不得其死然」云者，乃是夫子因子路行行，遂指其胸中之病而爲是言。則「子樂」當作「子曰」，聲之誤也。曰、悦，聲相近。寫者既誤以爲「悦」，又轉「悦」爲「樂」故也。既以由也爲不得其死，又何樂之有？

論篤是與

「子曰：『論篤是與，君子者乎？色莊者乎？』」「與」如「吾與點也」之「與」，論其篤厚，則所與者君子之人乎？色莊之人乎？君子則躬行者，色莊則色厲而内荏者。

不可則止

「所謂大臣者，以道事君，不可則止。」大臣以道格君心之非，則無復有發於政、害於事者，此所謂「不可則止」也。

忠告而善道之

「子貢問友。子曰：『忠告而善道之，不可則止，毋自辱焉。』」言忠告即不可則止也，言善道之即毋自辱焉也。「自非」、「自取」、「自求」之「自」，乃訓從也。凡有不可處即止之，豈非忠告乎？毋從取辱之事以導之，豈非善道之乎？何謂從耻辱之事以導之？凡非禮非義之事，一或導之則辱身也；不忠不孝之事，一或導之則辱君親也。既辱身，又辱君親，非朋友之罪而誰罪？

必也狂狷乎

「子曰：『不得中行而與之，必也狂、狷乎？狂者進取，狷者有所不爲也。』」此章歎無中道之可與也。聖門之學，不容有去偏之失【四】。太過之偏，流爲狂；不及之偏，流爲狷。故子張之病在太過，子夏之病在不及，聖人皆指其偏以拒之焉。有狂、狷而尚與之

【四】不容有去偏之失　「去」諸本作「一」。

者乎？乃知此言「乎」者，疑辭也。疑則不與可知。與狂者乎？則「狂者進取」，即太過也。與狷者乎？則「狷者有所不爲」，即不及也。中道安在哉？聖人深歎無中行之可與，故發是言也。

禹稷躬稼

南宮适曰：「禹、稷躬稼，而有天下。」初，夫子雖不之答，終也必曰：「君子哉若人。」且禹盡力於溝洫而有天下則然矣，稷播種百穀，不過一諸侯耳，而云「有天下」，何哉？得非積功累仁，至文、武而興乎？

桓公殺公子糾

「子路曰：『桓公殺公子糾，召忽死之，管仲不死。』曰：『未仁乎』」至「如其仁」，「子貢曰：『管仲非仁者與？桓公殺公子糾，不能死，又相之』」至「經於溝瀆而莫之知也」。桓公，齊襄公之弟也。初，襄公之立也，政令無常，故公子小白奔莒，齊地。公子糾奔魯。公孫無知弑襄公，齊人弑無知。大夫高傒先有以陰召小白，故小白自莒先入而得齊，是爲桓公。非取諸子糾之手也，乃殺子糾，小白誠惡矣。然齊實納小白也。《春秋·莊公九年》書「公伐齊，納糾」。齊小白入於齊」。《左氏》誤多「子」字。《公》、《穀》皆無「子」字，是也。何稱糾而不稱子，言小白而又言齊？是糾不當立，而小白當立者也。九月，又書「齊人取子糾，殺之」。以糾謂之取，傷糾之在魯，魯不能覆護，齊得而殺之，所以甚齊之惡而譏魯之不競也。以「子」繫之糾，蓋子糾兄也，弟其可殺乎？所以重小白之不弟也。管仲雖嘗爲子糾之傅，然子糾未嘗爲世子，不當爭立。是以管仲明此之義，終身不讎桓公，而得相之以霸也。嘗觀伊川之説，以桓公爲兄，子糾爲弟，往往因薄昭《與淮南厲王書》曰「齊桓殺其弟，以反國」，遂誤之。晦庵又附會而援其説，蓋不之審也。按《史記・齊世家》云：「襄公立，殺誅數不當。羣弟恐禍及，故次弟糾奔魯，小白之莒。十二年，公孫無知弒襄公而自立。高、國陰召小白於莒【五】，高傒立之，爲桓公。」《左氏・莊公八年》注云：「子糾，小白庶兄。」鄧驥《左氏指縱》云：「桓公，襄公之季弟也。」《世家》既云次弟糾，《左氏》注又云糾爲小白庶兄，《指縱》又云桓公爲季弟，則子糾兄也，小白弟也，無疑矣。故《荀子》亦曰「齊桓殺兄而爭國」，《仲尼篇》。伊川之説，誠爲誤矣。

鄉原

「鄉原，德之賊。」晦庵先生云「『原』與『愿』同」，非也。愿之爲言，慤也。愿慤則爲謹厚之人，必不肯同流合污。所謂「鄉原」，即推原人之情意，隨波逐流，佞僞馳騁，苟合求媚於世，故曰：一鄉之原，人是以爲德之賊也。司馬温公解《揚子》「賊仁近鄉原」，謂「所至之鄉，徇衆隨俗，求媚於人者」，其説盡之。

【五】陰召小白於莒　「召」原脱，據諸本補。

校勘記

卷之六

經説

作者七人

《藝苑雌黄》記「作者七人」，不取包氏、鄭氏之説固是，獨取王弼之説亦非。至謂：「《伊川語録》云：『伏羲、神農、黄帝、堯、舜、禹、湯，制法興王之道，非有述於人者也。』此説亦不敢從。」予謂《雌黄》未可信也。「作」即「作者之謂聖」之「作」。伊川所言，蓋有所本，此而不從，將焉從哉？嘗讀《易大傳》，見夫伏羲之畫八卦，無非具天地人物之理。而神農於耒耜則取諸《益》，日中爲市則取諸《噬嗑》，與黄帝、堯、舜衣裳之制，凡舟楫、杵臼、弧矢、宫室之制，皆天理人事之不可廢者。是以夫子推其所從始，而云伏羲氏作，神農氏作，黄帝、堯、舜氏作，豈無謂歟？後乎堯、舜而九疇之義未著，於是夏后氏作而敘九疇。後乎禹而夏桀之惡方熾，於是殷湯氏作而伐夏弔民。此賢聖之君六七作，要皆開端創始者之爲也。信乎！孔子之言作者，爲萬世之公論，而伊川之取作者之名，爲萬世之至當云。

友便辟

按《前漢·佞幸傳贊》曰：「咎在親便嬖，所任非仁賢。故仲尼著『損者三友』。」正引此語。嬖字，從女，與《孟子》「便嬖不足使令於前」同。則「辟」讀爲「寵嬖」之「嬖」亦通。舊音婢亦切。

其爲東周乎

「子曰：『如有用我者，吾其爲東周乎？』」乎，反辭也。言公山氏如用孔子則必興起西周之盛，而肯復爲東周之衰乎？揚子雲擬《論語》，直謂「如其好問仲尼，則魯作東周矣」，釋者便謂「使魯能好問仲尼，則魯亦可使復興西周之盛於東周之地爾」。此特愛揚子而爲之説。曾不知夫子之所謂「乎」，與揚子之所謂「矣」，二字大相遼絶，學者宜辨之。

患得患失

「其未得之也，患得之。既得之，患失之。」按《家語》「其未得之也，患不得之。既得之，患失之」，比《論語》多一「不」字，辭意甚明。

在人

「子貢曰：『文、武之道，未墜於地，在人。賢者識其大者，不賢者識其小者，莫不有文、武之道焉。』」「在人」二字爲一句，謂文王、武王之道未墜，猶在於人，言人皆有之也。故賢者則能識文、武之道之大者，雖不賢亦能識文、武之道之小者，所以無不有文、武之道也，非在人而何？

仕優學優

「子夏曰：『仕而優則學，學而優則仕。』」仕優而不劣，則仕盡善矣，仕盡善則雖曰未學，吾必謂之學也。學優而不劣，則學盡善矣，學盡善則是亦爲政，奚其爲政也？

君子不施其親

按開元《五經文字》，「君子不弛其親」，弛，音始，易也，棄忘也。舊音昌移切，非。予謂即孔子云「親者毋失其爲親」是也。

舉逸民

「舉逸民，天下之民歸心焉。」何晏謂：「逸民者，節行超逸也。」林少穎亦謂：「逸，爲『俊逸』之『逸』，如俊民之義，非隱逸也。」其義可取。

孟子

孟子篇目

《前漢·藝文志》曰：「儒家有《孟子》十一篇。」以今考之，篇目少於前，何也？曰：合今之七篇與外書四篇即十一篇矣。昔嘗聞前輩有曰，親見館閣中有外書四篇：曰《性善辨》、曰《文説》、曰《孝經》、曰《爲政》。則時人以「性善辯文」爲一句，「説孝經爲正」爲一句，甚乖旨趣。古文「辯」、「辨」，「正」、「政」通用。

見梁惠王

「孟子見梁惠王」與「孟子見梁襄王」，皆下見上之見，並當與「暴見於王」、「他日見於王」同音現。孫宣公奭。説前二「見」字無音【一】，學者相承，如字讀，非也。

案《史記・列傳》：孟子游事齊宣王，不能用，去齊適梁。是以古史亦謂孟子先事齊宣王，後乃見梁惠王。及考司馬温公《年譜》，孟子見惠王時乃當梁惠王之三十四年，齊威王之四十三年，是時宣王尚未即位。故七篇之書以「孟子見梁惠王」冠其首，以「齊宣王之問」繼其後，則先後有序可見矣。故《列傳》爲難信，而《年譜》有所據云耳。

智足以知聖人汙

「宰我、子貢、有若，智足以知聖人汙，不至阿其所好。」當以「智足以知聖人汙」七字爲句。汙，小也，三子之智可以知聖人之小者，不至阿私所愛而空譽之。

四端

惻然而傷，隱然而痛也。羞，耻己之惡；惡，憎人之惡也。辭，卻以舍己；讓，推以與人也。是曰是，非曰非也。端，始也。有惻隱、羞惡、辭讓、是非之心，即爲仁、義、禮、智之始也。

【一】孫宣公説　「説」原脱，據四庫本補。

龍斷

龍，音壟。斷，如字。龍斷者，岡壟斷而崛起之小山也。四顧無礙，可左右望而見其商旅負販之來者，以羅取一市之利。故曰：「必求龍斷而登之，以左右望而罔市利。」

草尚之風必偃

尚，謂加也。加之風，則草必偃伏。尚，與《論語》「上」字亦通。

行辟人可也

「歲十一月徒杠成，十二月輿梁成，民未病涉也。君子平其政，行辟人可也，焉得人人而濟之？」杠、梁，皆橋也。通徒行者，曰徒杠；通車輿者，曰輿梁。辟，法也。言君子平其政則行所謂「徒杠成」、「輿梁成」之法於人可矣，安能盡以所乘之車載而渡之哉？

詩亡然後春秋作

《孟子》曰：「《詩》亡然後《春秋》作。」《文中子》曰：「《小雅》廢，《春秋》作。」一言《詩》亡，一言《雅》廢，何也？自平王《黍離》之詩降爲《國風》，則天下無復有《雅》，而《春秋》始於平王矣。按平王之孫桓王、《兔爰》刺桓王失信。曾孫莊王，《丘中有麻》刺莊王不明。猶有《風》，二詩皆見《王國風》。則是王者之《雅》亡而《春秋》作，王通之言，良以此夫。

戎狄是膺

「《魯頌》曰：『戎狄是膺，荆舒是懲。』周公方且膺之。」《滕文公上》。此僖公之詩也，孟子以爲「周公方且膺之」，人皆疑焉。按《春秋》書「公子遂如楚乞師」，則僖公之畏楚甚矣；僖二十六年。書「公會齊侯于淮」，則僖公之服齊久矣。僖十六年。寧有膺之之勢？及即《明堂位》《禮記》。質之，周公踐阼朝諸侯，而九夷、八蠻、六戎、五狄之國，隨方各至，則知孟子所謂「膺之」，良以此夫。然詩人獨以頌僖公，何邪？曰：史克知僖公之心，在於尊祖之功業，乃爲之作頌，一以推尊周公，併以美僖公，蓋詩人之意也。説者直以爲僖公時事，不當其義。此孟子所以兩言周公膺之也。

則枉尋直尺而利

「且夫枉尺而直尋者，以利言也。如以利，則枉尋直尺而利，亦可爲與？」當以「枉尋直尺而利」爲句，以明有計利之心，則雖枉多伸少而有所利，亦可爲之耶？甚言其不可也。

小德役大德

「天下有道，小德役大德，小賢役大賢；天下無道，小役大，弱役强。斯二者，天也。」有道之世，人以德勝，故德賢之小者爲德賢之大者役；無道之世，人以力勝，皆不修德，故小而弱者役於大而强。此天理之必然者也。

故者以利爲本

「天下之言性也，則故而已矣。故者以利爲本。」此孟子以水喻性，乃指其迹以示人也。故者，即故道也，有迹可見者也。利，猶順也，謂自然之勢也。勢有二，自然與使然也。人性之善也，猶水之就下也，人無有不善，水無有不下，此自然也。今夫水搏而躍之，可使過顙，激而行之，可使在山，是豈水之性哉？其勢則然也，此使然也。今之所謂故，如禹之行水，亦因其故道而導之，未嘗有一毫之拂逆，所以無横流之害也。

少艾

「人少則慕父母，知好色則慕少艾。」嘗遍考載籍，「艾」字並無美好之説。《曲禮》「五十曰艾服官政」，《魯頌》「俾爾耆而艾」，《荀子》「耆艾而信，可以爲師」，皆謂老也。初無一言以爲幼而美，始因流俗承誤爲此説。陳晉之又改「艾」字爲「少女」，《孟子》知言之要，豈不經如此之甚？原《孟子》之意，即《荀子》所謂「妻子具而孝衰於親」之義。人少，當音去聲；慕少，當音上聲。艾，讀如「夜未艾」之「艾」，艾之爲言止也。謂人知好色，則慕親之心稍止也。

鬱陶

「象曰：『鬱陶思君爾。』忸怩。」謂象思之甚而氣不伸，猶陶瓦處烟氣鬱而不散也，故來見而有忸怩之慙色。

舜爲法於天下

「舜爲法於天下，可傳於後世。」舜遭人倫之變，而不失天理之常。故事頑嚚之親而盡子道【二】，封傲很之弟而盡兄道，刑于二女而盡夫道，歷試諸難而盡臣道，凡人倫之至者，舜無一之不善也。宜乎可爲天下後世之法也。

不屑之教誨

「教亦多術矣。予不屑之教誨也者，是亦教誨之而已矣。」多術，言非一端也。屑，輕也。「不憤不啓，不悱不發。舉一隅不以三隅反，則不復也」，即孔子不輕之教誨也。謂輕易以教之，其學則不固，使其人若能因此退自修省，則是亦我教誨之也。

聖人然後踐形

「形、色，天性也。惟聖人然後可以踐形。」形、色，外也。天性，内也。有諸内必形諸外，則外即内也。人肖天地之貌，懷五常之性，則發見於形、色之間，皆天性也。此之謂能踐人之形。一爲情慾所汩，以亂其天性，則雖有人之形而不能踐其形矣。故惟聖人然後可。

過化存神

「君子」，在上之君子也。「所過者化，所存者神」，謂所過於人者化，所存於己者神。故其德與天地同流，可謂其益無方矣。

性之反之

「孟子曰：『堯、舜，性者也。湯、武，反之也。』」安而行之者，性也。勉强而復者，反

【二】故事頑嚚之親而盡子道　「事」原作「使」，據諸本改。

之也。堯、舜存其天性，湯、武還其天性，及其成功一也。

奮乎百世之上

「聞柳下惠之風者，薄夫敦，鄙夫寬，奮乎百世之上」爲斷句，「百世之下」連下句「聞者莫不興起也」讀之。

孝經

景行

《序》有曰：「朕嘗三復斯言，景行先哲。」按「景行」二字，佗無所見，實本於《車舝》「景行行止」之語。此若依舊音去聲讀，則「景行先哲」一句亦難强通。今質之《東萊讀詩記》於「景行」下注云：「《釋文》：下孟反。當不音。」又引晦庵朱氏曰：「景行，大道也。」則「行」字平讀無疑。蓋詩人以高山對大道而言，皆取喻之辭，若德行則不類。然晦庵於《詩》，則以景訓大，行訓道，乃謂大路之可行。此《序》則當以景訓明，行訓踐，而謂明踐先聖之訓，則辭意曉然。或者不審「景行」之音訓，往往泥此一句，便隨聲是非，倡爲景慕之説。博考經傳，景之爲言大也、明也，景慕二字往往因《孝經》敘而言之。近世尺牘中，間有用之者，殊未聞有以「景」一字訓慕也，或有以「景顔」、「景蘇」命名，已無謂矣。甚者，有「景賢」之稱，則是自名曰「大賢」，可乎？嗚呼，音訓之不講，其弊至此。

斷章取義

聖人之於六經，造理高遠，去取隨意，無溺於本文，無泥於一句，故《孟子》有「不以文害辭，不以辭害志」之説。如曰「一人有慶，兆民賴之」，本非愛敬事，孔子則取以證天子之孝。「如臨深淵，如履薄冰」，本非諸侯事，孔子則取以證諸侯之孝。或以「赫赫師尹，民具爾瞻」證三才，或以「有覺德行，四國順之」證孝治【三】。夫如是，然後見夫子於《孝經》之書，斷章取義，無所不可，而六經之道通矣【四】。若乃自《天子》至於《卿》、《士》，每章或引《書》或引《詩》，獨於《庶人章》無之，此又見聖人之於貴賤有别焉。

哭不偯

偯，舊音哀。觀《禮記·間傳》曰：「大功之哭，三曲而偯。」《釋文》：「於起反。聲餘從容也。許氏《説文》作『悠』，云『痛聲』。」《廣韻》、《玉篇》、《集韻》皆音於豈反。舊音不考，諸家而誤爲之音。

【三】證孝治　「治」原作「經」，據諸本改。

【四】而六經之道通矣　「六」原作「不」，四庫本作「孝」，據叢書本改。

校勘記

【一】掩陽門之扇 「扇」原作「善」，據叢書本改。

卷之七

文説

史重複

書有意異而言同者，有意同而言異者。如「矜而不争，羣而不黨」，言同而意異者也；「足食足兵，民信之矣」，言異而意同者也。然前之言，人皆知之，後之言，無子貢「三者」之問，孰知其「兵」、「食」之外，又有「信」也？古人之立言深嚴如此，若夫後世則不然。良史之才，古今莫不以遷、固爲稱首。《史記·孟嘗君傳》言「馮公形容狀貌」，乃四字而一意；《西漢·張禹傳》言「後堂理絲竹管絃」，乃四字而二物；《昭帝贊》言周成「有管、蔡四國流言之變」，夫舉四國，則管、蔡已在其中矣，乃四字而駢文。《南史·恩倖傳序》云「謀於管仲，齊桓有召陵之師；邇於易牙，小白掩陽門之扇」【一】，小白即齊桓也，不亦重複乎？獨韓退之作《王仲舒碑》，又作《誌》；蘇子瞻作《司馬君實行狀》，又作《碑》，其事雖同，其辭則異。雖然，《左氏》此患，亦或不免。文公五年：「臧文仲聞六與蓼滅，曰：『皋陶庭堅不祀忽諸。』」六、蓼二國皆皋陶之後，楚滅之。按文公十八年「才子八人」注云：「庭堅，皋陶字也。」則此既言皋陶，又言庭堅，何耶？

文重複

漢人文章最爲近古，然文之重複，亦自漢儒倡之。賈生《過秦論》曰：「席卷天下，包舉宇内，囊括四海之意，并吞八荒之心。」四句而一意也。至於陸士衡《文賦序》曰：「妍媸好惡。」四字而二意也。張景陽之《七命》，既曰「甇嫠爲之擗摽」，又曰「孀老爲之嗚咽」，豈「甇嫠」、「孀老」果二義乎？既曰「按以商王之箸」，又曰「承以帝辛之杯」，豈商王、帝辛果二人乎？既曰「蹙封豨」，又曰「僨馮豕」，豈封豨、馮豕果二物乎？

承舛襲謬

絲竹、管絃，均二物耳，班孟堅既不之審，遽書此以爲張禹後堂之盛，王羲之又拾以序《蘭亭》，則承舛襲謬而不自知也。

祖述文意

歐陽文忠公初得昌黎文，嘗曰：「苟得禄矣，當盡力於斯文，以償予素志【二】。」居無幾何，公以文章獨步當世，而於昌黎不無所得。觀其詞語豐潤，意緒婉曲，俯仰揖遜，步驟馳騁，皆得韓子之體。故《本論》似《原道》，《上范司諫書》似《諫臣論》，《書梅聖俞詩稿》似《送孟東野序》，《縱囚論》、《怪竹辯》斷句皆似《原人》。蓋其横翔捷出，不減韓作，而平澹詳贍過之。若夫《羅池碑》曰「春與猿吟兮，秋鶴與飛」，則退之又自深得《離騷·東

【二】以償予素志　「予」原作「于」，四庫本作「其」，據叢書本改。

皇太一歌》「吉日兮辰良」之句法；《寄崔立之》詩曰「歡華不滿眼，咎責塞兩儀」，則又深造乎班固《賓戲》「福不盈眦，禍溢於世」魏人章疏亦云「福不盈眦，禍將溢世」。之遺意，其前輩各相祖述類如此。

祖意而勝

東坡《喜雨亭記》云：「使天而雨珠，則寒者不得以爲襦；使天而雨玉，則飢者不得以爲粟。」即劉陶《改鑄大錢議》有曰「就使當今沙礫化爲南金，瓦石變爲和玉，使百姓飢無所食，渴無所飲」之遺意。然不如東坡辭婉意明，所謂出藍更青者也。

擬聖作經

作經以擬聖者，其後儒之僭者乎？自非僭者，則揚雄不作《太玄經》以擬《易》，漢。王長文亦不作《通玄經》以擬《易》；晉。劉向不作《洪範五行傳》以擬《書》，漢。陳黯亦不作《禹誥》以擬《書》，唐。而《虞卿春秋》、趙相。《吕氏春秋》、秦相吕不韋。《楚漢春秋》、陸賈。《吴越春秋》、趙曄。《晉春秋》、檀道鸞。《唐春秋》吴兢。之類無聞焉。《漢尚書》、孔衍。《隋尚書》、王劭。《後漢尚書》、《漢魏尚書》、並孔衍。《續書》、王通。《續尚書》唐陳正卿。之類無有焉。揚雄不作《法言》以擬《論語》之精微，王通不作《中説》以擬《論語》之緼奥。嗚呼！《孝經》，孔子所論也，孰知郭良輔又變爲《武孝經》，唐。鄭氏又易爲《女孝經》，唐侯莫陳邈妻。以至《農孝經》、皇朝賈元道。《酒孝經》不著撰人名氏。紛紛而出。《爾雅》，周公所記也，孔鮒又轉爲《小爾雅》，不著撰人名氏。擬爲楚孔鮒撰，後乃别行。張楫又衍爲《廣雅》，魏。以至《博雅》、張楫。《埤雅》陸農師。譊譊而興。配《孝經》者，又有馬融之《忠經》。林少穎《羣經辨惑》云：「馬融作《忠經》。《崇文總目》又載：海鵬撰《忠經》，失其姓氏。」準《論語》者，又有宋尚宫之《女論語》。唐内人宋若莘著，見《唐書·宋若昭傳》。皆其僭之尤者乎？

史體因革

自編年變爲紀、爲書、爲表、爲世家、爲列傳也，司馬遷躋項羽於紀，與帝王並，則失史體。遷、固列吕后於紀，不没其實，則合《春秋》法。《史記》始制八書，《前漢》改爲十志，《東觀漢書》曰記，華嶠《後漢》曰典，張勃曰録，《吴録》。何法盛曰説，《晉中興書》。《五代史》曰考，《司天考》。其實一也。如遷曰《平準》，固曰《食貨》；《前》曰《地理》，《後》曰《郡國》；書曰《河渠》，志曰《溝洫》；書曰《封禪》，志曰《郊祀》。班易《天官》爲《天文》，范易《禮樂》爲《禮儀》。律與曆、禮與樂、兵與刑，或分或合。《百官》、《輿服》，固所無，曄增之；《五行》、《藝文》，馬所闕，班補之。隋獨著《經籍》，唐特出《選舉》，沿革紛如也。

自太史公效周譜以爲表，桓譚説。何法盛改表爲注，以至諸侯稍卑，當别於天子，故稱世家。然陳勝、吴廣，起自羣盜，遷不應特舉而列之。唯《三國》以吴、蜀儕之列國爲當。傳之爲體，大抵記公卿之行事，遷始傳《循吏》，《晉》曰《良吏》，《三國》則闕；曄始傳

《文苑》，《隋》曰《文學》，《唐》曰《文藝》；《後漢》爲《獨行》，《唐》爲《卓行》，《五代》《一行》焉；《後漢》爲《方術》，《魏》爲《方伎》，《晉》《藝術》焉。自《晉》至《唐》，改東都《逸民》爲《隱逸》；自《唐》以來，改《南史》《孝義》爲《孝友》【三】。《列女》不見於《西漢》，《義兒》獨見於《五代》。遷、固皆作《佞幸》，《南》、《北》曰《恩幸》。《魏》、《晉》俱作《后妃》，五季曰《家人》。稱號雖異，體制不殊也。

古今之言詳略

聖人之言，文約而意已盡，自然不可易，而非若後世君子好自立論也。觀孔子之言性，曰「相近」而已，而孟子曰「善」，荀子曰「惡」，揚子曰「混」，何其彰彰也。觀孔子之言三代相因，曰「損益可知」而已，而董仲舒曰「上忠」、「上敬」、「上文」，太史公曰「忠以野」、「敬以鬼」、「文以僿」，何其紛紛也。至於「行夏之時」，一語而已，後世乃有「建子」、「建丑」、「建寅」，三正、三統之擾擾。《禮記·大傳》「改正朔」疏云：「周子，商丑，夏寅，是改正也；周夜半，商雞鳴，夏平旦，是易朔也。」三正、三統，見《前漢·律曆志》篇。《春秋》之書一，編年而已，後世遂變而爲紀、書、世家、列傳，甚者書變而爲志、爲表，志又變而爲考，《五代史》。列傳又衍而爲叙傳。《前漢》。「河出圖，洛出書」，《論語》與《易大傳》兩言之而已，《春秋緯》乃云「河以通乾出天苞，洛以流坤吐地符。河龍圖發，洛龜書感。《河圖》有九篇，《洛書》有六篇」。「中人以上」，「中人以下」，曰「可」與「不可語上」而已。《語》六。芋尹無宇辭曰「人有十

【三】改南史孝義爲孝友　「南史」原作「南唐」，叢書本作「南北」，據四庫本改。

等」，昭公七年。班固《古今人表》分九等，《前》。司馬遷儒之外五家，孟堅儒之外八流，盧景亮撰《于夐神道碑》。或增或損，或因或革，紛紛籍籍，殆有不可勝言者矣。

句法同

伊尹有「不被堯、舜之澤，若己推而納之溝中」，張平子得之，於賦曰：「人或不得其所，若己納之於湟。」范睢「一飯之德必償，睚眦之怨必報」，孔融得之，於書曰：「睚眦之怨必讎，一餐之惠必報。」黄魯直《學優齋銘》曰「學哉身哉，身哉學哉」，句法使班孟堅《典引》曰「唐哉皇哉，皇哉唐哉」，其祖出《益稷》曰「臣哉鄰哉，鄰哉臣哉」。杜子美《南郊賦》曰「九五之後，人人自以爲遭唐虞；四十年來，家家自以爲稷卨」，句法使曹子建《與楊德祖書》曰「人人自謂握靈蛇之珠，家家自謂抱荆山之玉」，其源出崔駰《達旨》曰「家家有以樂和，人人有以自優」及揚雄《解嘲》曰「家家自以爲稷卨，人人自以爲皋陶」。退之《進學解》曰「口不絶吟於六藝之文，手不停披於百家之篇」，句法使夏侯湛《抵疑》曰「志不輟著述之業，口不釋雅頌之音」。李白《上裴長史書》曰「何王公大人之門，不可揮長劍乎」，句法用鄒陽《上吴王書》曰「何王之門，不可曳長裾乎」。唐啖助曰「設教於本，其敝且末；設教於末，敝將奈何」，句法使唐太宗《帝範》曰「取法於上，僅得其中；取法於中，不免爲下」，並貞觀二十二年徐惠上疏曰「作法於儉，尤恐其奢；作法於奢，何以制後」，其祖出渾罕曰「作法於凉，其敝猶貪；作法於貪，敝將若之何」。昭四年。

文意同

《孟子》「不教民而用之，謂殃民」，《告子下》。即孔子「以不教民戰，是謂棄之」《論語》十三。之遺意；《孟子》「分人以財謂之惠，教人以善謂之忠」，《滕文上》【四】。即孔子「愛之能勿勞乎，忠焉能勿誨乎」《憲問》。之遺意；《孟子》曰「子產惠而不知爲政」，《婁下》。即孔子曰「子產，惠人也」《憲問》。之遺意；《孟子》曰「大人者，言不必信，行不必果」，《婁下》。即孔子曰「言必信，行必果，硜硜然，小人哉」《子路》。之遺意；《孟子》「詖辭知其所蔽，淫辭知其所陷，邪辭知其所離，遁辭知其所窮」，《丑上》。即《易大傳》「將叛者其辭慙，中心疑者其辭枝，吉人之辭寡，躁人之辭多，誣善之人其辭游，失其守者其辭屈」之遺意。《祭統》云「養則觀其順也，喪則觀其哀也，祭則觀其敬而時也【五】，盡此三道者，孝子之行也」，即《孝經》「居則致其敬，養則致其樂，病則致其憂，喪則致其哀，祭則致其嚴，五者備矣，然後能事親」之遺意。《左傳序》「學者優而柔之，使自求之；厭而飫之，使自趨之」，即與東方朔《答客難》「枉而直之，使自得之；優而柔之，使自求之；揆而度之，使自索之」同。《中庸》曰「施諸己而不願，亦勿施於人」，即子曰「己所不欲，勿施於人」《語》十五。之遺意。《荀子》曰「勞苦之事，則爭先之；饒樂之事，則能讓」，即子曰「仁者先難而後獲」之遺意。《語》六。

【四】滕文上　「文」原脱，據諸本補。

【五】祭則觀其敬而時也　「時」原作「順」，據四庫本改。

經同文

舜告禹曰「衆非元后何戴，后非衆罔與守邦」，伊尹告太甲曰「民非后，罔克胥匡以生；后非民，罔以辟四方」。《曲禮》「愛而知其惡，憎而知其善」，《大學》「好而知其惡【六】，惡而知其美」。《儒行》「禮之以和爲貴」，有子曰「禮之用，和爲貴」。《禮器》曰「經禮三百，曲禮三千」，《中庸》曰「禮儀三百，威儀三千」。《少儀》曰「士依於德，游於藝」，子曰「依於仁，游於藝」。《語》七。《仲尼燕居》曰「明乎郊社之義、嘗禘之禮【七】，治國其如指諸掌【八】而已乎」，《中庸》曰「明乎郊祀之禮、禘嘗之義，治國其猶示諸掌乎」。子產曰「夫禮、天之經也，地之義也，民之行也。天地之經，而民是則之」，昭二十五。子曰「夫孝，天之經也，地之義也，民之行也。天地之經，而民是則之」。《三才》章。「孔文子之將攻大叔也，訪於仲尼。仲尼曰：『胡簋之事，則嘗學之矣；甲兵之事，未之聞也。』」哀公十一。「衛靈公問陳於孔子，孔子對曰：『俎豆之事，則嘗聞之矣；軍旅之事，未之學也。』」《語》十五。

經異文

《周官》曰：「唐、虞百官，夏、商官倍。」《明堂位》曰：「有虞氏官五十，夏后氏官百，殷二百，周三百。」《孟子》曰：「夏曰校，殷曰序。」《明堂位》曰：「序，夏后氏之學也。」《禮記》曰：「五十不從力征。」《周禮》曰：「國中六十，野則六十有五，皆征之。」《記》

【六】好而知其惡　「其」原脱，據諸本補。

【七】嘗禘之禮　「嘗禘」原作「禘嘗」，據叢書本乙。

【八】如指諸掌　「指」原作「示」，據叢書本改。

曰：「天子有世婦，有嬪。」《周禮·天官》所序，先是「九嬪」，次則見「世婦」。《王制》、《孟子》皆載「公、侯地方百里，伯七十里，子、男五十里」。《周禮·大司徒》云：「諸公之地，封疆方五百里；諸侯之地，封疆方四百里；諸伯之地，三百里；諸子之地，二百里；諸男之地，方百里。」《地官·遂人》：「凡治野，夫間有遂，十夫有溝，百夫有洫，千夫有澮，萬夫有川。」《冬官·匠人》：「爲溝洫，田首謂之遂，井間謂之溝，成間謂之洫，同間謂之澮。」《孟子》言：「有布縷之征，粟米之征，力役之征。」《周禮·載師》言：「宅不毛者有里布，田不耕者出屋粟。凡民無職事者，出夫家之征。」《語》曰：「夫子之道，忠恕而已矣。」《語·里仁》。《中庸》曰：「忠恕違道不遠。」子曰：「夏禮吾能言之，杞不足徵也；殷禮吾能言之，宋不足徵也。文獻不足故也，足則吾能徵之矣。」《八佾》。孔子曰：「吾欲觀夏道，是故之杞，而不足徵也，吾得《夏時》焉；吾欲觀殷道，是故之宋，而不足徵也，吾得《坤乾》焉。《坤乾》之義，《夏時》之等，吾以是觀之。」《禮運》。子曰：「夫民，教之以德，齊之以禮，則民有格心；教之以政，齊之以刑，則民有遯心。」《緇衣》。子曰：「道之以政，齊之以刑，則民免而無耻；道之以德，齊之以禮，有耻且格。」《爲政》。《檀弓》曰：「兄弟，吾哭諸廟；父之友，吾哭諸廟門之外；師，吾哭諸寢；朋友，吾哭諸寢門之外；所知，吾哭諸野。」《奔喪》曰：「哭父之黨於廟，母妻之黨於寢，師於廟門外，朋友於寢門外，所識於野張帷。」《曲禮》曰：「父之讎，弗與共戴天；兄弟之讎，不反兵； 交游之讎，不同國。」《檀弓》曰：「子夏問於孔子曰：『居父母之仇，如之何？』夫子曰【九】：『寢苫，枕干，不仕，弗與共天下也。遇諸市朝，不反兵而鬬。』曰：『請問居昆弟之仇，如之何？』曰：『仕弗與共國，銜君命而使，雖遇之，不鬬。』曰：『請問居從父昆弟之仇，如之何？』曰：『不爲魁，主人能，則執兵陪其後。』」《調人》曰：「凡和難，父之讎，避諸海外【一〇】； 兄弟之讎，避諸千里之外； 從父兄弟之讎，不同國。」《揚子》曰：「子游、子夏得其書矣，未得其所以書也； 宰我、子貢得其言矣，未得其所以言也； 顔淵、閔子得其行矣，未得其所以行也。」《君子》篇。 與《論語》「德行」、「政事」、「言語」、「文學」之説大異。《左氏》曰「裨諶謀於野則獲，謀於邑則否」，襄三十一年。 與《論語》「爲命，裨諶草創之」之説大異。

史同文

蒯通爲漢言之，則曰：「秦失其鹿，天下共逐。」蘇世長爲唐言之，則曰：「隋失其鹿，天下共逐。」狄仁傑爲張光輔言之，則曰：「一越王死，百越王生。」房琯爲第五【一一】琦言之，則曰：「一國忠死，百國忠生。」「衛青在位，淮南寢謀」，何武上封事之語也。《漢·辛慶忌傳》。「汲黯在朝，淮南寢謀」，韋處厚上疏之語也。《唐·裴度傳》。「富貴不歸故鄉，如衣錦夜行」，項籍思歸之語也。《前》。「富貴不歸故鄉，如衣繡夜行」，漢武爲朱買臣言也。《前》。蘇章曰：「今夕蘇孺文與故人飲者，私恩也； 明日冀州刺史按事者，公法也。」遂

【九】夫子曰　「夫」原作「交」，據諸本改。

【一〇】避諸海外　「避」原作「辟」，據叢書本改。

【一一】「第五」以下至「畫地爲獄」三百九十三字　原脱，據諸本補。

舉正其罪。《後漢》。源懷曰：「今日源懷與故人飲酒之座，非鞫獄之所也；明日公庭，始爲使人檢鎮將元尼須。罪狀之處。」既而懷欲劾尼須。《後魏》。文帝勞軍細柳，先驅至，不得入，都尉曰：「軍中聞將軍令，不聞天子詔。」上至，使使持節詔將軍，乃開壁門。後戒太子曰：「周亞夫真可任。」《亞夫傳》。太宗使宦官至段志玄所，志玄謂「軍門不可夜開」，手敕「不辨真偽」，留之至明。太宗曰「真將軍」。《唐》。貢禹曰：「冠一免，可復冠乎？」《前》。司馬騰曰：「門一杜，其可開乎？」《晉》。叔孫通曰：「本一搖，天下震動。」狄仁傑曰：「本一搖，天下危矣。」張釋之曰：「廷尉，天下之平也。一傾，民安所措手足？」李素立諫高祖曰：「三尺之法一搖，則民無所措手足。」堯「朝有進善之旌」，《漢・文紀》。舜「有告善之旌」。《管子・威公問》。「畫地爲牢，執不入；削木爲吏，議不對」，司馬子長《報任少卿書》。「畫地爲獄，議不入；刻木爲吏，期不對」。《路温舒傳》。「敢於殺人，而不敢於養人」，《前・刑法志》。「忍於殺人，而不忍於刑人」。仲長統《昌言》。「死諸葛走生仲達」，《晉・宣帝紀》。「死姚崇算生張説」，《唐明皇録》。「死劉楨茈生顧總」。《幽怪録》。「寧我薄人，無人薄我」，宣十二年。「寧我負卿，無卿負我」，《魏氏春秋》。「寧我負人，無人負我」。孫盛《雜記》。「野禽殫，走犬烹。」《前・蒯通傳》。「狡兔死，良狗烹。」《韓信傳》。「無異使羊將狼，皆不肯爲用【一二】。」《張良傳》。「其治如狼牧羊，不可令治民。」《義縱傳》。

【一二】皆不肯爲用　「肯爲」原作「爲肯」，據四庫本乙。

卷之八

文説

史異文

《前·高帝贊》曰「劉向頌云『漢帝本系，出自唐帝』」，由是推之，漢承堯運，德祚已盛。《叙傳》又曰「皇矣漢祖，纂堯之緒」，《後漢·杜林議郊祀制》乃謂「漢業特起，功不緣堯」。《宣帝紀》曰「神爵三年八月，詔益吏百石以下俸十五」，韋昭曰：「若食一斛，則益五斗。」荀悦《漢紀》云「益吏百石以下俸五十斛」。劉輔上書曰「腐木不可以爲柱，卑人不可以爲主」，荀《紀》云「腐木不可以爲柱，人婢不可以爲主」。《東漢·仇覽傳》「爲蒲亭長」，化不孝子陳元，謝承以爲「陽遂亭長」，化不孝子羊元。《唐書·來濟傳》「宣城石仲覽」，《高智周傳》「江都石仲覽」。《唐·百官志》云「平章事自李靖始」，《郭正一傳》「自正一始」。《百官志》云「太宗設官七百三十員」，《曹確傳》乃曰「太宗著令文武官六百四十三員」【一】。《兵志》曰「天下府兵，六百三十有四，而在關中者，二百六十有一」，《陸贄奏議》謂「置府兵八百，而關中五百」。《太宗實録》云「貞觀四年，天下斷死罪二十九人。

校勘記

【一】六百四十三員　「員」原脱，據諸本補。

七年，天下死囚凡三百九十人，自詣朝堂」，《實録》乃云「二百九十九人」【二】，白居易《樂府》云「死囚四百來歸獄」，《舊·本紀》、《統紀》、《年代記》皆云「二百九十人」，温公《考異》曰：「今從《新書·刑法志》。」《新書·刑法志》云「貞觀四年，天下斷死罪二十九人。六年，親録囚徒，憫死罪者三百九十人。縱之還家，期以明年秋即刑。及期，囚皆詣朝堂，無後者。太宗嘉其誠信，悉原之」。班固《賓戲》曰「孔席不煖，墨突不黔」，《淮南子·修務訓》篇曰「孔子無黔突，墨子無煖席」。《前·食貨志》晁錯曰「堯、禹有九年之水，湯有七年之旱，而國亡捐瘠者，以蓄積多而備完具也」，《荀子·富國篇》云「禹十年水，湯七年旱，而天下無菜色者。十年之後，年穀俱熟，而陳積有餘。是無他故焉，知本末源流之謂也」。晉荀勗曰「省吏不如省官，省官不如省事，省事不如清心」，唐李德裕曰「省事不如省官，省官不如省吏」。《白居易傳》云「九歲暗識聲律」，元稹《白氏長慶集》【三】云「五六歲識聲韻」。又《白氏長慶集》云「雞林賈人求市其詩頗切，自云『本國宰相，每以百金换一篇』」，本傳乃云「雞林行賈售其國相，率篇易一金」。

經史異

《易》曰「養賢以及萬民」，蕭何曰「養其民以致賢人」。《舜典》曰「四罪而天下咸服」，《前·鮑宣時政書》曰「堯放四罪而天下服」。《孟子》曰「夏曰校，殷曰序，周曰庠」，《前·儒林傳》曰「夏曰校，殷曰庠，周曰序」。《孟子》曰「庾公之斯學射於尹公之他」，《離

【二】二百九十九人　「十」下原脱「九」字，據叢書本補。

【三】元稹白氏長慶集　「集」下疑脱「序」字。

婁下》。《左氏・襄十四年》「尹公他學射於庾公差」。《孟子》曰「《詩》亡然後《春秋》作」，《文中子》曰「《小雅》廢，《春秋》作」。《文中子・王道篇》「叔恬曰『舜一歲而巡五嶽』」，《舜典》止巡四嶽。

破題道盡

爲文有三難，命意上也，破題次也，遣辭又其次也。不善遣辭，則莫能敷暢其意；不善涵蓄題意，破題何自而道盡哉？則是破題尤難者也。嘗即是而觀古文，第一句便道盡題意而盡善盡美者，我國朝得三人焉。歐陽文忠公《縱囚論》曰「信義行於君子，刑戮施於小人」，則一句道盡太宗求名之意矣。其後《韓文公廟碑》，蘇文忠有「匹夫而爲百世師，一言而爲天下法」，又一句道盡昌黎之道義矣。百有餘年而至周益公必大。《三忠堂碑》，其曰「文章天下之公器，萬世不可得而私也；節義天下之大閑，萬世不可得而踰也」，謂文忠歐陽公以文鳴，忠襄楊公、忠簡胡公俱以忠義鳴，故首句已道盡三公平生事實。然太宗、文公，二人耳，皆易道；三忠既三人，又兩塗，尤難道。公兩句無一字無來處，殆與歐、蘇争光。

不寧惟是，以言乎表，則《誕皇孫賀重華宫》曰「有天下傳之子，初微黄屋之心；受帝祉施於孫，俶誕青宫之胄」，《乞致仕》曰「三千同臣心，甫際興王之運；七十致君事，適臨告老之年」，《謝復益國公》曰「華陽黑水，裂地而封；舊物青氈，從天而下」。以言乎啟，則《賀陳右相》曰「底績政塗，奮庸揆路。濟巨川汝作舟楫，式資利涉之功；若和羹爾惟鹽梅，更賴均調之助」，《賀王德言除工部侍郎》曰「擢登起部，仍直鑾坡。閶闔晨趨，班冠貳卿之玉筍；絲綸夜草，燭摇内相之金蓮」，《賀直院楊給事》椿。曰「塗歸東省，僾直北門。論事激昂，百辟憚回天之力；摛文掞麗，四方傳擲地之聲」，《謝劉守再送朱墨錢》曰「長者賜，不敢辭，正惟禮屈；小人腹，已屬饜，過爲身謀」。凡此皆字字破的，篇篇出奇，只在首聯，其題意粲然，靡所不載，可謂文中虎也。公平昔所著，可觀不可殫，姑舉此，則嘗鼎一臠可知矣。

作文法

艮齋先生謝公昌國自起部丐祠歸淪上，嘗往謁焉。春容浹日，無所不論。因求作文之法，先生曰：「余少時讀昌黎文，得四字，取爲文法，平生用不盡。」乃跽而請曰：「四字謂何？」答曰：「奇而法，正而葩。《易》、《詩》之體，盡在是矣。文體亦不過是。然文貴乎奇，過於奇則艷，故濟之以法；文貴乎正，過於正則樸，故濟之以葩。奇而有法度，正而有葩華，兩兩相濟，不至偏勝，則古作者不難到，況今文乎？」又嘗得尚書張公茂獻《文箴》曰：「作文有三病：意到而辭不達，如訟者抱直理，口訥莫伸，一病；辭達而調不工，如委巷相爾汝，俚鄙厭聞，二病；調工而體不健，如堂堂衣冠美丈夫，而無精神，三病。」又曰：「非積氣之清，以爲日月星辰，則日月星辰不足以爲天下之文；非馭氣之正，以爲充實之文，則文雖文，不足以議自然之文。」是説也，雖詩人之優遠，騷客之靚深，史家之詳贍，一舉而兼之，又豈特舉子之文而已哉？

賦要識題

前輩作賦，須看韻脚，誠不易之論。然近年主司亦有以韻脚誤人者。如吉州出《明哲通天地之心》，韻脚云「此其實通而無間者」，而所取不主禮刑。《三代有道之長》，韻脚云「三代長久其故可知」，而所取乃專主教太子。筠州出《明主謹養其和》，以「知本末源流之謂也」爲韻，而所取不主財貨。乃知作賦，須就題熟認，不可參入外意，必若太學出《天子當陽》，韻脚云「天子當陽照臨萬國」，則以「陽」字爲太陽，卻不可不從。

賦須韻脚意全【四】

賀方回言：「學詩於前輩，得八句云『平淡不流於淺俗，奇古不流於怪僻。題詠不窘於物象，敘事不病於聲律。比興深者通物理，用事工者如己出。格見於成篇，渾然不可雋；氣出於言外，浩然不可屈』。盡心於此，守而勿失。」請借此以爲八韻之法，苟妙達此旨，始可言賦。昔秦少游《賦郭子儀單騎見虜》，第四韻云：「兹蓋事方急則宜有異謀，軍既孤則難拘常法。遭彼虜之勁悍，屬我師之困乏。較之力則理必敗露，示以誠則意當親狎。我得不徹衛四環，去兵兩夾。雖鋒無鏌鎁之鋭，而勢有泰山之壓。踞鞍以出，若無擒虎之威；失隊而驚，如棄華元之甲。」押險韻而意全，若此乃爲盡善。凡八韻皆即此，

【四】賦須韻脚意全　「脚」原作「韻」，據諸本改。

可反三隅矣。近歲效莆陽體者，雖貴意全，然疊字多而失之冗，句法長而失之强，此非善學柳下惠者也。若解試、省試，尤貴得體，切宜知之。

賦貴巧於使事

高安解試《由也升堂賦》，滿場皆苦其無故實。林振體狀題意，獨得活法，只用孔門同時之事映帶，其第六聯云：「攀鱗附翼，仰窺在寢之淵；聞禮學詩，下視過庭之鯉。」主文李先之朴。撫案稱賞曰：「祇銷此聯，已見由也果在堂上矣【五】。」遂寘首選。艮齋先生謝尚書嘗云：「未第時，試《仁義天下之表制賦》，當時從游場屋者衆，皆閣筆，無以體表制者。自作第四韻散句有曰『民多拱極之星，世絶駭輿之馬』，爲表制設也。有學生曾其姓者，巧於移掇，上添兩句云『如天其大，民皆拱極之星；若路以由，世絶駭輿之馬』，非特喚醒得題目意透，又以星襯仁天，馬襯義路，表制在其中矣，較有工夫，乃占第一，予次之。」作者不可不知。

賦以一字見工夫

東坡有曰「詩賦以一字見工拙」，誠哉是言。嘗記前輩説歐公柄文衡，出《堯舜性仁賦》，取劉煇天下第一。首聯句曰：「世陶極治之風，雖稽於古；内積安行之德，蓋禀於天。」劉來謁謝，頗自矜，公雖喜之，而嫌其「積」字不是性，爲改作「蘊」，劉頓駭服。紹興己卯，廬陵秋試《大衍天地之樞賦》，劉明老破題八字云「法著大衍，理關萬殊」。主司喜

【五】果在堂上矣　「果」下原衍「果」字，據諸本删。

其「關」字包盡題意，取爲冠場，有用該字者，皆末綴其後。太學復出魁者，亦不過用此八字。郭昌明首冠《宜春賦》曰「重明麗正化天下」，第三隔云「德增日日之新，斯能凝命；世被風風之教，孰不胥然」，以「風風」對「日日」，真不經人道語也。

卷之九

文説

聲畫押韻貴乎審

初，誠齋先生楊公考校湖南漕試，同寮有取《易》義爲魁。先生見卷子上書「盡」字作「尽」，必欲擯斥。考官乃上庠人【一】，力争不可。先生云：「明日揭牓，有喧傳以爲場屋取得箇尺二秀才，則吾輩將胡顔？」竟黜之。廬陵出《聖武爲天下君賦》，小賦押「君」字者，隔句皆押「能」、「羣」韻，而多寫作「群」。當時有數人作者賦甚工，意必前列，而竟不掛名。後主文出院，與勸駕言及此，甚嗟惜之，且云：「二十文韻中無『群』字，凡如此寫者，皆不敢取。」又出《三代有道之長賦》，「三」字韻或押「殽函」者，並行黜落。蓋「函」音誠，見二十七咸，其與「三」字同韻，乃「函人唯恐傷人」之「函」。胡南切。臨江軍出《順天爲日新之教賦》，「教」字韻「效」、「傚」二字，寫出「効」、「俲」，不從文而從力者，並不取。所謂顔魯公有《干禄字》，即此可知。後之人凡書者不可不辨其畫，押者不可不審其聲。

校勘記

【一】考官乃上庠人　「庠」原作「痒」，據諸本改。

雙音字貴詳審

林德頌垌。《賦文精義》云：「如《車攻宣王復古賦》，『復』字本獨音扶又反，俗音伏。熊淳押『舊』字云『苟根本之謀，在我素講；則統緒之托，指期可復』，皆本音也。沈之才押『肅』字云【二】『所嗟古制之久泯，豈謂此詩之能復』，此用俗音也，理當從《經釋文》是。然恐主文用俗音，故須上請。」予按：《經釋文·車攻序》「復古」、「復文」皆無音，唯「復會」獨音扶又反。「復古」之「復」當音伏，訓反也；「復會」之「復」，訓又也。則此「復古」，熊淳押去聲非是，沈之才押入聲乃是，林德頌顧第弗深究也。林又云：「如渾天儀字，本音胡本反。葉重開《天行健賦》云『爰有稚圭，擬形容於轉轂；故令平子，妙制作於渾儀』，此誤作平音用也。如姚鳳《渾天義和之舊器賦【三】》云『妙契洪造，器名渾天』，此是矣。」予稽諸《揚雄傳》「大潭思渾天」，顏師古音胡昆反【四】；《揚子·重黎篇》「或問渾天」，温公音胡本切，則二音皆得通押，不可謂誤。張教授炳。在廬陵郡學，出《孟荀羽翼六經賦》，羽有兩音，上聲者五音之羽，去聲者羽翼之羽，有上請者，許押上聲，乃是落韻。

協韻雖亦作字不可重押

如秦少游《君臣相正國之肥賦》【五】，第五韻云：「因知正主而御邪臣者，難以成乎安强；正臣而事邪主者，不能浸乎明昌。美聖時之會聚，常直道以更相。蓋上下交孚兮，

【二】沈之才押肅字云　「才」原作「万」，據叢書本改。下同。

【三】渾天義和之舊器賦　「舊器」原爲注文，據諸本移作正文。

【四】顔師古　「師」原作「思」，據諸本改。

【五】如秦少游　「秦」原作「游」，據諸本改。

【六】常飽德以康彊　「彊」原作「强」，據叢書本改。

【七】即不得押康彊矣　「彊」原作「强」，據叢書本改。

【八】彊字亦作强故也　「彊」原作「强」，據叢書本改。

若從繩之糾畫；故民俗阜蕃也，常飽德以康彊【六】。所以舜申后稷之忠，民或飢而可救；唐相韓休之鯁，己雖瘠以何傷？」係中魁選，有訟其重疊用韻，遂殿舉。朝旨今後詩賦，如押「安强」，即不得押「康彊」矣【七】，蓋十陽韻中，「彊」字亦作「强」故也【八】。

用事貴審

凡用事須深究本文，不可以虛對實，如陳傅良《漢塹瑚爲樸賦》云：「吏尚刻深，弊見於乾封、元鼎；意多穿鑿，機形於五鳳、黄龍。」按《漢・郊祀志》，武帝封泰山，改元封元年，明年「夏，旱。公孫卿曰：『黄帝時封則天旱，乾封三年。』乃下詔曰：『天意欲乾封乎？』」乾音干，則「乾封」非年號也，以對「五鳳」，則爲偏矣。

祭文簡古

世傳北狄來祭皇太后文，楊大年捧讀，空紙無一字，即自撰曰：「惟靈巫山一朵雲，閬苑一團雪，桃源一枝花，秋空一輪月。豈期雲散雪消，花殘月缺，伏惟尚享。」時仁皇深喜其敏速。歐陽文忠公奉母夫人喪歸廬陵，道過臨江，李觀以著作佐郎知清江縣，太守命作祭文，應聲而成曰：「孟軻亞聖，母教之也。夫人有子如軻，雖死何憾？尚享。」公聽之甚悲感，且擊節稱賞。二者雖皆祭文，然體律簡古，詞意超絶，真得尹師魯「止用五百字可記」之法，使施之他文，無不可者，故表而出之。

對用人名

觀皇甫嵩《醉鄉日月》有徵人名，必分品類，則用字之法，貴乎親切，於是略試申之。如「風雲」中用朱雲、斛律明月，則申以李淳風、南霽雲、高霞寓、韋雲起、袁天綱、崔日用。「鳥獸」中用魏豹、扁鵲，則申以伯虎、仲熊、叔豹、季騧、梁鴻、高鳳、賈彪、郭象、陳黿、朱鳳、崔駰、朱虎、孔鯉、祝鮀、石季龍、韓擒虎。「草木」中用鄧艾、越椒，則申以薛柳、張松、張華、崔寔、王筠、盧杞、元德秀、高仙芝。「布帛」中用季布、爰絲，則申以黄裳、黥布、伍被、陸扆、田布、常衮。「顏色」如衛青、李白，則申以陶朱、李赤、師丹、李絳、朱邑、黄香、白圭、黄霸、龔黄、元白、赤松子、黄石公。「形體」如張耳、伯牙，則申以隸首、姜肱、駢臂、公肩、班叔皮、習鑿齒。「親族」如王郎、衛子夫，則申以竇王孫、嬰。嚴公子、彭祖。羊叔子、祜。劉伯祖。祐。「家具」如劉盆子、公孫杵臼，則申以袁盎、京房、臧宫、渾室、管輅、張衡、劉盆子【九】、高甑生。「州郡」如馮唐、孔光，則申以王吉、法真、樂廣、李通、張衡、李歆、賈夔、杜撫、欒巴、馮道、馬嚴、李賀。又以門目觸類而長之，如「國名」用馬周、董晉、李漢、馮唐、吴漢、路隋、孫楚、蘇秦、唐儉、虞翻、西周、東周、前漢、後漢。「帝王」用趙堯、王舜、貢禹、張湯、田文、蘇武。「卦名」用楊震、來恒、李巽、苗復、唐臨、崔涣、蘇安恒、温大有、賈敦頤、韓思復、程知節、韋思謙、薛大鼎、沈既濟；「金玉」用韓瑗、唐璿、蘇瓌、蕭瑀、周瑜、李珏、王珪、房琯、郭璞、庾琛、衛玠、劉琨、蔣琬、劉璋、張守珪、李抱玉。「數目」

【九】劉盆子　三字與上文重複，諸本闕三字。

用九方皋、百里奚、員半千、武平一、張九齡、權萬紀、雷萬春、程千里、武三思、方萬頃、張萬福、鄂千秋。「山川」用劉元海、馬子山、安禄山、倪若水、段干木、韋巨源、孔北海、李西河、賈山、和嶠、賈島、李源、韋淮、李峴、王潮、李漢、袁崧、温嶠、山簡、江淹。「四時」用子夏、杜秋、雷萬春、車千秋、韋夏卿、趙冬曦；「四方」用東園公、北宫錡、姚南仲、公西華、東方朔、西門豹、南宫适、北宫黝、東施、西施、南阮、北阮。以至高皇、小白、倪寬、王猛、夏馥、黄香、劉晨、叔夜、谷永、牟長、傅喜、馮驩、李固、徐堅、梅福、王祥、許遠、袁高、婁敬、杜欽、周仁、韓信、馮道、劉德、祖逖、宗均、張衡、郗鑒、祖乙、仲壬、田甲、庖丁、謝安、穆寧、陽虎、樂羊、牛崇、馬援、來濟、到洽、馬良、羊祜、宰我、夷吾、京房、渾室、伯夷、儀狄、灌夫、馮婦、徐孺子、來護兒、金安上、白敏中、司馬遷、公羊高、徐有功、蘇無畏、曹無傷【一〇】、申不害、蘇味道、婁師德、史叔賓、宗楚客、堯辟邪、《北史》「堯暄，字辟邪」。霍去病、冉伯牛、桑弘羊、劉黑闥、杜黄裳、田仁會、崔信明。凡此皆可以類求，所謂世間未有無對者也。

【一〇】曹無傷　「曹」原作「華」，據叢書本改。

詩説

假對

詩律有借對法，苟下字工巧，賢於正格也。少陵《北鄰》云「愛酒晉山簡，能詩何水曹」，《贈張四學士》云「紫誥仍兼綰，黄麻似六經」，又「無復隨高鳳，空餘泣聚螢」，《送楊六使西蕃》云「子雲清自守，今日起爲官」，《寄韋有夏郎中》云「飲子頻通汗，懷君想報珠」，《九日》云「坐開桑落酒，來折菊花枝」，一作「來把」【一一】。蓋用「山簡」對「水曹」、「兼縮」對「六經」、「高鳳」對「聚螢」、「子雲」對「今日」、「飲子」對「懷君」、「桑落」對「菊花」，亦「清秋方落帽，子夏正離羣」之比也。如少游與子瞻同席，自矜髭髯之美，曰：「君子多乎哉。」子瞻戲曰：「小人樊須也。」《邵氏聞見後録》。尤借對之的者，況又全用經語。

偏枯對

詩貴於的對，而病於偏枯，雖子美尚有此病。如《重過何氏》曰「手自栽蒲柳，家纔足稻粱」，毛氏注《詩》云：「楊柳，蒲柳也。」《寄李白》曰「稻粱求未足，薏苡謗何頻」，《田舍》曰「櫸柳枝枝弱，枇杷樹樹香」，此以一草木對二草木也。《贈崔評事》曰「燕王買駿骨，渭老得熊羆」，《得舍弟消息》曰「浪傳烏鵲喜，深負鶺鴒詩」，《寄高詹事》曰「天上多鴻雁，池中足鯉魚」，《寄李白》曰「幾年遭鵩鳥，獨泣向麒麟」，又曰「麒麟不動爐烟轉，孔雀徐開扇影還」，此以一鳥獸對二鳥獸也。《秋野》曰「吾老甘貧病，榮華有是非」，《寄李白》曰「未負幽棲志，兼全寵辱身」，《偶題》曰「作者皆殊列，聲名豈浪垂」，《上韋左相》曰「聰明過管輅，尺牘倒陳遵」，是以二字對一意也。《人日》曰「冰雪鶯難至，春寒花較遲」，是以二景物對一物也。《歸雁》曰「見花辭瘴海【一二】，避雪到羅浮」，惠州二山。是以一水對二山也。《月夜》曰「遥憐小兒女，未解憶長安」，是以二人對一郡也。《上韋左相》曰「巫咸不

【一一】一作來把　「來」原脱，據諸本補。

【一二】見花辭瘴海　「瘴海」原作「漲浪」，據諸本改。

可問，鄒魯莫容身」，是以一人對二國也。《贈太常張卿均》曰「友于皆挺拔，公望各端倪」，是以歇後對正語也。《龍門》曰「往還時屢改，川水日悠哉」，是以實對虚也。大手筆如老杜則可，然未免爲白圭之玷，恐後學不可效尤。

倒用字

詩中倒用字，獨昌黎爲多。《醉贈張秘書》曰「元凱承華勛」，《赴江陵》云「所學皆孔周」，《歸彭城》云「閭里多死飢」，下言「引龍夔城南」，《聯句》云「戞鼓侑牢牲」，又「百金交弟兄」，《赴江陵》云「殷勤謝友朋」，《孟東野失子》云「薄厚胡不均」，《重雲》云「身體豈寧康」，《送惠師》云「超然謝朋親」，《答張徹》云「碧海滴瓏玲」，《苦寒》云「調和進梅鹽」，《東都遊春》云「渚牙相緯經」，音徑。《雜詩》云「詩書置後前」，《寄崔立之》云「不約論財資」，又「無人角雄雌」，《孟先生》云「應對多差參」，又「此路轉嶇嶔」【一三】，《符讀書》云「寒飢出無驢」，《人日登高》云「盤蔬冬春雜」，《南内朝賀》云「不見酬稗稊」，又「磨淬出角圭」，《晚秋聯句》云「惟學平貴富」，《贈唐衢》云「坐令四海如虞唐」，《八月十五夜贈功曹》云「嗣皇繼聖登夔皋」，《贈劉師服》云「後日懸知漸莽鹵」，《杏花》云「杏花兩株能白紅」，又「百片飄泊隨西東」，《感春》云「兩鬢雪白趨埃塵」，《和盤谷子》云「推書撲筆歌慨慷」，音康。皆倒字類也。

【一三】此路轉嶇嶔　「路」原作「格」，據《韓昌黎詩繫年集釋》卷一改。

雙字

詩人下雙字不一，然各有旨趣。如盧子諒「摵摵芳葉零」，韓吏部「淮之水舒舒」、「楚山直叢叢」【一四】、「野晴山簇簇」、「霜曉菊鮮鮮」、「晨遊百花叢，朱朱兼白白」、「剥剥啄啄，有客至門」、「角角雉雊」、「羣雌粥粥」、「鵲聲鳴楂楂」、「烏噪聲擭擭」、「蛙黽鳴無謂，閣閣祇亂人」、「腷腷膊膊雞初鳴」、「月吐窗冏冏」，韋蘇州「漠漠帆來重，冥冥鳥去遲」，杜工部「野日荒荒白，江流泯泯清」、「無邊落木蕭蕭下，不盡長江滚滚來」，荆公「新霜浦溆綿綿白，薄晚林巒往往青」，東坡「浥浥爐香初泛夜，離離花影欲摇春」，六一翁「霜雲映月鮮鮮色，風葉飛空摵摵聲」、「古屋醉吟燈豔豔，畫廊争聽雨瀟瀟」，聖俞「淡淡平田水，濛濛半嶺雲」，雖隨事命詞，要不苟也。

遞相祖述

老杜《戲爲》詩曰「未及前賢更勿疑，遞相祖述復先誰」，所謂夫子自道也。嘗觀其《後出塞》曰「借問大將誰，恐是霍嫖姚」，句法得之郭景純《遊仙詩》「借問此爲誰【一五】，云是鬼谷子」，《送十一舅》云「雖有車馬客，而無人世喧」，句法得之淵明《雜詩》「結廬在人境，而無車馬喧」。《春日憶李白》云「何時一樽酒，重與細論文」，即孟浩然「何時一杯酒，重與李膺傾」之體，《復愁》云「月生初學扇，雲細不成衣」，即李義府「鏤月成歌扇，裁雲作舞衣」之體，《醉歌》云「天開地裂長安陌，寒盡春生洛陽殿」，即靈運「日映昆明水，

【一四】楚山直叢叢　「直」原作「且」，據諸本改。

【一五】借問此爲誰　「爲」原作「句」，四庫本作「何」，據叢書本改。

春生洛陽殿」之體也。若夫退之「酒食罷無爲，棋槊以相娱」，句法又使少陵《今夕行》云「咸陽客舍一事無，相與博塞爲歡娱」，《祭姪孫湘文》云「情一何長，命一何短」，句法又使少陵《石壕吏》云「吏呼一何怒，婦啼一何苦」也。

用古今句法

杜詩「刈葵莫放手，放手莫傷根」，一作「傷葵根」，用古詩「采葵莫傷根，傷根葵不生」。《江邊小閣》云「薄雲巖際宿【一六】，孤月浪中翻」，用何遜《入西塞》云「薄雲巖際出，初月波中上」。《寒食舟中》云「雲白山青萬餘里，愁看直北是長安」，用沈佺期云「雲白山青千萬里，幾時重謁聖明君」。《寒食舟中》云「春水船如天上坐，老年花似霧中看」，用沈佺期云「船如天上坐，人似鏡中行」。《莫相疑行》云「晚將末契託年少」，用陸士衡《傷逝賦》云「託末契於後生」。此皆取古人之句也。至於《戲題畫山水圖》云「焉得并州快剪刀，剪取吴松半江水」，即白樂天《聽曹綱琵琶示重蓮》云「誰能截得曹綱手，插向重蓮細袖中」。「眼前無俗物，多病也身輕」，即樂天「眼前無俗物，身外即僧居」。「爲人性癖耽佳句，語不驚人死不休」，即樂天「人各有一癖，我癖在章句」。「金魚換酒來」，即太白「金龜換酒處」，此又同時人之句也。

類前人句

太白「獨酌勸孤影」，同淵明「揮杯勸孤影」。退之「江燕正飛飛」，同陸機「飛飛燕弄

【一六】薄雲巖際宿　「宿」原作「出」，據叢書本改。

聲」。韋蘇州《答裴棁》云「采菊露未晞，舉頭見南山」，同淵明「采菊東籬下，悠然見南山」。蘇子美「峽束滄淵深貯月，巖排紅樹巧粧秋」，同老杜「峽束滄江起，巖排石樹圓」。徐師川《早朝》云「黄帝遠臨天北極，紫宸位在殿中央」，同老杜【一七】「玉几由來天北極，朱衣只在殿中央」。元、白酧和云「有月多同賞，無杯不共持」，即昌黎《縣齋讀書》云「詩成有共賦，酒熟無孤斟」。潘佑《感懷》云「幽禽喚杜宇，宿蝶夢莊周」，即李白「野禽啼杜宇，山蝶舞莊周」。東坡《西湖新成》云「二十四橋亦何有，換此十頃玻璃風」，即歐公《西湖》云「都將二十四橋月，換得西湖十頃秋」【一八】。太白云「但得酒中趣，勿爲醒者傳」，類靖節「但得琴中趣，何勞絃上聲」。六一翁《食車螯》云「但知美無厭，誰謂來甚遐」，梅聖俞《河豚》亦云「但言美無度，誰知死如麻」。東坡《初冬》云「一年好處君須記，正是橙黄橘緑時」，類昌黎《早春》詩「最是一年春好處，絶勝烟柳滿皇都」。山谷云「去時魚上冰，歸時燕哺兒」，類昌黎《征蜀聯句》「始去杏飛蝶，及歸柳鳴蛩」。王元之《春日雜興》云「何事春風容不得，和鶯吹折數枝花」，同老杜「恰是春風相欺得，夜來吹折數枝花」。宋元憲郊。云「鑿開魚鳥忘情地，展盡江湖極目天」，同徐仲雅五代人。《題明月圃》云「鑿開青帝春風圃，移下姮娥夜月樓」。王荆公《梅花》云「遥知不是雪，爲有暗香來」，類蘇子卿「只言花似雪，不悟有香來」。徐師川云「誰家竹可款，何處酒莫忘」，類退之《遊青龍寺》云「何人有酒身無事，誰家多竹門可款」。太白《瀑布》云「海風吹不斷，江月照還

【一七】同老杜　「同」原脱，據叢書本補。

【一八】換得西湖十頃秋　「秋」原作「風」，據叢書本改。

空」，介甫《嘲白髮》云「種種春風吹不長，星星明月照還稀」。樂天《琵琶行》云「間關鶯語花底滑，幽咽泉流水下灘」，醉翁《聽箏》云「綿蠻巧囀花間舌，嗚咽交流水下泉」。唐朱書《喜陳懿老至》云「一別一千日，一日十二憶。苦心無閑時，今日見玉色」，乃知山谷「五更歸夢三百里，一日思親十二時」之語相若。李白《題峰頂寺》云「夜宿峰頂寺，舉手捫星辰。不敢高聲語，恐驚天上人」，乃知晏元獻《危樓》詩全似之。陰鏗云「柳色黄金嫩，梨花白雪香」，太白《行樂詞》亦全用【一九】之。《晉書・載記》云「蛟龍得雲雨，鵰鶚在秋天」，杜子美《贈嚴閣老》亦全用之。

杜詩轉字音【二〇】

杜工部反經史字音爲多，略舉數四。如霍去病爲嫖姚校尉，服虔音飄摇，師古音頻妙，羊召反，荀悦《漢紀》作「票鷂」字。今音飄摇，不當其義。公《贈田九判官》曰「將軍不數漢嫖姚」，《後出塞》曰「恐是霍嫖姚」，《寄董卿嘉榮》曰「自是一嫖姚」，凡三押皆作平聲。《六典》曰：「後漢州置别駕持中，皆刺史自辟除。」《晉・職官志》曰：「州置别駕治中從事。」「治」字無音，而《六典》作「持」字。公《寄岳州賈司馬巴州嚴使君》曰「典郡終微眇，治中實棄捐」，趙彦才云：「治，從平聲。」《後漢・明帝紀》：「謂羣臣曰：『郎官上應列宿，出宰百里。』」「應」字無音。公《寄劉峽州》曰「刺史諸侯貴，郎官列宿應」，既押平聲韻，又使爲太守事。《論語》「磨而不磷」，力刃切。公《暮春送馬大卿》曰「此道未

【一九】「太白行樂詞亦全用」下二十七字　原本闕頁，據諸本補。

【二〇】本條原闕頁，據諸本補。

磷緇」，《别崔潩》曰「但取不磷緇」，皆作平聲。《張良贊》曰「爲其貌魁梧奇偉」，蘇林曰：「梧，音悟。」師古曰：「魁，大貌也。梧者，言其可驚悟，讀爲吾，非也。」公《贈蕭郎中》曰「魁梧秉哲尊」，乃讀作吾。《鄭典設自歸州歸》曰「刺史似寇恂，列郡宜競借」，乃讀作迹，蓋押「適」字韻也。《題衡州文宣王廟》曰「耳聞讀書聲，殺伐思鬅鬙」，乃讀作沸，蓋押「至」字韻也。《朝》詩曰「浦帆晨初發，郊扉冷未開」，「帆」音去聲，今韻書已收。又曰「敕厨唯一味，求飽或三鱣」，《楊震傳》有「鸛雀銜三鱣集講堂」，注音善，今押爲平聲。

【一一】本條原闕頁，據諸本補。

韓詩轉字音【一二】

韓吏部押韻或反平爲側，移側爲平，亦復多。《江漢》云「華燭光爛爛」，音闌。《此日足可惜》云「往往副所望」，音忘。《别竇司直》云「婉孌不能忘」，音望。《詠筍》曰「得時方張王」，二音帳旺。《東都遇春》云「渚牙相緯經」，音徑。《送劉師服》云「貴者恒難售」，音酬。《食蝦蟇》云「余初不下喉，近亦能稍稍」，所教反。《讀東方朔雜事》云「事在不可赦」，音奢。《方橋》云「方橋如此作」，音做。《送區弘南歸》云「我念前人譬葑菲」，音霏。《望秋作》云「怯膽變勇神明鑒」。音監。

柳詩轉字音

柳儀曹押轉聲韻，亦復有之。《遊南亭叙志》云「衆生均覆燾」，音陶。《望横江口》云

「島嶼疑搖振」，音真。《詠三良》云「猛志填黃壤」，音攘。《詠韋安道》云「趨來事儒術，十年所能逞」。音呈。雖曰杜與韓、柳喜取別聲押韻，然自建安而來，已皆然矣。左太沖《雜詩》云「壯齒不常居【二二】，歲暮常慷慨」，則已轉「慷」爲平聲也。陸士衡《爲顧彥先贈婦》云「京洛多風塵，素衣化爲緇」，則已轉「緇」爲上聲也。劉公幹《雜詩》云「安得肅肅羽，從爾游波瀾」，此以去聲郎旰切用「瀾」字也。顏延年《登巴陵城》云「卻倚雲夢林，前瞻京臺囿」，此以入聲于六切用「囿」字也。即此觀之，則知四聲皆有可通押者矣。

【二二】壯齒不常居　「不」上一百字原闕頁，據諸本補。

卷之十

詩説

出奇

杜詩只一字出奇，便有過人處，如「二月已破三月來」、「一片花飛減卻春」、「朝罷香烟携滿袖」、「生憎柳絮白於綿」、「何用浮名絆此身」，則下得「破」字、「減」字、「携」字、「於」字、「絆」字，皆不可及。以至倒用一字，尤見工夫，如「蜀酒禁愁得，無錢何處賒」、《草堂即事》。「客睡何曾着，秋天不肯明」、《客愁》。「只作披衣慣，常從漉酒生」、《漫成》。「紅稻啄餘鸚鵡粒，碧梧棲老鳳凰枝」，《秋興》。凡倒着字，句自爽健也。

屢用字

杜陵翁獨爲詩人冠冕者，吐辭不凡，夐出塵表。有「受」字、「自」字、「不肯」字，前輩能言之。如「過」字，已經宗工鉅儒道破，然愈用而愈新者，請復拈出。所謂「龜開萍葉過」、《屏迹》。「蛟龍引子過」、《到村》。「四十明朝過」、《守歲》。「何事炎天過」、《萬丈潭》。「步履宜輕過」、《庭草》。「讀書難字過」、《漫成》。「俊鶻無聲過」、《朝》【一】。「雲裏不聞雙鷹

校勘記

【一】俊鶻無聲過朝　「朝」原脱，據諸本補。

過」、《戲作》。「河廣傳聞一葦過」，《洗兵馬》。則孰不喜談而樂道。若乃用「破」字，如「讀書破萬卷」、《上韋左丞相》。「嘗新破旅顔」、《茅堂檢校收稻》。「梅蕊臘前破」、《江梅》。「戀闕丹心破」、《散愁》。「歌長擊樽破」、《屏迹》。「白團爲我破」、《湘江》。「悠悠邊月破」、《雨》。「鯨力破滄溟」、《贈張四學士》。「清風破炎暑」、《雨》。「干戈滿地客愁破」、《夔州歌》。「吾廬獨破受凍死亦足」。《茅屋爲秋風所破歌》。又用「一」字，如「乾坤一腐儒」、《江漢》。「天地一沙鷗」、《旅夜書懷》。「江漢一歸舟」、《懷灞上遊》。「長嘯一含情」、《公安懷古》。「防身一長劍」、《投贈哥舒開府》。「每蒙天一笑」、《能畫》。「萬古一長嗟」、《湘南夕望》【二】。「回首一茫茫」、《懷錦水居士》【三】。「社稷一戎衣」、《重經昭陵》。「猶作一飄蓬」、《老病》。「山陰一茅宇」、《遣興》。「悲風方一醒」、《酹薛十二判官見贈》。「一擬問高天」、《題郭明府屋壁》。「一起轍中鱗」、《蕭二十使君》。「吏呼一何怒，婦啼一何苦」、《石壕吏》。「飄然時危一老翁」、《冬狩行》。「江湖滿地一漁翁」、《秋興》。「袞職曾無一字補」、《題省中》。「萬古雲霄一羽毛」、《詠懷》。「浦上童童一青蓋」、《浦樹爲風雨所拔歌》。「宿昔一逢無此流」、《寄裴施州》。「先判一飲醉如泥」。《赴成都草堂途中有作》。又用「信」字，如「作客信乾坤」、《刈稻了詠懷》。「吟詩信杖扶」、《徐步》。「冥搜信客旌」、《贈鄭諫議》。「所過信席珍」、《寄薛三郎中》。「信然龜觸網」、《遣悶》。「信知生男惡」、《兵車行》。「信是德業優」、《毒熱》。「太陽信深仁」、《西閣曝日》【四】。「疾惡信如讎」、《除草》。「逸羣絶足信殊傑」、《沙苑行》。「兒童莫信打慈鴉」、《題桃樹》。「春風自信牙檣動」。《城西陂泛

【二】湘南夕望　「湘」原作「祠」，據叢書本改。

【三】懷錦水居士　「士」原作「山」，據諸本改。

【四】西閣曝日　「曝」原作「爆」，據諸本改。

舟》。又用「生」字，如「春泥百草生」、《登岳陽樓》。「春氣晚更生」、《晚登瀼上》。「湍減石稜生」、《西閣望雨》。「衆壑生寒早」、《移牀》。「水生春纜没」、《登白馬潭》。「欲得淮王術，風吹暈已生」、《晚月》。「牛女年年渡，何曾風浪生」、《天河》。「二月六夜春水生」、《春水生》。「樓上炎天冰雪生」、《江陵新樓城》。「大小二篆生八分」。《李潮八分歌》。又用「覺」字，如「時危覺凋喪」、《雨》。「無人覺來往」、《西郊》。「詩成覺有神」、《獨酌》。「厨烟覺遠庖」、《題新津北樓》。「未覺村野醜」、《遭田父泥飲》。「飄蕭覺素髮」、《義鶻》。「但覺高歌有鬼神」、《醉時歌》。「已覺氣與嵩華敵」、《閬山歌》。「不覺前賢畏後生」、《戲爲》。「放筯不覺金盤空」、《設鱠長歌》。「取樂喧呼覺船重」。《晚携酒泛江》。凡此不厭其數用也。

練字

詩人嘲弄萬象，每句必須練字。子美工巧尤多，如《春日江村》詩云「過懶從衣結，頻遊任履穿」，又云「經心石鏡月，到面雪山風」，《陪王使君晦日泛江》云「稍知花改岸，始驗鳥隨舟」，《漫興》云「糝徑楊花鋪白氈，點溪荷葉疊青錢」，皆練得句首字好也。《北風》云「爽携卑濕地，聲拔洞庭湖」，《壯遊》云「氣劘屈賈壘，目短曹劉牆」，《泛西湖》云「豉花蓴絲熟，刀鳴鱠縷飛」，《早春》云「紅入桃花嫩，青歸柳葉新」，《秋日夔府詠懷》云「峽束滄江起，巖排石樹圓」，《建都十二韻》云「風斷青蒲節，霜埋翠竹根」【五】，《柴門》云「足了垂白年，敢居高士差」，皆練得第二字好也。《復愁》云「野鶻翻窺草，村船逆上

【五】霜埋翠竹根　「埋」原作「理」，據諸本改。

溪」，《移居東屯》云「子能渠細石，吾亦沼清泉」，《收稻》云「誰云滑易飽，老藉軟俱匀」，《水宿遣興》云「高枕翻星月，嚴城疊鼓鞞」，《過津口》云「和風引桂楫，春日漲雲岑」【七】，《春歸》云「遠鷗浮水靜，輕燕受風斜」，《泛江作》云「風蝶勤依槳，春鷗懶避船」【八】，《春日江村》云「捫蘿澀先登，陟巘炫反顧」【九】，皆練得句腰字好也。《寫懷》云「無貴賤不悲，無富貧亦足」，《風疾舟中伏枕書懷》云「烏几重重縛，鶉衣寸寸針」，《橋陵》詩云「王劉美竹潤，裴李春蘭馨」，《謁玄元皇帝廟》云「仙李盤根大，猗蘭奕葉光」，《贈虞十五司馬》云「爽氣金天豁，清談玉露繁」，《絶句》云「江碧鳥逾白，山青花欲燃」，《寄張十二彪》云「數篇吟可老，一字買堪貧」，皆練得句尾字好也。至於「緑垂風折笋，紅綻雨肥梅」、「雪嶺界天白，錦城曛日黄」、「破甘霜落爪，嘗稻雪翻匙」、「霧交纔洒地，風逆旋隨雲」、「檢書燒燭短，看劒引杯長」、「紫崖奔處黑，白鳥去邊明」，皆練得五言全句好也。「無邊落木蕭蕭下，不盡長江滾滾來」、《登高》。「旁見北斗向江底，仰看明星當空大」、「返照入江翻石壁，歸雲擁樹失山村」、「影遭碧水潛勾引，風妬紅花卻倒吹」，《落花》。皆練得七言全句好也。

屬對不拘

人皆知草堂先生「四十明朝過，飛騰暮景斜」、《杜位宅守歲》。「羈栖愁裏見【一〇】，二十四迴明」、《初月》。「百萬傳深入，寰區望匪他」、《散愁》。「戎馬不如歸馬逸，千家今有百家

【六】暑雨留蒸濕　「濕」原作「温」，據諸本改。

【七】春日漲雲岑　「雲」原作「雪」，據諸本改。

【八】春鷗懶避船　「懶」原作「瀬」，據諸本改。

【九】陟巘炫反顧　「反」原作「及」，據諸本改。

【一〇】羈栖愁裏見　「愁裏見」原作「秋見裏」，據叢書本改。

存」《白帝》。皆爲偏對，不知「近接西南境，長懷十九泉」、《秦川雜詩》。「酒債尋常行處有，人生七十古來稀」《曲江》。不害爲正對。至於「雙雙瞻客上，一一背人飛」、《歸雁》。「蒼茫城七十，流落劍三千」、《寄賈司馬》。「十五男兒志，三千弟子行」、《示宗武》。「圭竇三千士，雲梯七十城」、《送郭中丞》。「秋水纔深四五尺，野航恰受兩三人」、《南鄰》。「霜皮溜雨四十圍，黛色參天二千尺」，《古柏行》。又未始有一字非的對也。先生詞源衮衮，不擇地而出，無可無不可，何拘拘譾譾所可議。

爾汝

爾汝羣物，前此未有，倡自少陵。《白鹽山》詩云「他皆任厚地，爾獨近高天」，《花鴨》詩云「稻粱占汝在，作意莫先鳴」，《落日》云「濁醪誰造汝，一酌散千憂」，《梔子》云「無情移得汝，貴在映江梅」，《病馬》云「乘爾亦已久，天寒關塞深」，《雞》詩云「充庖爾輩堪，問俗人情似」，《瘦馬行》云「當時歷塊誤一蹶，委棄非汝能周防」，《杜鵑行》云「爾豈摧殘始發憤，差帶羽翮傷形愚」，《見螢火》云「滄江白髮愁看汝，來歲如今歸未歸」。至於有「一重一掩吾肺腑，山鳥山花吾友于」之句，《岳麓山道林二寺行》【一二】。則於物無異觀如此。王荆公《梅》詩有「少陵爲汝添詩興，可是無心賦海棠」，亦得公之遺意。

安得

或有以「安得」二字結尾，蓋杜公竊有望於當時天下後世者不淺也。故《喜雨》詩云

【一二】岳麓山道林二寺行　「寺」原作「本」，據叢書本改。

「安得鞭雷公，滂沱洗吴越」，《遣興》云「安得廉恥將，三軍同晏眠」，《雪》詩云「愁邊有江水，焉得北之朝」，《三川觀水漲》云「舉頭向蒼天，安得騎鴻鵠」，《晚登瀼上堂》云「安得隨鳥鴒，迫此懼將恐」，《晝夢》云「安得務農息戰鬭，普天無吏横索錢」，《題韋偃畫馬歌》云「時危安得真致此，與人同生亦同死」，《王兵馬使二角鷹》云「安得爾輩開其羣，驅出六合梟鸞分」，《早秋苦熱》云「南望青松架短壑，安得赤脚踏層冰」，《茅屋爲秋風所破歌》云「安得廣厦千萬間【一二】，大庇天下寒士俱歡顔」，《洗兵馬》云「安得壯士挽天河，淨洗甲兵長不用」，《石犀行》云「安得壯士提天綱，再平水土犀奔茫」，《石笋行》云「安得壯士擲天外，使人不疑見本根」，《蠶穀行》云「焉得鑄甲作農器，一寸荒田牛得耕」，《大麥行》云「安得如鳥有羽翅，託身白雲還故鄉」，《光禄坂行》云「安得更似開元中，道路即今多擁隔」，《悲青坂》云「焉得附書與我軍，忍待明年莫倉卒」，《畫山水圖歌》云「焉得并州快剪刀，剪取吴松半江水」，凡此皆含不盡之意。

嗚呼

歐陽公傷五季之離亂，故作《五代史》也，序論則盡以「嗚呼」冠其篇首。杜公傷唐末之離亂，故作詩史也，於歌行間以「嗚呼」結其篇末。《折檻行》云「嗚呼房魏不復見，秦王學士時難羨」【一三】，《白馬》詩云「喪亂死多門，嗚呼涕如霰」，《冬狩行》云「嗚呼！得不哀痛塵再蒙」，《茅屋爲秋風所破歌》云「嗚呼！何時眼前突兀見此屋【一四】，吾廬獨破受

【一二】安得廣厦千萬間　「廣」原作「大」，據諸本改。

【一三】秦王學士時難羨　「羨」原作「美」，據諸本改。

【一四】何時眼前突兀見此屋　「兀」原作「元」，據諸本改。

凍死亦足」，《天育驃騎歌》云「嗚呼健步無由騁，豈無騕褭如驊騮，時無王良、伯樂死即休」，《乾元中寓居同谷縣作歌七首》云「嗚呼一歌兮歌已哀，悲風爲我從天來」、「嗚呼二歌兮歌始放，閭里爲我色惆悵」、「嗚呼三歌兮歌三發，汝歸何處收兄骨」、「嗚呼四歌兮歌四奏，竹林爲我啼清晝」、「嗚呼五歌兮歌正長，魂招不來歸故鄉」、「嗚呼六歌兮歌思遲，溪壑爲我迴春姿」、「嗚呼七歌兮悄終曲，仰視皇天白日速」。今古詩翁，以「嗚呼」二字寓於詩歌者稀，公獨有傷今思古之意。

知見

杜工部以「知」、「見」二字相配，横翔捷出，奇絶殊甚。觀其「碧知湖外草，紅見海東雲」，《晴》。「黑知灣澴底，清見光炯碎」，《放船》。「青惜峰巒過，黄知橘柚來」，《萬丈潭》。「紅取風霜實，青看雨露柯」，《梔子》。「紅入桃花嫩，青歸柳葉新」，《早春》。「東比青蒭色【一五】，圓齊玉筯頭」，《秋致蓮》。「滑憶雕胡飯，香聞錦帶羹」，《江湖卧病》。各隨題着句，轉移一字，燦然可觀，它人未易到。

用方言

子美善以方言里諺點化入詩句中，詞人墨客，口不絶談。其曰「吾宗老孫子【一六】，質朴古人風」，《吾宗》。「客睡何曾着，秋天不肯明」，《夜客》。「汝去迎妻子，高秋念卻回」，《舍弟觀歸藍田》。「父母養我時，日夜令我藏」，《新婚别》。「棗熟從人打，葵荒欲自鋤」，《秋野》。

【一五】東比青蒭色　「東」原作「東」，據諸本改。

【一六】吾宗老孫子　「宗」原作「家」，據叢書本改。

「掉頭紗帽側，曝背竹書光」，同上。「見耶背面啼，垢膩脚不襪」，《北征》。「舊犬喜我歸，低徊入衣裾。鄰舍喜我歸，沽酒携葫蘆」，《草堂》。「牀前兩小女，補綻纔過膝」，《北征》。「誰能更拘束，爛醉是生涯」，《守歲》。「痴女飢咬我，啼畏猛虎聞」，《彭衙行》。「家家養烏鬼，頓頓食黄魚」，《遣興》。「一夜水高二尺强，數日不可更禁當」，《春水生》。「不分桃花紅勝錦，生憎柳絮白於綿」，《送路侍御入朝》。「負鹽出井此溪女，打鼓發舡何郡郎」，《十二月一日》。「去歲兹辰捧御牀，五更三點入鵷行」，《至日遣興》。「馮陵大叫呼五白，袒跣不肯成梟盧」，《今夕行》。「老妻畫紙爲棋局，稚子敲針作釣鉤」，《江村》【一七】。「與兄行年校一歲，賢者是兄愚者弟」，《狂歌行》。「八月秋高風怒號，捲我屋上三重茅」、「南村羣兒欺我老無力，忍能對面爲盜賊，公然抱茅入竹去，脣燋口燥呼不得」，《茅屋爲秋風所破歌》。「但使殘年飽喫飯，只願無事長相見」。《病後遇王倚飲贈歌》。

詩酒

古人吟詠情性，不逃詩酒。老杜一集而以詩酒相配者，無慮十數處。《戲寄漢中王》云「尚憐詩警策，猶憶酒顛狂」，《遊何將軍山林》云「醒酒微風入，聽詩静夜分」，《送懷舍弟穎觀》云「對酒卻疑夢，吟詩正憶渠」，《宴王使君宅》云「自吟詩送老，相勸酒開顔」，《北鄰》云「愛酒晉山簡，能詩何水曹」，《徐步》云「把酒從衣濕，吟詩信杖扶」，《泛江送魏倉曹》云「見酒須相憶，將詩莫浪傳」，《可惜》云「寬心應是酒，遣興莫過詩」，《贈盧參謀》

【一七】稚子敲針作釣鉤江村「江村」原脱，據諸本補。

云「説詩能累夜，醉酒或連朝」，《敝廬遺興》【一八】云「把酒宜深酌，題詩好細論」，《贈張學士》云「賦詩拾翠殿，佐酒望雲亭」，《不見》云「敏捷詩千首，飄零酒一杯」，《題鄭著作》云「酒酣懶舞誰相拽，詩罷能吟不復聽」，《獨酌成詩》云「燈花何太喜，酒緑正相親。醉裏從爲客，詩成覺有神」，《題鄭監湖上亭》云「羹煮秋蓴弱，杯迎露菊新。賦詩分氣象，佳句莫頻頻」，《獨步尋花》云「詩酒尚堪驅使在，未須料理白頭人」，《寄岑嘉州》云「外江三峽且相接，斗酒新詩終自疏」。

落英

《楚辭》云「夕餐秋菊之落英」，謂始生之英可以當夕糧也。「落」與「訪落」《周頌》。及「章華臺成則落」昭公六年。之「落」同，蓋嗣王謀之於始則曰「訪落」，宫室始成而祭則曰「落成」，故菊英始生亦曰「落英」。設或隕落，豈復可餐？況菊花獨乾死於枝上而不墜，所謂「秋英不比春花落」，誠如六一居士之語。荆公胡不察此，而返誚人爲。詳見《西清詩話》。

花妥

杜陵詩「花妥鶯捎蝶【一九】，溪喧獺趁魚」，釋者謂「妥」訓落，非也。蓋「妥」與「墮」同聲，當作「墮」字，傳寫之誤也。一説古字「妥」、「墮」通用。

【一八】敝廬遺興　「敝」原作「弊」，據叢書本改。

【一九】花妥鶯捎蝶　「捎」原作「梢」，據諸本改。

寺殘

「野寺殘僧少，山園細路高」，誦此詩者，皆疑子美既曰「殘僧」又曰「少」，意若重複。以愚觀之，不見其煩複，當讀作：野寺殘所以僧少也，山園細所以路高也。又《別常徵君》詩曰「白髮少新洗，寒衣寬總長」，此皆是二字三字體也。亦有二字五字體，如《宿府》曰「永夜角聲悲自語，中天月色好誰看」，并「石銚煮松花待客，地爐燒木葉看書」。又有三字四字體，如盧贊元襄。「愛蹴蹋嫌穿地笱，喜鞦韆礙出牆花」之句云耳。

錦宮城

閩本杜詩《春夜喜雨》云「曉看紅濕處【二〇】，花重錦宮城」、《送段功曹歸廣州》云「幸君因旅客，時寄錦宮城」、《蜀相》詩云「錦宮城外柏森森」，又「錦宮城西生事微」，皆作「宮」字。按：蜀本杜詩並作「錦官城」，注云：「成都府城亦呼爲錦官城，以江山明麗、錯雜如錦也。趙云：『或以其有錦官，如銅官、鹽官之類。』其説亦是。不然，止取錦而已，何以更有官字乎？」余觀范至能參政爲詩，每官成一集【二一】。所著《錦官集》，蓋鎮成都府時作也，則身親見成都爲錦官城，故取以名之。況杜子美嘗卜居成都浣花里，其用「官」字必無誤，當以蜀本爲正。

緑楊垂手

《洪駒父詩話》云：「晉公詩『緑楊垂手舞，黄鳥緩聲歌』，樂府有《大垂手》、《小垂

【二〇】曉看紅濕處　「紅」原作「經」，據叢書本改。

【二一】每官成一集　「成」原作「城」，據諸本改。

手》【二二】、《前緩聲》、《後緩聲》【二三】，故丁用之，其屬對律切如此【二四】。」予謂美則美矣，其如緑楊無手何，終不若下句意渾成。

甜酒

《三山老人語録》曰：「唐人好甜酒，殆不可曉。子美云『人生幾何春已夏，不放香醪如蜜甜』，退之云『一尊春酒甘若飴，丈人此樂無人知』。」余嘗味樂天詩，有曰「量一作「户」。大厭一作「嫌」。甜酒，才高笑小詩」，則又似不然。

禽水

《苕溪叢話》曰：「聖俞云『南嶺禽過北嶺叫，高田水入低田流』，魯直曰『野水自添田水滿，晴鳩卻唤雨鳩歸』，詩意皆相類，然魯直造語有工，優於聖俞。」余謂盧溪先生王民瞻【二五】《禱雨有應》云「東嶺雲遮西嶺黑，高田水與低田通」、石湖居士范至能《塾江縣》云「舊雨已招新雨至，高田水入下田鳴」，雖皆沿襲二公，語意相屬又過之。直與荆公云「北澗欲通南澗水，南山正遶北山雲」、樂天《題天竺寺》云「東澗水流西澗水，南山雲起北山雲」之句無間然矣。然合六詩觀之，唯「招」之一字爲尤長。

溪聲山色

東坡《贈東林總長老》云「溪聲便是廣長舌，山色豈非清淨身」，以「溪」、「山」見僧之體，以「廣長舌」、「清淨身」見僧之用，誠古今絶唱。安城劉升卿有曰「溪聲廣聽無邊法，

【二二】大垂手小垂手　原爲注文，據叢書本移作正文。

【二三】前緩聲後緩聲　「後緩聲」原脱，據叢書本補。

【二四】其屬對律切如此　「屬」原作「囑」，據諸本改。

【二五】盧溪先生王民瞻　「王」諸本作「云」，據上下文義改。

山色長存不壞身」，雖祖述辭意，亦亹亹相逼，無愧於坡。

鴨緑鵝黄

鴨緑、鵝黄，經兩詩人道之。荆公《南浦》云「含風鴨緑粼粼起，弄日鵝黄裊裊垂」，則以鵝黄爲柳，主「柳色黄金嫩」而言之；東坡《過賈收水閣》云「小舟浮鴨緑，大杓瀉鵝黄」，則以鵝黄爲酒，主「鵝兒黄似酒」而言之，皆爲奇句。然辭意雅馴，則荆優於坡。

白雪黄雲

詩人喜荆公「繰成白雪桑重緑，割盡黄雲稻正青」之句，莫不極口稱誦，而不知其有斧鑿痕。竊謂雪不成繰，雲不可割，請易「繰」爲「捲」，易「割」爲「收」，則絲、麥自見，而非但意語天出，用字不露。歐公《詩話》云：「魏野《啄木》云『千林啄如盡，一腹餒何妨』，宜改作『千林蠹如去』，卻不犯題上字，又見其有諷去蠹之意。」《雅言雜載》【二六】云：「李範《道旁木》云『雖當南北路，不礙往來人』，予謂是道旁石詩，不如换『當』字作『生』字，始見題意也。」李畋《該聞録》云：「有縣令姓張，牓云某日知縣生日，告示諸色人不得獻送，而曹吏各持縑獻，一無所拒。復告後月縣君生日，更莫將來。王喦以《鷺鷥》詩諷之曰『飛來疑是鶴，下處卻尋魚』。爲易『下處』爲『到處』，則見張何所往而不貪也。」

【二六】雅言雜載　「雜」諸本作「新」，據文義改。

四印

晁無咎《行路難》云「贈君珊瑚夜光之角枕，玳瑁明月之雕牀，一繭秋蟬之麗縠【二七】，百和更生之寶香」，黄魯直《送王郎》云「酌君以蒲城桑落之酒，泛君以湘纍秋菊之英，贈君以黟川點漆之墨，送君以陽關墮泪之聲。酒澆胸次之磊隗，菊制短世之頹齡，墨以傳千古文章之印，歌以寫一家兄弟之情」。此誠相若，然魯直辭雄意婉，壓倒無咎。原其句法，實有來處，得非顧況《金瑠玉珮歌》云「贈君金瑠大霄之玉珮，金瑣禹步之流珠，五嶽真君之祕籙，九天文人之寶書」？晁、黄得「奪胎换骨」之活法於此者乎？

意相反

李太白《俠客行》云「事了拂衣去，深藏身後名」，元微之《俠客行》云「俠客不怕死，怕在事不成，不肯藏姓名」，二人意相反。淵明詩云「雖留身後名，生前亦枯槁。死者何所知，稱心固爲好」，是不慕身後名也；及作《擬古》乃云「生有高世名，既没傳無窮」，是欲名彰不朽也，一人意自相反。

風雅不繼

六一居士云「盧仝、韓愈不在世，彈壓百怪無雄文」，文潛《題磨崖碑》云「元功高名誰與紀，風雅不繼騷人死」，魯直《過桂林》云「李成不生郭熙死，奈此百嶂千峰何」，與退之《石鼓歌》云「少陵無人謫仙死，才薄將奈石鼓何」，老杜《雙松歌》云「天下幾人畫古松，

【二七】一繭秋蟬之麗縠　「繭」原作「虫」，據叢書本改。

畢宏已老韋偃少」，殆一律也。

殺風景

或謂背山起樓、燒琴煮鶴之類爲殺風景，以詩觀之，雖杜、韓老仙，亦或未免。退之「若要添風月，應除數百竿」，直與王子猷背馳，借曰「得人嫌處只緣多」，猶云可也，如子美「斫卻月中桂，清光應更多」，無乃太甚乎？曰：「非也，此足以見詩人意到處，便有焚山者不故菽粟手段。」

向上人

陳舍人君舉未第時，作省題詩，極一時之妙。如「羲皇向上人」之句，嘗愛其下得「向」字好。及閱晏元獻《弔劉蘇哥》【二八】曰「蘇哥風味逼天真，恐是文君向上人」，亦有所自云。

花竹無香

花竹亦有無香者，世所共知。櫻桃初無香【二九】，退之云「香隨翠籠擎初重」，則以香言之；竹與枇杷本無香，子美云「風吹細細香」、「枇杷樹樹香」，則皆以香稱之。至於太白又以柳爲有香，其曰「風吹柳花滿店香」是也。若夫荆公《梅》詩有云「少陵爲爾添詩興，可是無心賦海棠」，豈謂海棠無香而不賦乎？

【二八】弔劉蘇哥　「哥」原作「歌」，據叢書本改。下同。

【二九】櫻桃初無香　「香」原作「者」，據諸本改。

老而詩工

客有曰：「詩人之工於詩，初不必以少壯老成較優劣。」余曰：「殆不然也。醉翁在夷陵後詩、涪翁到黔南後詩，比興益明，用事益精，短章雅而偉，大篇豪而古，如少陵到夔州後詩、昌黎在潮陽後詩，愈見光焰也。不然，少游何以謂《元和聖德詩》於韓文爲下，與《淮西碑》如出兩手？蓋其少作也。」

周益公評詩

余紹熙丁巳三月既望，侍讌春華樓，時聞大丞相益國周公議論灑灑，終日不倦。至論詩，則謂：「須要有警策就題著句，不可泛泛。」因拱而請曰：「如相公『一丁昌火運，三合瑞皇家』，謂光堯生於丁亥，壽皇丁未，壽康丁卯，其干既爲一丁，其支又爲三合。『學士策詢學士策，公自注云：「館職亦合呼學士。」秘書官試秘書官』，時公以秘書少監直翰苑，發策試王仲衡，而寄程同年閣老詩也。『前後顧瞻羞倚玉，支干引從偶連珠』，此《三老圖》詩也。公自注云：「乘成兄生於乙巳，而予丙午，誠齋丁未。」無一字虛語，其盡之矣。」公笑曰：「是也。如挽詩亦難作。」復請曰：「願聞之。」公曰：「高宗皇帝丁亥生，與藝祖齊年，一則爲開基之主，一則爲中興之君，天之生此二帝，功德兼隆，豈偶然哉？高宗慶八十聖壽後，未幾，上仙去，唯慈寧太后亦然。故作《挽高宗》詩曰『生年同藝祖，慶壽比慈寧』。人憶庚庚兆，天傾九九齡』，正謂是也。若徽廟挽詞，尤難命意，亦難措辭。獨是湯丞相進之思退。一聯云『虞姬從梧野，啟母祔箕山』，最紀其實。蓋用舜事以狀徽宗巡狩不返意，及梓宫歸葬會稽，又用禹事以形容之，皆婉而有直體。此真得詩人三昧。」

賀生日

黄耕叟夫人三月十四日生，吴叔經《代人作壽》詩曰「天邊將滿一輪月，世上還鍾百歲人」。識者謂「將滿一輪」之句，若是十三日亦使得，不若云「猶欠一分」，便見直是十四日也。予謂「猶欠一分」，非祝壽底語，終未若魏仲先《壽萊公》詩云「何時生上相，明日是中元」，形容得七月十四日坦然明白矣。周益公生於丙午七月十五日，嘗壽以詩曰「年與潞公同丙午，日鄰萊國占中元」，公覽而笑曰：「賢此聯已道盡了予生年月日，只欠説出一個生時，便是一本好建生也。」公齊年友歐陽伯威適在坐，亦曰：「實道得着。」

省題詩更須留意

山谷與洪駒父云：「更須留意作五言六韻詩，若能此物，取青紫如拾芥耳。」大體作省題詩，尤當用老杜句法，若有鼻孔者，便知是好詩也。近年許琮以「聖圖天廣大」對「王度日清夷」，乃用老杜全句與傅咸全句配【三〇】，遂魁南省，其有鼻孔可知。此味不必全句，但能著意點化，深造詩仙句法，則亦必壓倒元、白，突過黄初矣。廬陵董克正以其父參政當國，避親就别院，考官周孟覺因。以二月一日試，出《中和節》詩。董上請云：「何謂中和節？」周答曰：「上元已過，上巳未至，今日所以爲中和也。」董即體其意曰：「上巳

【三〇】老杜全句與傅咸全句配「咸」原作「減」，據諸本改。

時將近，元宵節已過。仲春方駘蕩，今日是中和。」遂高中。又嘗聞艮齋謝尚書云：「每考校賦卷子，必先看第一、第二韻，即以詩看有何好句，有好句則遍看徹定去留，不爾便斥下。」則詩斷不可輕視。又聞西昌譚高立一飛。臨汝考試歸，云「省題詩不宜押協韻」，有堅守《貢舉條制》者，謂限五言六韻成，是並不容取協韻之詩矣。

春猿秋鶴【三一】

六一先生《跋羅池廟碑》云：「今世傳《昌黎集》，載此碑文多同。惟集本以『步有新船爲涉，荔子丹兮蕉黄』，『蕉』下加『子』，當以碑爲是。而碑亦云『春與猿吟兮【三二】，秋與鶴飛』【三三】，則疑碑之誤也。」今觀張子韶九成。《書解》：「如舜攝位時則曰『正月上日』，禹攝位則曰『正月朔旦』，今曰『月正元日』、『上日』、『元日』、『朔旦』皆一也。而或謂之『上』，或謂之『元』，或謂之『朔』，豈作書者欲備衆體而使無餘藴乎？如《離騷·東皇太乙歌》曰『吉日兮辰良』，而韓愈《羅池廟記》曰『春與猿吟兮，秋鶴與飛』，其鏗鏘參差之法當有所祖述矣。」即此而推，則知有所祖述而得作文之體者在此。嗚呼！歐陽公文章横被六合，可謂筆補造化，其平章千古，勘破萬卷，於此何疑之有？

韻書脱字

杜甫《送張參軍赴蜀》云「好去張公子，通家别恨添。兩行秦樹直，萬點蜀山尖」，張祜《骰子》詩云「骰子巡巡裹手拈，無因得見玉纖纖。但知報道金釵落，髣髴還應露指

【三一】春猿秋鶴　「鶴」原作「合」，據諸本改。

【三二】春與猿吟兮　「兮」原作「而」，據叢書本改。

【三三】秋與鶴飛　「秋」下原衍「合」字，據叢書本删。

尖」，東坡《雪夜》詩云「試掃北臺看馬耳，未隨埋没有雙尖」，皆押「尖」字韻。偏閲近世刊行《韻略》，無此「尖」字，當是《禮部韻略》脱文。

康節詩無施不可

康節先生六言《四賢吟》云：「彦國之言鋪陳，晦叔之言簡當。君實之言優游，伯淳之言條暢。四賢洛陽之望，是以在人之上。有宋熙寧之間，大爲一時之壯。」今盡去其「之」字，爲五言亦可，乃見有不爲剩，無不爲欠。至如「前日之事，今日不行，今日之事，後來必更」，此又是有韻散文也【三四】，施之文卷中，人將罔覺。前輩於《詩》得「三百篇」微旨，蓋如此。

【三四】此又是有韻散文也　「又是」原作「是又」，據叢書本乙。

卷之十一

正誤

仟佰

《史記·貨殖傳》曰：「凡編户之民，富相什則卑下之，佰則畏憚之，千則役，萬相僕，物之理也。」《前·食貨志》曰：「亡農夫之苦，有仟佰之得。」顏曰：「仟謂千錢，佰謂百錢也。仟，七堅反。佰，莫白反。今俗謂百錢爲一佰。」《説文》曰：「仟，十佰也。」【一】《談藪》曰：「今之數錢，百錢謂之佰者【二】，借『佰』字用之【三】，其實是『百』字，如『什』與『伍』耳。」其字皆從人，今俗書作「阡陌」而皆從阜，非也。何以别之？《史記》商鞅「爲田開阡陌封疆」，《漢·鼂錯募民實塞下議》曰「通田作之道，正阡陌之界」，《元帝紀》曰「出入阡陌」，師古曰：「阡陌，田間道也。南北曰阡，東西曰陌，皆從阜。」此爲證耳。如《漢志》「商君壞井田，開仟佰」，繼而曰「衆庶階巷有馬，仟佰之間成羣」，注亦謂「南北曰仟，東西曰佰」，其音又同，乃皆從人，蓋古字通用，非謂當從人也。是以《陳勝贊》曰：「躡足行伍之間，俛仰阡陌之中。」《索隱》曰：「仟佰，謂千人百人之長也。《漢·

校勘記

【一】仟十佰也　「仟」原作「相」，據原出處改。

【二】百錢謂之佰者　「佰」原作「陌」，據諸本改。

【三】借佰字用之　「佰」，原作「陌」，據諸本改。

傳》作『阡陌』【四】。如淳曰：『時皆僻屈在阡陌之中。』陌，音貊。」凡謂行伍則從人，田間則從阜，獨未有以仟佰之錢從阜者也。然則指錢與行伍之「仟佰」當從人，指田之「阡陌」當從阜，故《玉篇》於「人部」則載錢與行伍之「仟佰」，於「阜部」則載田之「阡陌」，未嘗紊也。且「伍」與「什」皆數也，俱作人旁，「隄」與「防」皆岸也，俱作阜旁，抑又可證。

未渠央

《庭燎》曰「夜未央」，箋云：「夜未央，猶言夜未渠央也。」渠，陸音其據反。胡氏曰：「《說文》云：『央，中央也。』《廣雅》【五】曰：『央，極中也。』【六】《秦風》云『宛在水中央』，央亦中也。二章言『未艾』，三章言『鄉晨』，是從未央而至未盡，從未盡而至鄉明也。」嘗原音其據反者，即與「遽」同音。故《荀子・修身篇》云：「有法而無志，其義則渠渠然。」渠，讀爲遽。古字「渠」、「遽」通。渠渠，不寬大之貌。《顏氏家訓》曰：「古樂歌詞云：『丈人且安坐，調絃未遽央。』」淵明《雜詩》曰：「嚴霜結野草，枯瘁未遽央。」《談藪》載高爽《題鼓嘲孫挹》云：「身有八尺圍，腹內無寸腸。面皮如許厚，受打未遽央。」邢居寔《寄陳履常》云：「會合能幾日，歡樂何遽央。」王介甫《少壯喜文章》云：「良夜未遽央【七】，青燈對寒更。」皆作「遽」字。考之《廣韻》，「遽，卒也，急也」，是謂未卒然而中也。至如淵明《讀山海經》詩「方與三辰游，壽考豈渠央」、魯直《觀伯時畫馬》詩云「木穿石盤未渠透，坐膇不遨令人瘦【八】」，此古體，必讀爲去聲。近世內翰汪彥章藻。《挽洪承議太

【四】漢傳作阡陌　「傳」，原作「儒」，據叢書本改。

【五】廣雅　「廣」原作「大」，據叢書本改。

【六】央極中也　「極中」原作「中央」，據叢書本改。

【七】良夜未遽央　「遽」原作「渠」，據叢書本改。

【八】坐膇不遨令人瘦　「遨」原作「傲」，據叢書本改。

未「欲識慶源何自遠，大川東去未渠央」，中書舍人張安國孝祥。《水調歌頭》末句云「莫遣兒輩覺，此樂未渠央」，二公直作平音用，誤也。或者謂《新唐書》王求禮讓蘇味道曰：「果以爲瑞，則冬月雷渠爲瑞耶？」李絳謂憲宗曰：「陛下焦心銷志，求濟時之略，渠便高枕而卧哉？」《邢文偉傳》曰：「自非義均弼諧，渠能進此藥石。」《張説傳》：「説曰：『宰相時來則爲，非可長保。若貴臣盡杖，正恐吾輩及之。渠不爲士君子地乎？』」《皇朝文鑑》宋子京《治戒》曰：「兄弟之不懷，求合它人，人渠肯信哉？」張舜民《與石司理書》曰：「唯是問能求益，渠敢遽然。聞命已來，勿知所濟。」魯直《和王世弼寄七兄》曰：「小材渠困我，持斲問輪扁。」凡此皆言「渠」，又何謂耶？按《高祖紀》項伯告羽曰：「沛公不先破關中兵，公詎能入乎？」服虔曰：「詎，音渠，猶未應得入也。」師古曰：「服説非也。詎，讀曰巨，猶豈也。」《孫寶傳》曰：「掾部渠有人乎？」渠，讀曰詎。詎，豈也。杜詩曰「牽牛處河西，織女處其東。萬古永相望，七夕詎見同」，亦此意也。「渠」音雖同而有二訓，讀者當審，轉爲遽，又爲詎。「渠」與「詎」皆訓豈也，第與前之「未渠央」、「未遽央」，字同而義異。

豐碑

「《檀弓》曰：『公室視豐碑，三家視桓楹。』鄭氏曰：『豐碑斲大木爲之，形如石碑，於槨前後四角樹之。穿中於間爲鹿盧，下棺以綍繞。天子六綍四碑，前後各重鹿盧也。

斵之形如大楹耳，四植謂之桓。諸侯四綍二碑，碑如桓矣。大夫二綍二碑，士二綍無碑。』《喪大記》曰：『君葬用輴，四綍二碑；大夫葬用輴，二綍二碑。』又曰：『凡封，用綍去碑。』鄭曰：『碑，桓楹也。樹碑於壙之前後，以紼繞碑間之鹿盧，輓棺而下之【九】。此時棺下窆，使輓者皆繫紼而繞要、負引、舒縱之，備失脱也。用綍去碑者，縱下之時也。』《祭義》曰：『祭之日，君牽牲。既入廟門，麗于碑。』鄭曰：『麗，繫也。謂牽牲入廟，繫于中庭碑也。』《聘禮》曰：『東面【一〇】，北上，碑南。』釋者曰：『宮必有碑，所以識日景，引陰陽也。』夷考前之四説，所謂碑者，於葬、祭、聘、享之時，植一大木耳，即非石碑也。而其字從石者，取其堅而已。然勒銘於其上者，亦未之嘗聞也。今喪葬令其螭首龜趺，又易之以石者，後儒增之耳。」此孫何《碑解》之辭也。《皇朝文鑑》。予嘗聞杜甫爲《淑妃皇甫碑》【一一】云：「日居月諸，丘隴荆杞。列樹拱矣，豐碑缺然。」又按《東觀餘論》云：「其立碑在葬後，當開元二十三年皇甫葬時所作也。」則是杜誤以豐碑爲可勒銘矣。故近世之士，不究其義，凡作挽詩者，多指豐碑爲勒銘之碑用矣。

壽堂

今士人尺牘中稱人之母曰「壽堂」，蓋不知忌諱。按陸士衡《挽歌》云「壽堂延魑魅」，注曰：「壽堂，祭祀處。言既死於祭祀之處，獨相延魑魅【一二】。」《楚辭》曰「蹇將澹兮壽堂」，王逸曰：「壽堂，供神之處。」林逋《自作壽堂》詩曰：「湖外青山對結廬，墳前

【九】輓棺而下之　「下」原作「去」，據叢書本改。

【一〇】東面　「面」原作「南」，據《宋文鑑》卷一百二十五孫何《碑解》改。

【一一】淑妃皇甫碑　「甫」原作「父」，據諸本改。

【一二】獨相延魑魅　「延」原作「處」，據叢書本改。

修竹亦蕭疏。茂陵它日求遺稿，猶喜曾無封禪書。」《皇朝文鑑》。又指丘塚爲壽堂也。究而言之，稱人之母者，豈不背理傷義乎？《毛詩》自有「壽母」二字，《閟宫》。何不稱之？

名諱

生爲名，死爲諱，從古而然。《禮》曰「卒哭乃諱」是也。《曲禮》上。嘗以《韻略》推之，其曰「御名」，舊御名蓋自生存以前言之；其曰「廟諱」，蓋自祔廟之後言之。條於韻首，井井不紊。古今名公鉅卿，爲人撰軒、亭、堂、樓等記及生祠碑，則曰「公名某」；及撰墓誌銘、神道碑與列傳，則曰「公諱某」，其别如此。世俗不審乎是，凡賓主相與言，或斥某人名曰諱某，或問某人名爲何諱，答者亦曰諱某，可發一笑。故歐公《集古録》亦曰：「《樊毅修華嶽廟碑》云『樊君諱毅，字仲德。下車之初，恭肅神祀』，據此，碑乃即時所立，而太守生稱諱者，何哉？」蓋謂其碑之謬。則世俗之名諱，不卞亦久矣。

正昭

秦始皇名政，爲之避其諱者，讀「正月」爲征月。晉文帝名昭，爲之避其諱者，讀「昭穆」爲韶穆。傳至於今，當如本字讀，始有分别。陸德明，唐大儒也，自秦、晉至唐亦遠矣，當作《釋文》時，何不單出一音以正舛誤，豈容詔後學以疑貳哉？「正」字姑置勿論，且以「昭穆」言之，了無他説。質諸《孝經》，疏曰：「昭，明也；穆，敬也。故昭南面，穆北面，孫從父坐而已。」若音曰韶，不知何以釋之。朱元晦亦曰：「廟制：太祖居中，左昭右穆。周廟文王當穆，武王當昭，故《酒誥》稱『穆考文王』，而《載見》及《訪落》皆謂武王爲昭考也。」予以《載見》、《訪落》驗之，「昭考」並不讀曰韶考，何獨於「昭穆」有兩音？至如史炤於《通鑑・光武十八年》：「昭，音韶，本音招。亦謂昭以照下、穆以順上爲義。後避司馬昭諱，昭作韶讀。」其説是矣，不應復音韶。請以「征」、「韶」之音，一洗而空之，毋庸汩亂學者之耳目。自古避諱而轉音者多，皆當是正之，獨此二字所係甚大而常用之急者，故特表之。

三辰

《益稷》曰「日月星辰」，孔安國謂「日月星爲三辰」。桓公四年《傳》曰「三辰旂旗，昭其明也」，杜預謂：「三辰，日月星也。」皆不指星名而言辰，則並以總上三事爲辰，而辰非別物也。《周禮・大宗伯》「以實柴祀日月星辰」，「保章氏掌天星，以志日月星辰之變動」，鄭玄曰：「星謂五緯，辰謂日月所會十二次也【一三】。」《洪範》「二曰月，三曰日，四曰星辰」，孔氏謂：「二十八宿迭見以敘氣節，十二辰以紀日月所會也。」魯直《蟹》詩曰：「已標天上三辰次，未免人間五鼎烹」，謂巨蟹在十二辰之未位也。昭七年《傳》曰：「晉侯謂伯瑕：『何謂六物？』曰：『歲、時、日、月、星、辰，是也。』公曰：『多語寡人辰，而莫同。何謂辰？』對曰：『日月之會是謂辰。』」杜氏謂「一歲，日月十二會也」。一以爲五星，一以爲二十八宿，而並以辰爲日月所會之次也，則辰與星固異矣。退之有《東

【一三】日月所會十二次也　「十」原作「不」，據叢書本改。

野失子》詩曰「吾懸日與月，吾繫星與辰」，抑承襲而言也。如《漢·律曆志》云：「三辰之合於三統也。日合於天統，月合於地統，斗合於人統，五星之合於五行，三辰、五星之相經緯也。」既謂星爲斗，又謂斗之外有五星，其説蓋不一矣。司常掌九旂之物，曰「日月爲常」而已，初不言畫星。及《左傳》「三辰旂旗」，則言畫星，而不言何星。《穆天子傳》稱「天子葬盛姬，畫日月七星」，乃畫北斗也。紛紛藉藉，莫之適從。蓋嘗思而得其説，以言其畫之於衣與旂，則辰非有形容之可繪，而謂之三辰則宜。以言其徧祭天之諸神，則十二次亦當祭之，而謂之辰次亦宜。如祭祀及掌天文，則日月五星，乃天之七政，不得不以爲先，所謂「璇璣玉衡以齊七政」是也。至於昏明迭見，則非二十八宿無以辨之。故《洪範》之所謂星辰【一四】，蓋二十八宿布於四方，隨天運轉，以迭形昏旦，若孟春昏參中、旦尾中之類，皆所以叙節氣也。是以知五星所行，下民不以爲候，故取於二十八宿也。若夫《鄉飲酒》「立三賓以象三光【一五】，古之制禮也。紀之以日月，參之以三光，政教之本也」，注曰：「三光者係於天，三大辰也。」《正義》曰【一六】：「三光，大火也。伐也【一七】，北極也。大火與伐，天所以示民時早晚。天下所取爲正，故謂之『大辰』。辰，時也。」北辰北極，天之中也，取居中之義。以是觀之，孔穎達無乃因記云「日月」，又云「三光」，遂强爲之説。當以「日月」爲通論。

【一四】故洪範之所謂星辰　「洪範」原作「五紀」，據叢書本改。

【一五】立三賓以象三光　「立」原作「主」，據叢書本改。

【一六】正義曰　「正義」諸本作「易」，據叢書本孫志祖按語改。

【一七】伐也　「伐」原作「代」，據諸本改。

民農

嘗讀《穀梁傳·成公元年》曰：「古者有四民。有士民，有商民，有農民，有工民。」則四民有定名矣。故《史記·貨殖傳》曰：「夫糶【一八】，二十病農，九十病末。」《索隱》曰：「言米賤則農人病也，故云『病農』。若米斗直九十，則商賈病，故云『病末』。末，謂逐末爲商賈也。」此言得之。如《漢·食貨志》云：「糶甚貴傷民，甚賤傷農。」韋昭曰：「此民謂士、工、商也。」夫豈知民即農之總名也，既言民，安得又言農哉？乃知班固謂「傷民」、「傷農」，不如馬遷「病農」、「病末」之爲別白也。雖然，孟堅《西都賦》有曰「士食舊德之名氏，農服先疇之畎畝，商循族世之所鬻，工用高曾之規矩」，又未嘗失言，何獨於《志》而失之，豈智於此而愚於彼乎？且爲韋昭之説者曰「此民謂士、工、商」，强爲之別也。然《周禮·司市》【一九】亦曰「凡市僞飾之禁，在民者十有二」、「在商」、「在賈」、「在工」者皆十有二，又何耶？韋昭言士、工、商，而不言農；《周禮》言民【二〇】、工、商、賈，而不言士、農。以韋昭之説是，則《周禮》之説非；以《周禮》之説是，則韋昭之説非。《周禮》亦豈雜於漢儒而然？若夫《孟子》曰「信能行此五者」，則兼士、農、商、旅、民，既言商又言旅，既言士、農、商，又言民，而不言工，亦不得知言之要。

黎苗

《揚子·重黎篇》「若秦、楚强閱震撲【二一】，胎籍三正，播其虐於黎苗【二二】」，吴秘謂

【一八】夫糶　「糶」原作「業」，據叢書本改。

【一九】周禮司市　「市」原作「農」，據叢書本改。

【二〇】周禮言民　「民」原作「農」，據叢書本改。

【二一】若秦楚强閱震撲　「撲」原作「撼」，據叢書本改。

【二二】播其虐於黎苗　「虐」原作「惡」，據叢書本改。

「布其虐，甚於九黎之亂德，三苗之不恭」，其説甚迂。司馬温公曰：「黎苗，民也。」余按《廣韻》「黎苗」二字皆訓衆也，則温公之説，其辭既明，其理亦安，信而有證。

弋人何慕

《問明篇》「鴻飛冥冥，弋人何慕焉」，按《後漢·逸民傳序》援此語作「篡」字。退之《酧崔少府》云「少嫌弋者篡」，今温公亦謂「曰篡」，以或作「慕」字爲誤，誠有所据。

日一日勞

《孝至篇》「或問勞功。曰：『日一日勞，考載曰功。』」温公曰：「載，事也。天運行不息，是其勞也。成造化之事，是其功也。」其説盡善矣。舊注不審揚子問勞功爲二事【一三】，乃於「日一日勞考載」文下釋之，斷「曰功」二字於下句。句讀不明，戛戛難讀。温公之説是，而不爲釐正其句，亦非。下「日」字當讀爲「曰」，以「日一曰勞」句斷，「考載曰功」句斷，言日專一而不息則謂之勞，以成其事則謂之功矣。

道術

《莊子》謂「人相忘於道術」，當讀如「經術」之「術」。《廣雅》曰：「術，亦道路別名。」《吕氏春秋》曰：「子産相鄭【一四】，桃李垂於術。」《文選》謝靈運《登石門最高頂》云「來人迷新術，去子惑故蹊」，注曰：「術、蹊，皆山路也。」陳晉之解《學記》「術有序」曰：「《月令》『審端徑術』【一五】，《鄉飲酒》、莊周皆有『道術』之説，是途之大者謂之道，

【一三】舊注不審揚子問勞功爲二事　「不」原作「杜」，據叢書本改。

【一四】子産相鄭　「産」原作「鹿」，據諸本改。

【一五】月令審端徑術　「令」原作「合」，據諸本改。

小者謂之術。」乃知鄭音遂，非也。信乎莊周以「江湖」對「道術」而言，則直指爲道路無疑矣。三國袁術字公路，杜甫《朝享大廟賦》押「栗」字韻，有曰「曙黄屋於道術」，又《寄韋尹丈人》云「牢落乾坤大，周流道術空」，以「道術」對「乾坤」，皆明此意。

莊子語疵

司馬遷言莊周「其學無所不闚」，可謂博洽矣。然其著書立言，不無小疵。觀其譏齊威公讀「古人之糟粕」，固善矣，而謂輪扁椎鑿，非糟粕與？言孔子「七日不火食」，容或有之，而「藜羹不糝」，非火食與？

荀子反經

三代以後，儒者敢於自信而好異，莫荀卿若也。堯、舜揖遜之主，而以爲非禪；周公恭儉之臣，而以爲不恭不儉。子思人所不可非，則非之；孟子人所不敢非，則非之。禮義本不僞，則以爲僞；人性本不惡，則以爲惡。六經有親出夫子之筆舌，有實載聖人之本文，卿猶一切反之。故《議兵篇》曰「堯殺一人，刑二人，而天下治」，楊倞釋之謂「一人爲鯀，二人爲共工、驩兜矣」。又自曰「堯伐驩兜，禹伐共工」，非惟與《舜典》「四罪」、《左氏》「舜去四凶」之説異，又且自相背馳。甚者，《正論》有曰「象刑非生於治古，並起於亂今」，則又直不以「典謨象刑，惟明之言」爲可信，而好異甚矣。究而言之，象刑之制，即《周禮》「垂刑象之法于象魏」是也，畫刑爲象者，無非畫墨、劓、剕、宫、大辟之刑，用刀鋸、斧鉞之狀以示於人，使之懲於未然而知畏耳。苟知畏則不復犯刑，乃刑期於無刑之本意矣，烏得謂之「非生於治古者」哉？就如卿言，是敢於殺人而不敢於刑人也。然而李斯、韓非之慘刻，不當罪韓、李而當罪卿，其亦作俑者與？

卷之十二

正誤

程伯休父

馬大年嘗論：「涑水先生一私印曰『程伯休父之後』，蓋出於《司馬遷傳》，曰『重黎世序天地，其在周，程伯休父其後也。當宣王時，官失其守而爲司馬』，故涑水引用之。且伯休父者，其字也【一】。今古一字多矣，如爰絲、房喬、顏籀之類，三字無之。本朝有劉伯貢父、劉中原父焉。」予按《常武》之詩曰：「王謂尹氏，命程伯休父，左右陳行，戒我師旅。」《楚語》曰：「重黎氏其在周，程伯休父其後也。當宣王時，失其官守，爲司馬氏。」孔穎達解《詩》曰【二】：「上命元帥，此命司馬。王謂其内史大夫尹氏，汝當爲策書，命此程國之伯字休父者爲之司馬。」考其所自，温公蓋引用《詩》與《楚語》，而未必專引遷史【三】。孔氏既云「程國之伯字休父」，則不當以「伯休父」三字爲字，而取證於今之劉伯貢父、劉中原父也。況中原父，兄也；叔貢父，弟也。故以中、叔之序稱，「『伯』貢父」當作「叔」字。《邵氏聞見録》云：「温公一日過康節天津之橋，謁曰『程秀才』云【四】。既見，温公也。問其故，公笑

校勘記

【一】且伯休父者其字也　「字」原作「後」，據叢書本改。

【二】孔穎達解詩曰　「穎達」原作「安國」，據叢書本改。

【三】未必專引遷史　「引」叢書本作「用」。

【四】謁曰程秀才云　「謁」原作「謂」，據叢書本改。

曰：『司馬出程伯休父，故曰程。』」

陽生

太史公爲《伍子胥傳》，書「吴王既誅伍子胥，遂伐齊。齊鮑氏殺其君悼公而立陽生。吴王欲討其賊，不勝而去」，世皆信之。余以《左氏春秋》考之：哀公五年秋，齊景公卒。冬十月，公子陽生來。杜預云：「景公子。」六年八月，僖子使召公子陽生。十月丁卯，立之。將盟，悼公稽首。杜預云：「悼公，陽生。」又以《齊》、《田世家》考之【五】，皆曰：景公卒，太子荼《左氏》作「舒」。立，是爲晏《左氏》作「安」。孺子。而田乞不悦，欲立景公佗子陽生。鮑牧遂立陽生【六】於田乞之家，是爲悼公。鮑牧與悼公有隙，殺悼公。齊人共立其子壬，是爲簡公。即是而觀，陽生即悼公也，其《伍子胥傳》「鮑氏殺其君悼公而立陽生」，當是「弑其君悼公而立壬」。太史公之所記，於《世家》既如此，於《列傳》又如彼，前後牴牾，所謂「實録」，果如是乎？

龜策

龜策傳序》曰「龜藏則不靈，蓍久則不神」，《贊》則曰「龜藏則不泥，泥之則不神」，《贊》不如《序》多矣。

兩伏波

或人問：「漢有兩伏波。海康令王約作《忠顯王廟記》以爲馬伏波，瓊州守李時亮作

【五】又以齊田世家考之　「田」原作「陳」，據叢書本改。

【六】鮑牧遂立陽生　「牧」原作「叔」，據叢書本改。

廟記以爲路伏波，蘇子瞻作廟記則以爲兩伏波【七】，夏侯安雅作廟記又以爲馬伏波，紛紛孰是？」曰：「嘗考之，兩漢有二伏波。前漢伏波將軍邳离路博德，武帝時討南越相吕嘉之叛，遂開九郡。後漢伏波將軍新息馬援，光武時討交阯二女子側、貳之叛，遂平其地。則是二人皆有功於南粤。東坡之説，渠不信夫？」

發縱

《蕭何傳》：「上曰：『夫獵，追殺獸者狗，發縱指示獸處者人也。』」縱，音子用反。孔毅父曰「『指縱』音作蹤【八】，非也。《周禮·地官》有『迹人』，注：『迹人，言迹知禽獸。』是亦蹤迹之義爾。」

上廉

賈誼《策》曰：「人主之尊如堂，羣臣如陛，衆庶如地。故陛九級上，廉遠地，則堂高；陛無級，廉近地，則堂卑。」竊詳顔曰：「廉，側隅也。」以「廉近地」對「廉遠地」而言之，則廉隅無所謂「上廉」矣。當讀「陛九級上」爲句。近歲太學出《上廉遠地則堂高賦》，豈一時之間，未加討論歟？林鉞《漢雋》亦曰「廉遠地則堂高」，而不言「上廉」。

數奇

「李廣數奇」，師古曰：「數，所角反。」案《宋景文公筆記》云【九】：「得江南《漢書》本，乃所具反。傳者誤以『具』爲『角』也。」云：「孫奭亦誤以爲朔也。」蔡絛《西清詩話》

【七】以爲兩伏波　「兩」原作「馬」，據叢書本改。

【八】指縱音作蹤　「蹤」原作「縱」，據叢書本改。

【九】宋景文公筆記云　「文」原脱，據叢書本補；「記」，原作「録」，據四庫本改。

亦云：「嘗謂王摩詰詩：『衛青不敗由天幸，李廣無功緣數奇。』『不敗由天幸』，乃霍去病，非衛青也。」至於「數奇」，獨不以爲誤對，則蔡絛亦知王維讀「數」字從去聲之爲當也。

尚書尚公主

或人有問：「『尚書』與『尚公主』同乎？」曰：「否。」按《惠帝紀》云「宦官尚食比郎中」，應劭曰：「尚，主也。舊有五尚，尚冠、尚帳、尚衣、尚席亦是。」如淳曰：「主天子物曰尚食，主文書曰尚書。」《陳餘傳》「敖已出，尚魯元公主如故」，師古曰：「尚，猶配也。《易·泰卦》九二爻辭曰『得尚于中行』，王弼亦以爲配也。諸言尚公主者，其義皆然。而説者乃云『尚公主，與尚書、尚食同意』，訓尚爲主，言主掌之，失其理矣。公主既尊，又非物類，不得以主掌爲辭。」則「尚書」之「尚」訓主，「尚公主」之「尚」訓配，明矣。孔毅父《珩璜論》云：「尚書，與尚食、尚公主同，而世俗相承以平聲呼，誤矣。見《張耳傳》注。」原應、如、顔三家之説，則世俗誤呼「尚書」爲平聲，誠如孔言，而以「尚書」與「尚公主」同，亦非。其説實《陳餘傳》注，非《張耳傳》也。

陳蕃設榻

《東漢·徐穉傳》云：「穉，豫章人也。陳蕃爲太守，以禮請署功曹，穉謁而退。蕃在郡不接賓客，唯穉來，特設一榻，去則懸之。」又《陳蕃傳》：「太尉李固表薦，遷樂安太守。郡人周璆，高潔之士，前後郡守招命，莫肯至，唯蕃能致焉。字而不名，特爲置一榻，去則懸之。」讀史至此，未嘗不疑焉。嘗考宋臨川王義慶《世説》云：「陳仲舉爲豫章太守，至，便問徐孺子所在，欲先看之。」袁宏《漢紀》曰：「蕃在豫章，爲穉特設一榻，去則懸之。」唯周璆之事無聞焉，《陳蕃傳》始有「特置一榻」之文。信如前之説，則「特設一榻」爲璆而已，它無與焉。以爲止待一人歟，不應兩傳互載而姓名異；以爲穉來則待穉，璆來則待璆歟，不應兩傳皆云「去則懸之」；以爲穉則有穉榻，璆則有璆榻歟，胡爲均是特設？無它，蓋在豫章則特以待穉，在樂安則特以待璆，故不害其爲特設。惟是范曄昧作史之體，《陳傳》偏載既失之，《徐傳》重出未爲得也。當以是二事本末特書於陳蕃一傳，則不惟省文，又且兩全。

暨豔

《吴志·張温傳》有「暨豔」，「暨」字無音。史炤《通鑑音義》於「魏紀·文帝黄初五年」音其冀切。葉少藴《石林燕語》云：「元豐五年黄冕仲榜唱名，有暨陶者，主司初以洎音呼之，三呼不應。蘇相子容時爲試官，神宗顧蘇，蘇曰：『當以入聲呼之。』果出應。上曰：『卿何以知其爲入音？』蘇言：『《三國志》吴有暨豔者，陶恐其後。』遂問陶鄉貫，曰：『崇安人。』上喜曰：『果吴人也。』時『暨』字缺下一畫，蘇復言字下當從旦，此唐避代宗諱，流俗遂誤，弗改耳。」今以「暨」字調爲入聲，即是乞字。及見紹熙戊午議臣上疏，言神宗時御殿放榜，進士有暨陶者，有司讀「暨」爲「洎」而陶不應。蘇頌曰：「吴有暨豔，讀爲結，此得非其後乎？」問之，果然。神宗喜謂頌曰：「果吴人也。」雖不知出何典據，則又呼爲結字。復以《廣韻》證之，五質與九迄中，「暨」皆「居乙切，姓也，吴有尚書暨豔」，則正是「訖」字。《燕語》以爲乞則近，議臣以爲結則差近，史炤音洎，則絶相遠。況《廣韻》明載「暨豔」於訖字之下，而三書不能會歸於一，何耶？其字畫按《玉篇》從旦，誠如蘇言，但訖音不收。然諱旦，自是睿宗，亦非代宗也。

薛愿

杜牧記寧陵，謂天寶末，薛愿守淮揚，賊不能陷。故名不傳，不得與張、許並稱。今以《新》、《舊》二史考之，乃云「愿爲潁川太守，與龐堅共守潁川。城陷，二人俱死」。按潁川乃許州，而淮陽乃陳州【一〇】，所守之地不同，所記之事各異，豈牧傳聞之誤耶？抑亦作史者采摭而不得其真乎？

瓜丘甘露

瓜丘之禍，蓋秦謀以瓜實成於驪山，詔博士諸生就視，因此欲坑儒生。是時乃隆冬之月，豈瓜熟時耶？陋如秦儒，不知其詐謀之深，而卒至焉，宜乎不能逃其死也。《前漢·儒林傳序》。甘露之禍，蓋李訓謀以甘露降於禁中，詔百官入賀，因此欲殺宦官。是時乃十一月之末，豈露降時耶？黠如宦官，豈不知其詐謀之淺，故卒不至焉，宜乎不可得而殺也。《唐·李訓傳》。然殺儒生易，殺宦官難，殺儒生則至於亡國，殺宦官則可以存國。秦能殺儒

【一〇】而淮陽乃陳州　「淮」原作「睢」，據叢書本改。

生，故秦亡之速，非不幸也。唐不能殺宦官，故唐存之不久，非不幸也。悲夫！

秦焚書之漸

秦焚書之禍，其所由來者漸矣。晉鞏朔獻捷於周，王私賄之，使相告之曰：「非禮也，勿籍。」成二。北宮錡問爵禄之制，孟子曰：「諸侯惡其害己也，而皆去其籍。」《萬章下》。始皇則又甚焉，盡舉先王之典籍，投諸虐焰而不赦。得非有「勿籍」然後有「去籍」，有「去籍」然後有「焚書」，豈一朝一夕之故哉？秦之酷既極於焚書矣，重之以坑儒，則愚黔首之術，殆無餘策。

句讀

「句讀」字自漢有之。《周禮·宫正》「春秋以木鐸修火禁，凡邦之事蹕」，「鄭司農讀『火』絶之，云『禁凡邦之事蹕』，國有事，王當出，則宫正主禁絶行者【一二】，若今時衛士填街蹕也」。鄭康成注《春秋》以「木鐸修火禁」句絶。「『讀』火」，戚如字，徐音豆。韓愈《師説》云：「彼童子之師，授之書而習其句讀者也。」洪曰：「讀，音豆，其字從言從賣。」唯馬融《笛賦》云：「覩法於節奏，察度於句投。」注曰：「投，徒鬬切。句投，猶章句也。」其音訓同而字畫異。《廣韻》、《玉篇》「讀」、「投」二字，去聲俱不收。

章句

孔安國曰：「自古而有篇章之名，故《那序》曰『得《商頌》十二篇』。《東山序》曰『一

【一二】則宫正主禁絶行者「主」原作「王」，據諸本改。

章，言其完』是也。句，則古者謂之爲言。《論語》云：『《詩》三百，一言以蔽之，曰「思無邪」。』則以『思無邪』一句爲一言。趙簡子稱子大叔『遺我以九言』，皆以一句爲一言也。秦、漢以來，衆儒各爲訓詁，乃有句。」余謂今詩家有四言、五言、六言、七言，則是又以一字爲一言也。

文辭

學者誦《孟子》「不以文害辭」，多不喻「辭」、「文」何從而別。按伊川曰：「『不以文害辭』，文，文字之文，舉一字則是文，成句是辭。《詩》爲解，一字不行，卻還就它說，如『有周不顯』，自是文當如此。」晦庵朱氏曰：「文，字也。辭，語也。言說《詩》之法，不可以一字而害一句之義，不可以一句而害設辭之志。當以己意逆取詩人之志，乃可得之。若但以辭而已，則如《雲漢》所言，是周之民真無遺種矣。惟以意逆之，則知詩人之志在於憂旱，而非真無遺民也。」

五湖

嘗聞艮齋先生謝公在諫垣，以侍講當夜直。壽皇嘗論及地理曰：「五湖何處爲是？」公奏：「或謂洞庭、彭蠡、太湖、丹陽、射陽爲五湖，或謂太湖、射貴湖、上湖、洮湖、滆湖爲五湖。其實皆非。《周禮·職方氏》『揚州其浸五湖』，《國語》『吳、越戰於五湖』，以地考之，漢儒謂『五湖者，太湖之別名』爲是也。」上嘉其博洽，獎歎再三。予嘗按張勃

《吳録》云：「五湖者，太湖之別名，以其周行五百里，故名之。」

四海

《祭義》云：「曾子曰：『夫孝，置之而塞乎天地，溥之而橫乎四海。』」繼而曰推而放之「東海」、「西海」、「南海」、「北海」而準，即四海也。《校人》注曰：「四海，猶四方也。」及《調人》曰「父之讎辟諸海外」，注引《爾雅》曰「九夷、八蠻、六戎、五狄，謂之四海」。夫經云海外，而注指四夷爲言，非也。所謂海外，即《堯典》「光被四表」是也【一二】。以四夷爲海外，可也；以四夷爲四海，不可也。

六轡

凡駕四馬，則必有八轡，而諸經多言六轡，何也？曰：孔氏解「六轡在手」，有曰「每馬有二轡，四馬當八轡矣。諸文皆六轡者，以驂馬内轡納之於觖，故在手者惟六轡耳」，又曰「車駕四馬，在内兩馬謂之服，在外兩馬謂之騑」，兩騑即驂也。蘇黃門曰：「驂之外轡，則御者執之。『觖』與『鋈以觼軜』之『觼』同。」即是求之，則言六轡有以也。

百丈

杜子美《祠南夕望》曰「百丈牽江色」，注云：「《海賦》『揭百丈』，所以牽船也，連竹爲之。」又《秋風》云「吳檣楚柂牽百丈」，注云：「檣、柂、百丈，皆船上器用也。」薛云：「今湖湘間行舟，以竹相續爲索，以引上水舟，謂之百丈，以謂其長可百丈。今川峽

【一二】即堯典光被四表是也 「被」原作「于」，據叢書本改。

猶多用之。」又《十二月一日》詩云「百丈誰家上水船」，東坡云：「古《離別曲》『百丈牽船上水遲，郎去瞿塘幾日歸』，鍾會呼挽船索爲百丈，今舟子皆呼之。」趙云：「百丈者，牽船篾。內地謂之簟【一三】，音彈。」余親見海商以竹劈爲大瓣，相續可長百丈。每相續處，必用漆固其絲紵使耐水，即非以篾爲三股四股索之類。如索，則今之所謂纜是也。鍾會呼挽船索爲百丈，與薛氏相續爲索之説，則亦牽船之纜，非此百丈也。

百金

《公羊傳・隱五年》曰「百金之魚」，注云：「百金，猶百萬也。古者以金重一斤，若今萬錢矣。」《漢・食貨志》亦云「黄金一斤直萬錢」，則知文帝言「百金，中人十家之産」，即爲金百斤，爲錢百萬也。高祖善家令之言，賜金五百斤；命陳平爲反間，捐金四萬斤，使漢金不賤，何以多至此？如唐時必貴，太宗以于志寧、孔穎達能諫太子，各賜金一斤而已，非貴，則不如是之少也。

來牟

《詩》兩言「來牟」，《思文》、《臣工》。《前漢》作「釐辫」，《劉向傳》。《孟子》作「辫麥」，《告子上》。《玉篇》、《廣韻》皆作「麳辫」，又出「麰」字。唯《廣韻》有曰：「來，小麥也。牟，大麥也。」二字與《詩》并同。是二麥者，後稼穡而生，先稼穡而熟，深有補於先民之艱食。《月令》孟夏之月獨以麥爲秋，豈苟然哉？

【一三】內地謂之簟　「簟」原作「宣」，據叢書本改。

淅米

《生民》曰「釋之叟叟，烝之浮浮」，毛曰：「釋，淅米也。」孔曰：「淅米，謂洮米也。叟叟，聲也。浮浮，氣也。」又曰：「《釋訓》云：『溞溞，淅也。烰烰，氣也。』樊光遠引此詩。孫炎曰：『溞溞，淅米聲。烰烰，炊之氣。』《傳》以洮米則有聲，炊飯則有氣，取《爾雅》之意爲説也。淅，星歷反。溞，蘇刀反。烰，音浮。《孟子》曰「接淅而行」，趙曰：「淅，漬米也。不及炊。」淅，先歷反。考是二説，皆讀曰析【一四】。今之好事者，凡稱士大夫之家淅米飯，多作折聲呼之，良可怪笑。然退之《城南聯句》云「淅玉炊香粳」，「淅」亦作「浙」【一五】，又何耶？

東壁東井南箕北斗

二十八宿以四方爲名者，唯井、壁、箕、斗四星而已。營室者天子之宫，壁者室之外院，離宫在南，則壁在室東，故稱「東壁」。參旁有玉井，則井星在參東，故稱「東井」。箕、斗是人日用之器，相對而言，箕在南而斗在北，故曰「南箕」、「北斗」也。

黎明

《史記·高帝紀》「黎明，圍宛城三匝」，《索隱》曰：「黎，音犂。黎，猶比也，謂比至明也。」《前漢·高帝紀》作「遲明」，師古：「音值。值，待也，謂待天明時。」皆言早意也。《唐·劉崇望傳》「鼕旦，含光門未開」，「鼕」音都奚切。又按《史記·吕后紀》「犂明，孝

【一四】皆讀曰析　「析」原作「淅」，據叢書本改。

【一五】淅亦作浙　「浙」原作「淅」，據諸本改。

惠還」【一六】，徐廣曰：「犂，猶比也【一七】，將明之時。」非也。「犂」、「黎」古字通。黎，黑也。黑與明相雜，欲曉未正曉也，猶曰「昧爽」。昧，暗也；爽，明也。亦明暗相雜也。遲明，即未及乎明也。厥明、質明，則已曉也。

陳玄

或謂：「毛穎、陶泓、楮先生，退之雖寓言以爲文戲，然莫非取象筆、硯與紙而言也。獨於陳玄若無義。」予曰：「不然。彼三者以象言，陳玄以性言也。故陳君遠《告老集》云：『陳者，久也。玄者，黑也。取其經久膠不敗而黑者爲最。』故墨曰陳玄，其義尤深。」

重穋

《詩·七月》曰「黍稷重穋」，毛氏曰：「後熟曰重，先熟曰穋。」董氏曰：「鄭衆云『先種後熟謂之重，後種先熟謂之【一八】穋』。」《説文》種音童，所謂重也；穜音衆，所謂蓺也。《釋文》曰「禾邊作重，是重穋之字；禾邊作童，是穜蓺之字【一九】」。今人亂之已久。及考《周禮·天官·内宰》云「生穜穋之種」，其字與《廣韻》並作「穜」，並音爲重，與同一聲，則知《釋文》云「禾邊作重」，是「種稑」之字【二〇】，當作「童」，乃是「穜稑」之字；「禾邊作童」，是「穜蓺」之字，當作「重」，乃是「種蓺」之字。蓋「種蓺」之字合從重，不當從童；「穜稑」之字合從童，不合從重。始爲不亂也。

【一六】犂明孝惠還　「犂」原作「黎」，據諸本改。

【一七】犂猶比也　「犂」原作「黎」，據諸本改。

【一八】重後種先熟謂之　七字原脱，據諸本補。

【一九】是種蓺之字　「蓺」原脱，據諸本補。

【二〇】是種稑之字　「字」原作「事」，據諸本改。

印文榜額有之字

馬大年《嬾真子》曰：「今印文榜額有『之』字，其來久矣。太初武帝元年夏五月正曆【二二】，以正月爲歲首，色上黄，數用五。注云『漢用土數五』，用五謂印文也。若丞相曰『丞相之印章』，諸卿及守相印文不足五字者【二三】，以『之』字足之。後世不然，印文榜額有三字者足成四字，有五字者足成六字，但取其平正耳，非『之』字本意。」及觀《談苑》云：「太祖將展外城，幸朱雀門，親自規畫，獨趙韓王普時從幸。上指門額問普曰：『何不只書「朱雀門」，着「之」字，何用？』普對曰：『語助。』太祖笑曰：『之乎者也，助得何事？』帝似不以爲然。」惜乎韓王生於馬大年之前，不及舉是説以敷陳之。《邵氏聞見録》云：「帝一日登明德門，指其榜問趙普曰：『「明德之門」，安用「之」字？』普曰：『語助。』帝曰：『之乎者也，助得甚事？』普無言。」「明德」與「朱雀」，二名不同，未知孰是。

【二二】夏五月正曆　「正」原作「並」，據諸本改。

【二三】印文不足五字者　「足」原作「是」，據諸本改。

校勘記

卷之十三

正誤

齒牙

或疑昌黎「去年落一牙，今年落一齒」爲煩文。予按楊中立解「誰謂鼠無牙」曰：「牙，牡齒也。鼠無牡齒。」陸曰：「鼠有齒而無牙。」僖公五年云：「輔車相依，脣亡齒寒。」杜曰：「輔，頰輔。車，牙車。」史炤《通鑑釋文·晉穆帝九年》：「輔車，頰骨牙車也。」《咸》卦：「咸其輔頰舌。」馬云：「輔，上頷也。」漢張虞云：「耳目之間。」杜甫《戲贈友》云：「一朝被馬踶，脣裂板齒無。」又按洪氏《韓子年譜》云：「去年與崔羣玉云『左車第二牙無故動搖脱去』，而《齒落》詩云『去年落一牙』，則此詩今年作也。」乃知在頰爲牙，當脣爲齒也，昭昭矣。

皮革

《羔羊》詩曰「羔羊之皮」，又曰「羔羊之革」，毛曰：「革，猶皮也。」初無區别。孔曰：「《説文》謂『獸皮治去其毛曰革』。對文則皮、革異，散文則皮、革通。」鄭注「掌皮」

曰：「皮謂若虎豹熊羆有文章者，革謂無文章者，去毛而獻之。」王光遠曰：「未練治謂之皮，已練治謂之革。」此一說也。《司裘》曰「大裘飾皮車」【一】，謂革輅也。去毛得稱皮，有毛得稱革。此又一說也。然《論語》「虎豹之鞟，猶犬羊之鞟」，虎豹與犬羊別者，並以毛文異耳，乃知鞟即革也。按八音之中有革，謂鼗鼓也，則革已去毛無疑矣。若夫《帝王世紀》曰「黄帝煞夔，以其皮爲鼓」，庸非毛氏所謂「革，猶皮也」。

饕餮

文公十八年「縉雲氏有不才子，貪于飲食，冒于貨賄，天下之民以比三凶，謂之饕餮」。杜曰：「貪財爲饕，貪食爲餮。」故孫仲益覿【二】《與詹及甫書》曰：「晉侯被兵之後，復用吏饕。」謂吏之貪財者也。及觀《北史》，明帝朝「獲秃鶖於宫内」，遂養之。崔光曰：「此即《詩》『有鶖在梁』，解云『秃鶖』，貪戀之鳥，野澤所育，不應入於殿庭。況饕餮之禽，必藉魚肉、菽麥、稻粱之養，豈可留意於醜形惡聲哉？」老杜《麂》詩曰：「衣冠兼盗賊，饕餮用斯須。」趙彦材云：「言衣冠之人，行如盗賊，唯知饕餮而已，故使人多害生物，以充庖正，在斯須之間焉。」則是崔、杜以二字爲貪食之謂，初無別也。至東坡賦老饕，又直以「饕」之一字爲貪食云。《山海經》又以饕餮爲獸名，則必貪惏之獸也。

檠撒

東坡《姪安節遠來夜坐三首》，前二首皆押「燈檠」韻，末篇云：「大弨一弛何緣彀，已

【一】大裘飾皮車　「大」下，叢書本有「喪廞」二字。

【二】孫仲益覿　「覿」原作「競」，據叢書本改。

覺翻翻不受檠。」孫倬云：「《揚子》曰：『見弓之張兮，弛而不失其良兮。』曰：『何也？』曰：『檠之而已。』」及考《揚子》正文，作「撤」，其字從手。温公音居影切。復質諸《周禮·弓人》注云：「至冬膠堅，内之檠中，定往來體。」檠，音景。《韻略》三十八梗作「檄，居影切，所以正弓」，釋云「蘇武能檄弓弩」。雖並從木，皆非平聲。東坡所押，獨取楊倞注《荀子》「繁弱鉅黍，古之良弓也【三】，然而不得排檄，則不能自正」，音巨京反。然《玉篇》、《廣韻》平、上聲皆收作正弓之「檠」，但上聲注云「『檄』出《周禮》，亦作『撤』」，則是不專主平聲之音。

囊橐

《公劉》之詩曰：「于橐于囊。」毛曰：「小曰橐，大曰囊。」孔曰：「《左傳》稱『趙盾見靈輒餓，爲之簞食與肉，寘諸橐以與之』，橐惟盛食而已【四】，是其小也。《公羊傳》稱『陳乞欲立公子陽生，盛之巨囊』，囊内可以容人，是其大也。」《説文》曰：「無底曰囊，有底曰橐。」董氏曰：「無底曰橐，有底曰囊。」《唐韻》曰：「橐，無底囊。」二説不同，並存之。

馬耳

東坡《雪夜》詩曰：「試埽北臺看馬耳，未隨埋没有雙尖。」趙次公云：「馬耳，山名。」竊謂天下之山，至低不下數丈，而止於尋丈者少。雪雖深，埋没山阜，未之有也。趙指爲山，果何所據？殊不知雪夜王晉之與霍辨對談，雪盈尺，王曰：「雪太深乎。」霍

【三】古之良弓也　「古」原作「口」，據諸本改。

【四】橐惟盛食而已　「盛」原作「乘」，據諸本改。

曰：「看北臺馬耳菜何如。」左右曰：「有兩尖在。」坡蓋用此，何趙未嘗見是事而妄爲是說？

於菟

宣公四年：「楚人謂虎於菟。」於，音烏。《前漢·叙傳》：「楚人謂虎於檡。」【五】一音烏塗，今作「於菟」。山谷《題雙澗寺》云：「二水犇犇鳴屋除，松林落日吼於菟【六】。」碑本作「烏」，非也。又詩曰「王侯文采似於菟，洪生人間汗血駒」，復用「於」字，乃是。

欸乃

人皆曰柳柳州《漁父》詩「欸乃」二字，本書爲「欸乃」，讀曰「襖靄」。既有山谷《題浯溪碑》可證，又有元次山集中箋音可質。胡仔《漁隱叢話》乃謂《洪駒父詩話》反其音爲靄襖者非，奈何？《廣韻》十五海：「欸，音於改反，相然譍也。」謂之「相然譍」，則正得「一聲山水綠」之本意，當從駒父「欸，音靄；乃，音襖」爲正。故洪景盧尚書《欸乃齋記》云：「柳別本或併二字爲襖音，又別出一『靄』字，非也。」

殷盤

初讀《進學解》「周誥殷盤」之語，頗疑「盤庚」是君名，非訓、誥、誓、命之比。至味六一先生《聽琴》詩，有「二典意澹薄，三盤語丁寧」，又復云然。一再思之，太甲、益稷之屬，篇皆以名，檀弓本魯人，以其善於禮，故亦著名，如泰伯、衛靈公、梁惠王亦載於《語》、

【五】楚人謂虎於檡　「檡」原脱，據諸本補。

【六】松林落日吼於菟　「於」原作「烏」，據四庫本改。

《孟》之篇首，同此一意。

正鵠

《周禮·司裘》：「王大射，則共虎侯、熊侯、豹侯，設其鵠。」鄭注：「侯謂以虎、熊、豹、麋之類飾其側，又方制之以爲臺，音準。謂之鵠，著于侯中，所謂皮侯。」《梓人》：「張皮侯而棲鵠。」《詩》云：「終日射侯，不出正兮。」《射義》云：「循聲而發，發而不失正音征。鵠者，其爲賢者乎？」孔氏曰：「大射之侯，其中制皮爲鵠。賓射之侯，其中采畫爲正。正大如鵠，皆居侯中三分之一。其燕射則侯中畫爲獸。」其中射處皆二尺，則以侯中所射之處爲正鵠也。正與鵠皆禽名。正，「鴊」之省文也。《方言》：「齊魯以題肩爲鴊。」《月令》：「征鳥厲疾。」鄭氏謂「征鳥，題肩也。齊人謂之擊征，或名曰鷹。」《正義》曰：「征鳥，鷹隼之屬也。」鵠，即漢高祖所謂「鴻鵠高飛，一舉千里。雖有矰繳，尚安敢施」。鴊健黠而難中，鵠高遠而難中，故射者取以爲質的焉。

非熊

《六韜》曰：「文王將田，卜，曰『田於渭陽，將大得焉。非龍非彲，非虎非羆。兆得公侯，天遺汝師。以之佐昌，施及三王』。文王乃齋三日，田於渭陽，卒見太公坐茅以漁，文王乃載以歸，立爲師。」《史記》曰：「吕尚以漁釣奸周西伯。西伯將獵，卜之曰『所獲非龍非彲，非虎非羆，所獲伯王之師』，果遇太公於渭水之陽。載而歸，立爲師。」而沿襲皆作

「非熊」用之。嚴有翼《雌黄》亦云：「世所傳本，或作『非熊非羆』，致使學者相承皆以『非熊』爲太公事，何其謬歟？」及觀崔駰《達旨》【七】辭曰「或以漁父見兆於元龜」，注云：「西伯出獵，卜之曰『所獲非龍非彲，非熊非羆，所獲伯王之輔』。」班固《賓戲》曰：「周望兆動於渭濱。」李善曰：「《史記》云：『太公望以漁釣奸周。西伯將出，占之曰「所獲非龍非虎，非熊非羆，所謂伯王之輔」。』」則謂之「非熊」，蓋本於此，不可謂之謬。然今《史記》實無「非熊」二字，不知李善何所據而云？

赦書弱水

本朝赦文必曰「赦書日行五百里」，用昌黎《答張徹》詩「赦行五百里」，蓋有自來矣。又《八月十五夜贈功曹》云：「赦書一日行萬里，罪從大辟皆除死【八】。」信如後之説，無乃太遠乎？《神仙傳》：「謝自然泛海求蓬萊，一道士曰『蓬萊隔弱水三十萬里，非飛仙不可到』。」東坡詩則曰：「蓬萊不可到，弱水三萬里。」信如蘇之説，無乃太近乎？

瘴癘地

杜甫《夢李白》詩曰：「江南瘴癘地，逐客無消息。」舊注引劉孝標「流離大海之南，寄命瘴癘之地」，謂廣南也。趙彦材乃引《唐史》：「白坐永王璘事，詔長流夜郎。會赦，還潯陽，坐事下獄。」潯陽，今之江州，屬江南東路。今又屬西路。予謂此指夜郎而言，江南非瘴鄉，少陵號詩史，必不妄言，當是傳寫之誤。《雷》詩何以又曰「南方瘴癘地，罹此農事

【七】及觀崔駰達旨　「旨」原作「有」，據諸本改。

【八】罪從大辟皆除死　「辟」原作「辭」，據諸本改。

苦」？

引經誤

《无妄》六二曰「不耕，穫；不菑，畬，則利有攸往」，而《坊記》乃曰「不耕，穫；不菑，畬，凶」。《牧誓》曰「戎車三百兩，虎賁三百人」，而《孟子》乃曰「革車三百兩，虎賁三千人」。「矢其文德，洽此四國」，宣王也，《禮記》以爲太王。《閒居》。「戎狄是膺，荆舒是懲」，僖公也，《孟子》以爲周公。《滕文公上》。「致遠恐泥」，子夏之言也，班固以爲出孔子。「其進鋭者其退速」，《孟子》之言也，李固以爲出《老子》。《孟子》以孔子所謂「生事之以禮，死葬之以禮、祭之以禮」爲曾子，《唐史》以曾子所謂「以能問於不能，以多問於寡」爲孔子。「與有扈戰于甘野」，夏啟也，劉向以爲夏禹。《説苑》。「濟人於溱洧」，子産也，劉向以爲景差。《説苑》。微子曰「我舊云刻子」，《論衡·本性篇》引之曰「我舊云孩子」。《立政》曰「以乂我受民」，《論衡·明雩篇》引之曰「以友我愛民」。《荀子·堯問篇》乃曰「諸侯自爲得師者王，得友者伯，得疑者存，自爲疑而莫己若者亡」，與今《仲虺之誥》「能自得師者王，謂人莫己若者亡」文意小異。《鹽鐵論》文舉所引《孟子》乃曰「居今之朝，不易其俗，而成千乘之勢，不能一朝居」，與今《孟子》「由今之道，無變今之俗，雖與之天下，不能一朝居」文意大異。

誤經意

孔子曰「禹，吾無間然」，即無瑕可指之義，賈捐之泥於文而不明其意，便謂「禹入聖域而不優」。孔子曰「爲命，裨諶草創之」，即非草野之義，左丘明亦泥於文而不達其意，直謂「裨諶，謀於野」，襄十一。得非讀《論語》之誤歟？《詩》曰「天命玄鳥，降而生商」，《史記》則謂「玄鳥墮卵，簡狄吞之而生契」。《詩》曰「履帝武敏歆【九】，攸戒攸止」。《史記》則謂「巨迹在野，姜原踐之而生稷」，得非讀《詩》之誤歟？《史記》謂「妻舜二女」者，豈非因《堯典》「釐降二女」而誤耶？又謂「舜重瞳子」者，豈非因《舜典》「明四目」而誤耶？甚者有曰「禹辛日娶妻，甲日生子」，是泥《益稷》之文所謂「娶于塗山，辛壬癸甲」而誤耶？《書》曰「叶和萬邦」，《論衡·藝增篇》以爲「唐必無萬國」，《書》曰「弼成五服」，《論衡·語增篇》以爲「五采之衣服」，則王充豈深明於《書》者耶？

意誤

光武即位，祝文曰「上當天地之心」，地果可與天同稱上耶？宋玉賦曰「料天地之極高」，地果可與天同稱高耶？《唐·高昌傳》曰「高昌兵如霜雪，唐家兵如日月，日月照霜雪，幾何自殄滅」，謂日滅霜雪可也，謂月滅霜雪可乎？昌黎詩曰「潢潦無根源，朝滿夕已除」，謂潢潦無源可也，謂潢潦無根可乎？

【九】履帝武敏歆　「歆」原作「欽」，據諸本改。

事誤【一〇】

前輩多引「脱粟飯」爲公孫弘事，按《晏子春秋》「晏嬰齊相，嘗食脱粟米，不食重味」，則是倡自晏平仲。多引「浮查」爲張騫事，按王子年《拾遺記》「堯時有巨查浮於西海，查上有光若星月。查浮四海，十二年一周天，名貫月查，又名挂星查，羽仙棲息其上」，則自是堯時。

吴甘寧住止嘗以繒錦維舟，去輒割棄以示奢侈，則錦纜不始於煬帝。《韓詩外傳》：「北郭先生妻曰：『結駟列騎，所安不過容膝。』」劉向《列女傳·楚於陵妻》亦云，則「容膝」之語，非首出於淵明。

人言蘇武不拜單于，考之范《史》，乃是鄭衆。《選詩》「得魚腹中書」，考之《史記》，乃是陳勝。謝靈運《述祖德詩》有「弦高犒晉師」之語，按《吕氏春秋》，鄭賈人弦高實犒秦師也。潘安仁《西征賦》有「歲次玄枵」之語，案安仁元康二年之長安，歲在壬子，實困敦也。並《文選》。

人皆信退之《諱辯》稱杜度，以杜恕《篤論》求之，乃知杜操字伯度。《泗州大聖傳》云「和尚何國人也」，又謂「莫知所從來」，云不知何國人也。以《隋書·西域傳》觀之，乃有何國。

觀《後漢·禮儀志上》陵議狀注「苟先帝有瓜葛之屬，男女畢會」，不可以「瓜葛」爲

【一〇】「事誤」至「男女畢會」三百四十九字　原脱，據諸本補。

王導弈棋事。

觀劉禹錫《贈進士張盥》詩云「憶爾懸弧日，余爲坐上賓。舉筯食湯餅，祝辭天麒麟」，不可專以「湯餅」爲明皇王后事。

觀高朕漢末爲蜀郡守，興設學校，修周公禮樂殿，邦人立石室祠之，在文翁石室旁。則興蜀之學，不特文翁一人也。詳見范鎮《東齋記事》。

觀《前漢・淮陽王欽傳》【一二】「乃幸左顧存恤」，師古曰：「左顧，猶言枉顧。」則「左顧」之事，不當指爲毛寶也。

觀《述異記》石室山「晉時王質伐木至，見數童子棋，與質一物如棗核，含之不覺飢。視斧柯爛盡，既歸，無復時人」，則「爛柯」之事，非弈棋也。

【一二】前漢淮陽王欽傳　「陽」原作「南」，據《條録・跋》改。

卷之十四

雜記

無恙多能果然率然

人皆知「無恙」爲無憂，而不知爲蟲名。人皆知「多能」爲多材，而不知爲獸名。案《史記·外戚世家》云：「呂后夷戚氏【一】，誅趙王，而高祖后宮獨無寵疏遠者得無恙。」《索隱》曰：「《爾雅》云『恙，憂也』。一説古者野居露宿，恙，噬人蟲也，故人相恤云『得無恙乎』。」又按《漢·高紀》云：「吾非敢自愛，恐能薄。」師古曰：「能，謂材也。能本獸名，形似熊，足似鹿，爲物堅中而强力，故人之有賢材者皆謂之『能』。」然則以「無恙」配「多能」，尤爲的對。

又有獸名果然，出《國史補》：「揚州人取果然，得一果然，則數十果然可得。蓋果然不忍傷其類，聚族而啼，殺之不去也。此禽獸，而人心薄俗有不如者。果然，大類猩猩。」蛇名率然，出《山海經》：「常山有巨蛇，物觸之，中首則尾至，中尾則首至，中腰則首尾俱至，名曰率然。」《孫子兵法》曰「將之三軍，勢如率然」者，此也。

校勘記

【一】呂后夷戚氏　「后」諸本作「氏」，據原出處改。

地有二義

盤谷之名有二義，或曰環山，或曰盤旋，而韓昌黎兩存之。冉谿之名有二義，或曰冉氏，或曰可染，而柳河東兩存之。

可稱之地

天下可稱之地有四：謝玄暉《鼓吹曲》云「江南佳麗地」是也，杜甫《祠南夕望》詩云「湖南清絶地」是也，張孟陽《劍閣銘》曰「形勝之地」是也，杜甫亦曰「惜哉形勝地，回首一茫茫」，爲懷錦水作也。

地名異

梁一也，而有南、有大、有少焉。今汝州梁縣爲南梁【一】，皇都浚儀縣爲大梁，同州韓城縣爲少梁。蔡一也，而有新、有上、有下焉。新蔡、上蔡，今蔡州縣。下蔡，今潁川縣是也。三齊、三楚之有別，齊與濟北、膠東爲三齊。江陵爲南楚，彭城爲西楚，吳爲東楚。三蜀、三吳之有異。三蜀謂蜀都，漢高分置廣漢，武帝分置犍爲。三吳，今蘇、潤、湖州。既辨三亳，今曹州考城縣爲北亳，今南京穀熟縣爲南亳【二】，今西京偃師縣爲西亳。又分三江。自豫章而下，入於彭蠡而東至海爲南江；自蜀岷山至於九江、彭蠡，以入於海爲中江；自嶓冢導漾東流爲漢，過三澨、大別以入於江，匯於彭蠡以入於海，爲北江。嵩高、外方，一山而名二。具區、震澤，一湖而號殊。荆山有南、北之異條，蒙山有東、西之異域。

【一】今汝州梁縣爲南梁　「梁縣」原作「南縣」，據叢書本改。

【二】今南京穀熟縣爲南亳　「熟」原作「城」，據《條録・跋》改。

地名同

崆峒山有三：在臨洮者，秦築長城之所起也；在安定者，禹導涇水之所出也；在臨汝者，黄帝問道於廣成子之地也。

霍山有四：南岳之衡，廬江之天柱，皆謂之霍山；晉之霍山，在今晉州霍邑；鑾氏有霍山，在今汝州梁縣也。

汶水有二：魯之汶水，出泰山萊蕪縣，所謂「東北會於汶」是也；其一出朱虚縣泰山，北過淳于縣，今濰之東南有大汶、小汶是也。

汜水有二：僖二十四年「王處于汜」，南汜也，出汝州；僖三十年「秦軍汜南」，東汜也，在中牟【四】。

蒙城有二：楚之蒙縣，莊周所居也；宋之蒙縣，宋萬弑閔公之地也。

武城有四：襄十九年「城武城」，魯地也，即子游所宰之邑也；僖六年「許僖公見楚子于武城」，楚地也；文八年「秦人伐晉，取武城」，在今同州馮翊；今恩州亦有武城縣。

漆沮既見於扶風，又睹於馮翊；沱潛既發於梁地，復出於荆州。

帝王歷年

以《史記》所載歷年計之，五帝四百一十一年，三代一千九百七十四年。以劉恕《外

【四】在中牟　「牟」原作「年」，據諸本改。

紀》所載歷年計之，五帝二百五十二年，三代一千九百二十八年。則《外紀》於五帝少一百五十九年【五】，於三代少四十六年。

紀元

紀元非古也，其起於誰乎？以一字紀元者，始於西漢文帝之後元年，景帝之前元年、中元年、後元年。以二字紀元者，始於西漢武帝之建元。以三字者，始於梁武帝之中大通，繼以中大同。以四字者，始於前漢哀帝之太初元將，申於後漢光武之建武中元，又申於魏太武帝之太平真君，唐武后之天册萬歲，又曰萬歲登封，又曰萬歲通天，繼於我宋太宗之太平興國，真宗之大中祥符，徽宗之建中靖國。唯復周制不改元但稱元年者，自西魏廢帝始，至於周明帝復改元。以「天」紀者，有天漢、天策、天璽、天紀、天監、天嘉、天康、天興、天賜、天保、天授、天安、天統、天和、天寶、天復、天祐、天成、天福、先天，又有甘露、調露、景雲、神電【六】。以「地」紀者，有地節、地皇。以「乾」紀者，有乾明、乾封、唐高宗。通乾、乾元、乾符、乾寧、乾化、乾祐。以「龍」紀者，有黄龍、青龍、神龍、景龍、龍翔、龍朔、龍湖、龍德、龍紀，又有麟德、大象、神麍、神龜。以「鳥」紀者，有元鳳、五鳳、天鳳、神鳳、儀鳳、鳳凰，又有神爵、赤烏、鴻嘉。以「瑞」紀者，有元鼎、寶鼎、寶應、寶曆、大寶、神瑞、嘉禾。以「元」冠於上者，曰元光、元朔、元狩、元鼎、元封、元鳳、元平、元康、元壽、元始、元初、元嘉、元徽、元和。以「太」冠於上者，曰太初、太始、太元、太平、太和、太豫、太通、

【五】則外紀於五帝少一百五十九年　「一百五十九」原作「二百四十」，據四庫本改。

【六】神電　史似無此年號，疑誤。

太清、太曆。以「大」冠者，曰大安、大興、大寧、大常、大延、大同、大明、大開、大統、大象、大寶、大建、大業、大定、大中、大順。以「建」者曰建元、建昭、建始、建平、建武、建初、建光、建康、建和、建寧、建安、建興、建國、建衡、建明、建德、建中。以「永」者曰永光、永始、永平、永元、永初、永寧、永建、永和、永嘉、永興、永壽、永安、永熙、永康、永昌、永明、永泰、永定、永徽、永淳、永貞。以「景」者曰景輝、景元、景平、景和、景明、景初、景龍、景雲、景福。以「初」承於下者，曰太初、永初、元初、本初、黃初、景初。以「始」承於下者，曰太始、本始、建始、永始、元始、更始、泰始、皇始、太始、正始。以「和」者曰征和、綏和、章和、永和、建和、光和、太和、咸和、隆和、延和、景和、興和、天和、元和、中和。以「平」者曰元平、河平、建平、永平、延平、和平、熹平、中平、初平、興平、嘉平、升平、景平、正平、熙平、天平、太平。以「昌」者曰永昌、隆昌、延昌、孝昌、會昌。以「康」者曰元康、太康、永康、咸康、寧康、天康。以「寧」者曰竟寧、永寧、建寧、咸寧、大寧、興寧、乂寧、乾寧。以「安」者曰漢安、建安、永安、太安、咸安、隆安、興安、長安。以「熙」者曰延熙、炎熙、咸熙、光熙、義熙、永熙。

按孔穎達云：「文王既未稱王【七】，而得輒改元年者，諸侯自於其國各稱元年。元年是己之所稱，容或中年後改矣。《汲冢竹書》【八】魏惠王有後元年，漢初文帝二元，景帝三元，此必有因於古也。」其說有據，故并録之。

《通鑑·周顯王紀四十五年》「秦惠王改其國十四年爲元年」，注云：「古未有再改

【七】文王既未稱王　「未」諸本作「王」，據孔穎達《尚書正義》改。

【八】汲冢竹書　「書」原作「善」，據諸本改。

元，蓋始於此。」

張耘叟《年曆辨誤》云：「漢哀帝建平二年夏，待詔夏賀良等言漢家曆運中衰，當再受命，宜改元易號。乃詔改爲太初元將元年，號曰陳聖劉太平皇帝。八月復詔蠲除之。《本紀》但稱太初元年，脱『元將』二字。況太初本武帝號，與哀世相去未遠，不容更襲舊號，蓋後之校讎者誤也。」

温公《考異》曰：「世祖中元元年四月改元，《續漢志》云『以建武三十二年爲建武中元元年』。《紀年通譜》云：『據《紀》、《志》俱出范氏，而所載不同，此必傳寫脱誤。今官書累經校定，學者失於精審，但見改元復有建武二字，輒以意删去，斯爲謬矣。』梁武帝大同、大通之號，俱有『中』字，是亦憲章於此。今從袁《紀》、范《書》。」

《後漢·光武紀》以二月登封泰山，四月己卯大赦，改元爲中元。案《祭祀志》【九】載封禪事云「以建武三十二年爲建武中元元年」，《東夷列傳》亦云「建武中元二年，倭奴國奉貢朝賀」。據《紀》、《傳》俱出范氏，而所載不同如此，蓋後之校定者，但見改元復有建武二字，輒以意删去之，誤矣。

年號同

西漢武帝紀元曰建元，東晉康帝、南齊高祖亦曰建元。東漢光武紀元曰建武，西晉惠帝、東晉元帝、南齊明帝亦曰建武。西漢宣帝、東漢威帝皆號元康。晉明帝、北齊武

【九】祭祀志　「祭祀」原作「禮儀」，據叢書本孫志祖按改。

成帝【一〇】皆號太寧。晉惠帝、元魏文成帝皆號太安。西晉愍帝、蜀後主皆號建興。漢章帝、唐憲宗皆號元和。後漢威帝改元嘉【一一】，宋文帝亦如之。後漢和帝改元興，東晉安帝、吴烏程侯亦如之。同曰黄龍者，漢宣帝、吴大帝也。同曰五鳳者，漢宣帝、吴會稽王也。漢宣帝、魏高貴鄉公俱曰甘露。東晉安帝、恭帝俱曰義熙。南齊和帝、魏廢帝均曰中興。以「泰」冠於上者，曰泰始，則晉武帝、宋明帝同；曰泰和，則魏明帝、東晉廢帝、魏文帝、唐文宗同。以「永」冠於上者，曰永平，則漢明帝、晉惠帝、魏宣帝同；曰永興，則漢桓帝、晉惠帝、魏明元帝、孝武帝同；曰永安，則吴景帝、晉惠帝同；曰永康，則漢桓帝、晉惠帝同；曰永寧，則漢安帝、晉惠帝同；曰永初，則後漢安帝、宋高祖同；曰永嘉，則後漢沖帝、西晉懷帝同；曰永和，則後漢順帝、東晉穆帝同；曰永元，則後漢和帝、南齊東昏侯同；曰永安，則晉惠帝、魏莊帝同；曰永昌，則晉元帝、唐則天同；曰永泰，則南齊明帝、唐代宗同。以至父子有同號者，漢高祖與愍帝不改其乾祐，梁太祖與末帝不改其乾化，唐明宗與哀帝不改其天祐。三世有同號者，周太祖、世宗、恭帝相襲爲顯德，大宋藝祖皇帝與蜀主王衍同爲乾德。

姓名同

曾參與魯人同姓名而得殺人之謗，《史記·甘茂傳》。宰予與闞止同字子我。而得作亂之誣，《史記·仲尼弟子傳》。則凡名號同者，可不參會而使之歸一乎？堯時有羿，《淮南子》云「射

【一〇】北齊武成帝　「北齊」原作「南北」，據叢書本改。

【一一】後漢威帝　「威」字係避宋欽宗趙桓諱。

十日」。有窮后羿，《淮南子》云「有窮之君」。二人皆善射。舜臣有伯夷，《書》注云「姜姓」。孤竹君之子伯夷，《索隱》曰「姓墨胎，名允，字公信。伯，長也；夷，謚也」。一則爲名，一則爲謚。周有季子，宣公十年「天王母弟」。魯公子友，閔元年「字季子」。晉郤至，成十七年「字季」【一二】。吴季札，襄三十一年。衛子路，戰國蘇秦，《史記》「字季」【一三】。皆爲季子。齊有夷吾，莊八年「管仲」。晉亦有之。僖二十四年注「晉侯夷吾」。周有南宫括，《君奭篇》，文王臣。魯亦有之。仲尼弟子，即南宫縚。《憲問》篇作「南宫适」。管仲爲敬仲，高傒，定二十九年。陳公子完莊二十二年。皆字敬仲。孔白，《檀弓》。公西與，《家語》。鬬勃，僖二十八年。駟帶昭十八年。皆字子上。孔伋、原憲、燕級【一四】、平當皆字子思。孔最、冉季、公孫僑皆字子産。澹臺滅明、公孫揮、知罃皆字子羽。巫馬期、叔仲會皆字子期。公孫兹、秦非皆字子之。顔由、仲由皆字季路。顓孫師、公孫黑肱，襄十八。叔孫輒，哀八年。豐卷，襄三十年【一五】。琴牢皆字子張。紂有左師觸龍，《荀子·議兵篇》。趙亦有左師觸龍。《戰國策》。鄭有子西，公孫夏。楚有二子西。大夫宜申，公子申。春秋時晉有趙括，六國時趙亦有趙括。春秋時晉有士燮，三國時吴亦有士燮。春秋時魯有兩公子偃，一非成公庶子，一是也。鄭有兩公孫揮，皆字子羽，一非行人子羽，一是也。冉雍與漢陳寔同字仲弓。端木賜與漢王尊、吾丘壽王同字子貢。仲由與漢爰曾同字子路。卜商與漢杜欽、杜鄴、孔光同字子夏。《前漢》：「杜欽，字子夏，茂陵杜鄴與欽同姓字，皆以才能稱京師，故衣冠謂欽爲『盲杜子夏』以相別。欽惡以疾見詆，乃爲小冠，高廣財二寸，由是京師更謂欽爲『小冠杜子夏』，而鄴爲『大冠杜子夏』云。」

【一二】成十七年字季　「季」原脱，據四庫本補。

【一三】史記字季　「季」原脱，據四庫本補。

【一四】燕級　「級」叢書本作「伋」。

【一五】襄三十年　「年」原脱，據四庫本補。

宓不齊、伏勝皆字子賤。勝即濟南伏生。出《後漢·伏湛傳》。鄭子産、襄三十五。唐杜甫皆字子美。谷永、終軍、揚雄皆字子雲。韋賢、汲黯、韓安國皆字長孺。東方朔、雋不疑、于定國皆字曼倩。司馬相如、薛廣德、施讎皆字長卿。李陵、任安、丙吉皆字少卿。車胤、王濟皆字武子。前漢枚乘、晉嵇康皆字叔夜。後漢邊韶、魏毛玠皆字孝先。漢、晉孔安國同姓名。漢、晉王良同姓名。前漢有兩韓信，俱佐高祖，而一爲韓王，一爲齊王，又降爲淮陰侯。前、後漢有兩王吉，而在後漢者爲酷吏。後漢有兩王霸，而避王莽者爲逸民。唐有兩李益，而皆能詩。又有兩韓翃，而一爲詩人，一爲刺史。周、唐皆有大顛，而在唐者爲名僧。晉、唐皆有李密，而在晉者有孝德。晉有三趙孟，趙朔之子曰武，謚文子，稱趙孟；趙武之子曰成，趙成之子曰鞅，又名吉【一六】，父謚簡子，亦稱趙孟；趙鞅之子曰無恤，謚襄子，亦稱趙孟。周有伯達，後漢有公孫伯達。《淵明集》【一七】。漢齊有三召平，《蕭何傳》東陵侯曰召平，《項羽傳》廣陵人亦曰召平，《齊悼惠王傳》齊相亦曰召平。趙有將曰扈輒，《史記·李牧傳》。漢張耳時别有扈輒。尹翁歸、前。鄭翁歸、後【一八】。孔翁歸梁。皆同名。司馬食其、衛。酈食其、審食其、趙食其並漢【一九】。皆同名。荀闓、蔡謨、諸葛恢皆字道明。晉。賈琮、班固並字孟堅。後漢。周有君牙，唐有邢君牙。梁有庾肩吾，唐有施肩吾。齊有孟嘗君，田文。後漢有孟嘗【二〇】。此皆名同而實異。

【一六】又名吉　「吉」叢書本作「志」。

【一七】淵明集　「集」原作「傳」，據叢書本改。

【一八】鄭翁歸後　「後」上原衍「梁」字，據諸本删。

【一九】趙食其並漢　「並」原爲正文，據諸本移作注文。

【二〇】後漢有孟嘗　「嘗」下原衍「君」字，據《條録·跋》删。

慕人姓名

司馬相如初名犬子，慕藺相如之爲人，更名相如。前漢。李綱始名瑗，慕張綱之爲人，改名綱。唐。傅初起慕南容，更字南容。酈審趙慕衛司馬食其，皆名食其，《項羽紀》注。人皆賢之。惟員半千其先姓劉，慕伍員而改爲員氏，則又甚焉。姓可改也，孰不可改也。《廣韻》「員，音運」，注云：「姓也。唐有刺史員半千。」

不類名字

馮野王、習鑿齒、劉牢之、劉黑闥、張開地、《張良傳》，乃良大父也。殷開山、李百藥、劉大真、吴武陵、宗楚客、牛仙客、東郭咸陽，名咸陽，漢武帝時人。不類名也。竇嬰字王孫，嚴彭祖字公子，朱買臣字翁子，趙充國字翁孫，杜茂字諸公，張宗字諸君，施延字君子，徐穉字孺子，石沖字幼子，胡常字少子，羊祜字叔子，張興字君上，李宗字尊祖，劉祐字伯祖，李密字令伯，裴光庭字連城，薛平字坦塗，獨孤郁字古風，斛律光字明月，李靖字藥師，蕭瑀字時文，柳公權字誠懸，王維字摩詰，何曾字穎秀，裴頠字逸民，傅嘏字蘭石，牛僧孺字思黯，賈島字浪仙，不類名字也。陳寵字昭公，劉昆字桓公，陳重字景公，伏湛字惠公，吕岱字定公，竇融字周公，袁安字邵公，直類古之諸侯耳。浩生不害、吾丘壽王，不類姓名也。

卷之十五

雜記

人物通稱

父母稱嚴君，《家人》卦。樗里子亦稱嚴君。《史記》「秦封號爲嚴君」。母可稱大人，《前・淮陽王欽傳》舅張博云「王遇大人益懈」是也，又范滂稱母爲大人。叔亦可稱大人。《前漢》疏受謂廣曰「從大人議」是也。兄爲伯氏，《何人斯》詩曰「伯氏吹壎」。狐突亦爲伯氏。《檀弓》注「伯氏，狐突別氏」。妻父亦可稱舅，壻亦可稱甥。《爾雅》「妻之父爲外舅，妻之母爲外姑」，注：「謂我舅者，吾謂之甥。」然則亦宜呼壻爲甥。《孟子》曰「帝館甥于貳室」是也。天子可稱鉅公，《前・郊祀志》「欲見鉅公」，張晏曰：「天子爲天下父，故曰鉅公也。」可稱縣官。《前・東平王章傳》「今署熱縣官年少」【一】，注謂「不敢指斥成帝，故謂之縣官」。太后亦稱東宮。《劉向傳》「依東宮之尊」，師古曰：「東宮，太后所居也。」太子內官稱孺子。《前漢・武五子傳》「納史良娣」，韋昭曰：「良娣，太子之內官也。太子有妃，有良娣，有孺子，凡此三等。」妾亦稱良人。《前漢・上官后傳》「內與父諸良人、侍御皆亂」，師古曰：「良人謂妾也，侍御則兼婢矣。」嬖幸之舍亦曰玉堂。《谷永傳》「抑損椒房玉堂之盛寵」，師古曰：「玉堂，嬖幸之舍也。」《揚雄傳》「上玉堂」，晉灼曰：「《黃圖》有大玉堂，小玉堂殿。」人有名

校勘記

【一】今署熱縣官年少　「熱」原脱，據叢書本補。

青史，應劭《風俗通》曰「青史善著書」，即青史者人姓名也；書亦名青史，杜甫《贈鄭十八》曰「古人日已遠，青史字不泯」，注云：「殺青爲竹簡之史也。」觀《論語》「遇丈人荷篠」，注曰「老者」，則不特杜甫稱美丞相爲丈人也。天下可以爲物，《莊子·在宥》【二】篇「有土者有大物」是也。人亦可以爲物，《泰誓》曰「惟人萬物之靈」是也。《樂記》「食三老五更於太學」，謂更歷事者，則知不惟五夜爲五更也。李義山云「鶯能歌子夜」，謂晉人有子夜者善歌，則知非甲夜、乙夜之類也。《繫辭》以天、地、人爲三才；而《輪人》之「斬三材」，謂轂、輻、牙；《弓人》之「合三才」，謂膠、漆、絲也。王旗曰「太常」，《君牙》曰「紀于太常」，注「王之旌旗畫日月，曰太常」是也，禮官亦曰「太常」【三】，《漢·百官表》云「奉常，秦官，景帝更名太常」，注謂「尊大之義」是也。車蓋亦得稱屋。《漢·高紀》曰「紀信乃乘王車，黄屋左纛」，謂天子車以黄繒爲蓋裏。車亦得稱路。襄公二十六年「享子展，賜之先路」，賜子産「大路」，皆車之總名。日亦曰東君。《前·郊祀志》云「晉巫祠東君」，師古曰：「東君，日也。」元日亦稱三朝。班固《東都賦》曰「春王三朝，會同漢京」，注云：「三朝，元日也。」朝，陟遥反，謂歲之朝、月之朝、日之朝是也。四月亦稱正月。《詩》「正月繁霜」，注云：「正月，夏之四月是也。」曲亦名陽春。宋玉《對楚王問》曰「其爲《陽春》、《白雪》，屬而和者不過十人」。曲亦名九秋。陸士衡《日出東南隅行》云「丹脣含九秋」，注：「九秋，曲名。」矢名忘歸，出劉向《新序》，云「楚王載忘歸之矢，以射

【二】莊子在宥　「在」原作「左」，據諸本改。

【三】禮官亦曰太常　「官」原作「宫」，據諸本改。

咒於夢澤」【四】。草亦名忘歸，出《文選》陸士衡詩「安得忘歸草，言樹背與襟」，注謂「忘憂草」。稻亦稱嘉蔬，《曲禮》云「稻曰嘉蔬」是也。雉亦稱華蟲，《益稷》篇云「山龍華蟲」是也。山有羊腸，酈元注《水經》云「羊腸盤道三十六回，在成州仇池山」。又見《後漢・白馬氏傳》。水之縈迴者亦曰羊腸，《後漢・鄧訓傳》所謂「羊腸倉」是也。酒名屠蘇，《廣韻》「屠蘇酒，元日飲之，可除瘟氣」是也。屋亦名屠蘇，劉孝威《結客少年場行》云「障月錦屠蘇」是也。竹有名龍鍾，杜《寄高使君岑長史》【五】云「何太龍鍾極，於今出處妨」，薛云：「案《廣韻》『龍鍾，竹名』，世言龍鍾，取此義也，謂其年老如竹之枝葉摇曳而不能自禁持也。」予考之《廣韻》、《玉篇》「籠䈯，竹名」，《廣志》云「可爲笛」，二字皆從竹。籠，力公切【六】。《大宗伯》「以禽作六摯」，而羔與其一者，是獸亦可謂之禽也。《考工記》言「天下之大獸五」，而羽與其一者，是禽亦可謂之獸也。蚊蚋亦名白鳥，杜《寄劉峽州》云「江湖多白鳥，天地有青蠅」，杜修可云：「一謂鷗鷺之類，《詩》言『白鳥鶴鶴』是也，喻賢者之潔白，乃棄江湖之間。一謂蚊蚋也，以譬小人，云賢者處亂世，欲隱則爲蚊蚋所嚼，欲出則爲青蠅所污。」鳥有名竹林。杜《寓同谷縣》云「竹林爲我啼青晝」，《西清詩話》云：「崇寧間，有貢士自同谷來，籠一禽，大如雀，色青，善鳴，曰竹林鳥也。」鵂鶹又名玄鳥，螢火又名丹鳥，並出《古今注》。烏反哺亦名慈烏，雞反哺亦名孝雉，出《倦游雜録》。云吐綬雞。人名飛燕，《前漢》「趙飛燕立爲皇后」，注云「善舞」。馬亦名飛燕，謝靈運《會吟

【四】以射咒於夢澤　「澤」原脱，據諸本補。

【五】寄高使君岑長史　「高使」諸本脱，據原出處補。

【六】二字皆從竹籠力公切　「力」原作「切」，據叢書本改。四庫本「從竹」二字下有注：「籠，盧紅切；䈯，職容切。」

行》云「飛燕躍廣途」，《西京雜記》云：「文帝有馬九匹，一名飛燕騮。」人名飛廉，《滕文公》注云「紂之臣風伯，亦名飛廉」，《離騷經》「後飛廉使奔屬」是也。觀名風廉，馮衍《顯志賦》云。草亦名風廉。《本草》。羊謂之腔，韓愈《病中贈張十八》云「酒壺綴羊腔」是也。猪亦謂之腔，張鷟《朝野僉載》云「案後一腔東猪肉」是也。竹謂之个，《史記·貨殖傳》云「竹竿萬个」是也。舟與鳥獸亦可謂个，杜甫《屏迹》云「漁舟个个輕」，《絶句》云「兩个黄鸝鳴翠柳」，《夜歸》云「峽口驚猿聞一个」，《螢火》云「卻繞井欄添个个」，《題柏大山居》云「蕭蕭千里馬，个个五花文」是也。一説五花文爲个，非謂匹馬爲个也。

人物異名

人物之異名，其來尚矣。天子曰天辟，《前·五行志》「天辟惡之」，如淳曰：「天辟謂天子也。」師古曰：「辟，音壁。」曰鉅公，曰縣公，並見《人物通稱》。禾絹。《南》、《北史》。父曰郎罷，子曰囝。音蹇。閩俗呼父爲郎罷，呼子爲囝。出《藝苑雌黄》。舅姑曰尊章。《漢·廣川王傳》「背尊章」，師古曰：「尊章，猶言舅姑也。」【七】兄弟妻相謂曰先後，曰娣姒，曰妯娌，《郊祀志》「見神於先後宛若」，孟康曰：「兄弟妻相謂先後。宛若，字也。」師古曰：「先，蘇見反。後，胡構反。古謂之娣姒，今關中俗爲先後，吴楚俗呼爲妯娌，音軸里。」長嫂曰丘嫂。《楚元王傳》「過其丘嫂食」，應劭曰：「丘，姓也。」孟康曰：「西方亡女壻爲丘壻。丘，空也，兄亡空有嫂也。」張晏曰：「丘，大也。長嫂稱也。」師古曰：「《史記》『丘』字作『巨』。『丘』、『巨』皆大也，張説得之。」女壻曰丘壻，見上。曰倩，《淳于意傳》曰「黄氏諸倩」，注：「齊人呼女壻爲倩，言可假倩。」《説文》曰：「東齊間，壻謂之

【七】猶言舅姑也　「舅姑」原作「姑舅」，據叢書本乙。

倩。」曰甥。見前《人物通稱》。太守曰郡長，《漢·高祖紀》「懷王以沛公爲碭郡長」，韋昭曰【八】「秦名曰守，是時改曰長。」郡將。《嚴延年傳》「繡見延年新將」，師古曰：「新爲郡將也，謂郡將者，以其兼領武事者也。」邑長曰落長。《王温舒傳》「置伯落長以收司奸」，師古曰：「邑落之長。」帥名曰五百。《鼂錯傳》「四里一連，有假五百」，服虔曰：「五百，帥名也。」公車官曰大誰。《漢·五行志》「故公車大誰卒」，師古曰：「大誰者，主問非常之人，云姓名是誰也。大誰本以誰何稱，因用名官，有大誰長。今此卒者，長所領士卒也。」主餅餌曰湯官。《漢·百官表》，師古曰：「湯官，主餅餌。」主鑄錢曰鍾官。《百官表》，如淳曰：「鍾官，主鑄錢官也。」仰塗者曰獿人。揚雄曰：「獿人亡，則匠石輟斤而不敢妄斲【九】。」師古曰：「墍，即今之仰塗也。獿，拭拭也，故謂塗者爲獿人，音乃高反，又音乃回反。」操舟曰榜人。《子虛賦》「榜人歌，聲流喝」，張揖曰【一〇】：「榜，船也。《月令》曰『命榜人』，榜人，船長也。」師古曰：「榜，音謗。」舟師曰長年三老。杜詩「長年三老遥憐汝」，注曰：「舟師也。」民曰氓隸。《子虛賦》。使車曰馹騎。《六帖》：「軺車、馹騎、星駕，皆使車也。」夫人車曰魚軒。閔二年「歸夫人魚軒」，注云：「夫人車，以魚皮爲飾。」天子旗曰翠華。相如《上林賦》「建翠華之旗」。

楚靈王弓名大屈，昭七年「楚子享公于新臺，好以大屈」，注云：「宴好之賜。大屈，弓名。」繁弱、鉅黍，《荀子·性惡篇》：「繁弱、鉅黍，古之良弓也。」宋矢名金僕姑，莊十一年「乘丘之役，公以金僕姑射南宫長萬」，注云：「金僕姑，矢名。」箭曰忘歸，見前《人物通稱》。礌石曰藺石。城上雷石也。

紙曰楮先生、韓文《毛穎傳》：「穎與會稽楮先生友善。」剡藤、舒元輿《悲剡溪古藤文》。烏絲欄。《朝野僉載》「宋亳間紙有成道界者，謂之烏絲欄。」筆曰毛錐子、《五代史》：「洪肇曰：『安朝廷，定禍亂，直須長槍大

【八】韋昭曰　「韋」原作「常」，據諸本改。

【九】則匠石輟斤而不敢妄斲　「石」原作「名」，據諸本改。

【一〇】張揖曰　「揖」原作「榜」，據叢書本改。

劍，若毛錐子安足道哉？』」管城子、《毛穎傳》：「秦皇使蒙恬封諸管城，號管城子。」中書君。又「上嘗呼爲中書君」。墨曰陳玄、又「與絳人陳玄」。黑松使者。《陶家瓶餘事》曰：「玄宗御案墨曰『龍香劑』，見墨上有道士如蠅而行。上叱之，即呼萬歲，曰：『臣黑松使者也。』」見《雲仙散録》。硯曰陶泓、《毛穎傳》：「與弘農陶泓。」離石鄉侯【一一】。《鳳翔退耕傳》：「薛稷爲硯，封離石鄉侯。」

交牀曰胡牀，《晉》：「桓伊下馬據胡牀，取笛三弄。」井欄曰銀牀。許彥周云：「嘉祐中，漁人網得一石，刻曰『井梧花落盡，一半在銀牀』，注云：『井欄也。』」簾曰蝦鬚，蘇易簡《越江吟》云：「蝦鬚半捲天香散。」席曰龍鬚。《唐》：「鳳翔府土貢龍須席。」鏡曰菱花，《六帖》：「魏武帝有菱花鏡。」扇曰六角、王羲之書六角扇。蒲葵、《謝安傳》：「鄉人有五萬蒲葵扇，安取其中者捉之，價數倍。」白羽、杜甫《茅齋》詩云：「江蓮搖白羽。」注：「白羽，扇也。」輕箑。杜詩「輕箑頻相向」，注：「扇也。」鞭曰馬箠。《前》：「婁敬曰：周家大王杖馬箠，居岐。」香爐曰博山。《晉東宮舊事》「太子納妃，有銀博山香爐三」，古詩「博山爐中百和香」。琴曰緑綺。晉傅玄《琴賦》「相如之緑綺」。圍棊曰手談，曰坐隱。《世説》：「王中郎以圍棊爲坐隱，支道林則又以圍棊爲手談也。」船首曰文鷁。《子虛賦》「浮文鷁」，注云：「鷁，水鳥也，畫其象於船首。」

虎皮曰皋比。莊十年「蒙皋比而先犯之」，注：「皋比，虎皮也。」犀角曰黑暗，象牙曰白暗。《酉陽雜俎》云：「波斯謂犀角爲黑暗【一二】，象牙爲白暗。」蚜螺曰紫貝。《南楚新聞》。牛曰狂摩。柳子厚詩「蹊竹鬭狂摩」，音麻，牛名，出巴中。又見《爾雅》。馬曰驚帆、《古今注》云：「曹真有駿馬名驚帆。」飛黄、《淮南子》「黄帝時，飛黄服皂」。肅爽。定公三年「唐成公有兩乘肅爽馬」，注云：「肅爽，駿馬名。爽，音霜。」犬曰韓盧、

【一一】離石鄉侯　「離」諸本脱，據《校補》補。注同。

【一二】波斯謂犀角爲黑暗　「謂」原作「諸」，據叢書本改。

宋猳、《毛穎傳》「韓盧與宋猳」，猳，音鵲，宋國之良犬也。黄耳。晉陸機有犬名黄耳【一三】。羊曰美髯主簿、《古今注》。胡鬚郎、《述異記》【一四】，羊名。髯參軍。《古今注》。猪曰長喙參軍、《古今注》。烏金。《朝野僉載》「唐人畜猪致富，號爲烏金」。豪猪曰䝏獂。子雲《長楊賦》【一五】，師古曰：「豪猪一名䝏獂。獂，音桓。」猫曰蒙貴，又曰烏員、《酉陽雜俎》。白老。《稽神録》「建州刺史見新政家有猫兒白老」。龜曰靈蔡、張景陽《七命》曰「兆發靈蔡」。僂句、昭二十五年「魯大夫臧氏龜名僂句」，僂，力主反。句，居具反。玄衣督郵、《古今注》。洞玄先生、《因話録》。先知君。《抱朴子》。鼈曰河伯從事、《古今注》。河伯使者。同上。小魚曰魚婢。《爾雅》注。蟹曰蠣奴，《海物異名記》：「嶺南人呼爲蠣奴。蠣殼中有小蟹，時出取食而又入。」一名蟹奴、又「有小蟹附之如榆莢，名蟹奴」。無腸公子。《抱朴子》。蝦蟆子爲科斗。《爾雅·釋魚》。

蛇曰白鳥。《金樓子》。小蜘蛛爲喜子。《爾雅》「蠨蛸」注云：「小蜘蛛長脚者，俗呼爲喜子【一六】。」蜘蛛名絡新婦。《本草》。蟋蟀名懶婦。《古今注》：「蟋蟀一名蛬，濟南人謂之懶婦。」莎雞名促織。《古今注》：「莎雞名促織，一名促機，一名絡緯。」蚯蚓名歌女。《古今注》：「江東人呼歌女，亦名鳴砌。」蟬曰齊女、董仲舒《答問書》「蟬名齊女」。齊后。《酉陽雜俎》：「世傳蟬化齊后。」

螢火一名耀夜，又曰夜光、宵燭。《古今注》。蠅虎一名蠅狐。《古今注》「一名蠅豹」。蜻蜓名青弁使者。同上。蛺蝶曰鳳子。《古今注》「蛺蝶大者名鳳子」【一七】。

鶴曰丹哥。《秘閣閑談》云【一八】：「道士趙自然詩『丹哥時同鳳』【一九】，謂鶴也。」【二〇】雁曰雁奴、

【一三】晉陸機有犬名黄耳　「陸」原作「六」，據諸本改。

【一四】述異記　「述」諸本作「幽」，據原出處改。

【一五】子雲長楊賦　「子雲」原作「相如」，據諸本改。「賦」字下，叢書本有「捕熊羆豪猪」五字。

【一六】俗呼爲喜子　「子」原脱，據叢書本補。

【一七】蛺蝶大者名鳳子　「名」原作「喻」，據叢書本改。

【一八】秘閣閑談　「閑」原作「親」，叢書本作「新」，據四庫本改。

【一九】道士趙自然詩丹哥時同鳳　「然」原作「古」，據四庫本改。「同」，四庫本作「引」。

【二〇】謂鶴也　「鶴」原作「燕」，據四庫本改。

《玉堂閑話》：「雁宿於江湖中，動計千百【二一】，大者居中，令雁奴圍而警捕者。」霜信、《古今詩話》：「北方白雁，似雁而少白【二二】，白雁至而霜降，河北人謂之霜信。」殊翁。《前・禮樂志》「殊翁雜，五采文」，孟康曰：「翁，雁類也【二三】，言其文采殊異也。」鴿曰飛奴。《開天遺事》。白鷺曰春鉏、《爾雅》。雪客。《談苑》。雀曰嘉賓、《古今注》。知更。《開天遺事》。鷹鶻曰決雲兒。同上。子雉曰催歸，《玉壺清話》：「退之詩云『催歸日去西』，魯直謂：子規也。」別名姊歸。《高唐賦》云：「姊歸思婦。」【二四】《爾雅》曰「嶲周」【二五】，郭曰：「子嶲也。」或曰即子規，一名姊歸。嶲，胡圭切【二六】。鶯曰金衣公子。《開天遺事》：「明皇見鶯【二七】，呼曰金衣公子。」鸚鵡曰雪衣娘、《明皇雜録》：「天寶中，鸚鵡養宮中，號雪衣娘。」【二八】綠衣使者、《開天遺事》，明皇封。隴客。《談苑》。鳩曰搏谷【二九】。《博物志》。雞曰戴冠郎。《異聞集》。

猿曰野賓、《野說》：「王仁裕畜猿【三〇】，名之曰野賓。」山公、《因話録》：「李約養猿，名山公。」巴西侯、同上。報時猿。《天寶遺事》【三一】：「高太素構清心亭，每一時猿即啼，目曰報時猿。」【三二】

牡丹曰木芍藥。《李翰林集序》云：「開元中【三三】，禁中初重木芍藥，即今牡丹也。」瑞香曰錦薰籠。《苕溪叢話》【三四】：「俚俗號瑞香爲錦薰籠。」蘭香曰羅勒。羅勒，北人呼蘭香，爲石勒諱也。芙蓉一名荷花，一名水芝、水花。《古今注》。菱曰水栗。《武陵記》曰：「兩角曰菱，三角【三五】、四角曰芰，通曰水栗。」【三六】辛夷曰木筆、《本草》。新雉。《甘泉賦》「列新雉於林薄」【三七】，師古曰：「新雉，即辛夷也。」【三八】支子樹曰鮮支。《子虛賦》「鮮支黃礫」，師古曰：「鮮支，即今支子樹也。」【三九】桃實自乾不落者名桃奴。《本草》。柑曰木奴。《風土記》曰【四〇】：「李衡武陵種柑橘【四一】千樹，號千頭木奴。」櫻桃曰

【二一】動計千百　「百」原作「古」，據諸本改。

【二二】似雁而少白　「似雁」原脫，據原出處補。

【二三】翁雁類也　「翁」諸本作「鴻」，據原出處改。「類」，原作「穎」，據諸本改。

【二四】高唐賦云姊歸思婦　「賦」原作「隹」，「婦」原作「姊」，據諸本改。

【二五】爾雅曰嶲周　「嶲」原作「薰」，據諸本改。

【二六】嶲胡圭切　「圭」原作「坐」，據諸本改。

【二七】明皇見鶯　「明皇」原作「日星」，據諸本改。

崖蜜。東坡《橄欖》詩「已輸崖蜜十分甜」。事見《鬼谷子》「崖蜜，櫻桃也」。橄欖曰南威。《太平廣記》。石榴甜者曰天漿【四二】。《酉陽雜俎》。枇杷曰盧橘。相如賦「盧橘夏熟」，東坡曰：「枇杷也。」龍眼爲荔支奴。《海物異名記》：「嶺南人呼爲荔支奴。」棗曰羊角、《鄴中記》有「羊角棗」。雞心、《蜀志》有「雞心細睿之棗」【四三】。龍骨。《地理志》「河中府貢龍骨棗」【四四】。

草曰書帶。鄭康成有書帶草。甘草曰國老，大黄曰將軍。《本草》。巴蕉曰巴且。《子虛賦》。文穎曰：「巴且草，一名芭蕉。」師古曰：「且，子余反。」芋曰蹲鴟。《前史・蜀卓氏傳》：「岷山之下沃野【四五】，有蹲鴟。」上音蹲。蹲鴟，芋也。筍曰稚子、杜詩「竹根稚子無人見」，唐人《食筍》【四六】詩云「稚子脱錦綳」是也。竹萌。《爾雅・釋草》【四七】。茄子曰落蘇，曰崑崙瓜。《酉陽雜俎》。蘿蔔曰土酥，曰蘆菔。杜甫《病後歌》【四八】云「金城土酥靜如練」，東坡云：「即今之蘆菔也。」茗曰酪奴、《洛陽伽藍記》。瑞草魁。杜牧《茶》詩云「山實東吳秀【四九】，茶稱瑞草魁」。柏曰蒼官。竹曰青士。《大唐新語》樊宗師《園記》【五〇】。桐枝曰鳳條。《酉陽雜俎》。柳曰天棘，杜詩「天棘夢青絲」【五一】，王元之謂柳也【五二】。椶櫚名蒲葵。《廣雅》。魚際曰絲瓜。《瑣碎録》。

酒曰歡伯、《酒譜》。麴生、《封氏聞見記》【五三】。般若湯、《酒譜》「北僧謂酒爲般若湯」【五四】。青州從事。《世説新語》謂好酒爲青州從事【五五】，可以到臍下，醋爲潞府都郵，云鬲上住。合資而飲曰醵飲。《集韻》。盛酒榼曰鴟夷。《鄒陽傳》「子胥鴟夷」，師古曰：「鴟夷，即今之盛酒鴟夷榼。」小甕爲儋。《蒯通傳》「守儋石之儲」，應劭曰：「齊人名小甕爲儋，受二斛。」晉灼曰：「石，斗石也。」師古曰：「儋，都鑑反【五六】。或曰

【二八】鸚鵡養宫中號雪衣娘　「養」原作「春」，「衣」原作「意」，據諸本改。

【二九】鳩曰搏谷　「鳩」原作「出」，四庫本作「鶯」，據叢書本改。

【三〇】王仁裕畜猿　「王仁裕畜」諸本作「五分想裹」，據原出處改。

【三一】天寶遺事　「天」原作「時」，據諸本改。

【三二】目曰報時猿　「曰」原作「星」，據諸本改。

【三三】開元中　「元」原作「九」，據諸本改。

【三四】茗溪叢話　原作「君後叢語」，據叢書本改。

『儋者，一人所肩儋也』。」鐶餅曰寒具。《事贊》。又《嘉話》云：「鐶餅曰寒具。」雪爲滕六，風爲巽二。《幽怪録》：「蕭至忠將獵【五七】，黄冠曰：『若令滕六降雪，巽二爲風，即蕭君不復獵矣。』」水津爲步。韓愈《羅池廟碑》言「步有新船」【五八】，注：「嶺南謂水津爲步。」村市爲虚。《青緗雜記》：「嶺南謂村市爲虚，市之所在，有人則滿，無人則虚也。」炭火曰活火。李約性嗜茶，嘗曰：「茶須緩火炙，活火煎。」活火謂炭火之焰。金釧名金條脱。《盧氏雜説》。璹瑁曰文甲。《前・西域傳贊》「明珠文甲」，如淳曰：「甲，即璹瑁也。」近身小衫曰厠牏。《石奮傳》「取親中帬厠牏」，師古曰：「中帬，若今言中衣。」蘇林曰：「牏，音投。」師古曰：「厠牏者，近身之小衫，若今汗衫也。」不曉事曰襶襶。《集韻》【五九】。惡言駡詈名傉慠。同上。

獄名若盧。《漢・百官表》「若盧，少府屬官」，如淳曰：「藏兵器。《品令》曰若盧郎中二十人，主弩射。《漢儀注》有『若盧獄令』，主治庫兵將相大臣。」《王商傳》「丹等奏請詔商詣若盧詔獄」，孟康曰：「若盧，獄名，屬少府，黄門北寺是也。」北軍。《劉向傳》【六〇】「章交公車，人滿北軍」，如淳曰：「《漢儀注》：『中壘校尉主北軍壘門內，尉一人，主上書者獄。上章於公車，有不如法者，以付北軍尉【六一】，以法治之。』」聯繫囚徒曰胥靡。《楚元王傳》「胥靡之」，晉灼曰【六二】：「胥，相也；靡，隨也。」師古曰：「聯繫使相隨而服役也【六三】，故謂之胥靡，猶今之役囚徒以鎖聯綴耳。」

物重名

物之名有重言之者。鳥曰周周，《文選》阮嗣宗《詠懷》曰「周周尚銜羽」【六四】，又見《韓子》。鶠

【三五】三角　「三」原作「曰」，據叢書本改。

【三六】通曰水栗　「水栗」原作「六貫」，據叢書本改。

【三七】列新雉於林薄　「列新雉於」原作「列甯梁新」，據諸本改。

【三八】新雉即辛夷也　「夷」原作「新」，據諸本改。

【三九】即今支子樹也　「支」原作「克」，據叢書本改。

【四〇】風土記曰　「風」原作「鬼」，據諸本改。

【四一】李衡武陵種柑橘　「武」原作「甘」，據諸本改。

【四二】石榴甜者曰天漿　「曰」原脱，據諸本補。

鶼、比翼、《爾雅》。秩秩、《爾雅》「秩秩，海雉」，注：「如雉，在海中山上。」【六五】燕燕。《毛詩》「燕燕于飛」。獸曰猩猩、《曲禮》「猩猩能言」【六六】。狒狒、《爾雅》「狒狒，如人，被髮」【六七】。費費、《漢書・揚雄校獵賦》【六八】云「絹鷃陽」，師古曰【六九】：「鷃陽，費費也，人面黑身，有毛，反踵，見人則笑，脣蔽其目。鷃，工聊反。費，扶味反。」邛邛。《爾雅》「邛邛岠虚」，注云「比肩」。蟲曰蛑蛑、《方言》「即螳螂」。蜻蜻。《爾雅》「蛪，蜻蜻」，注：「如蟬而小。」鸜鵒曰八八兒。王虛中《勸孝文》。鯉曰六六魚、宋景文詩「尺素愁憑六六魚」。策策、宋齊丘《化書》云「庚氏之魚名策策」【七〇】。堂堂。又云「辛氏之魚名堂堂」【七一】。

因物得名

世有所出、所嗜、所作，因以冠名者多矣。莫邪作寶劍，而名其劍曰莫邪。《賈誼傳・弔屈原賦》「莫邪爲鈍兮」，應劭曰：「莫邪，吴大夫也，作寶劍，因以冠名。」劉白墮善釀酒，而名其佳酒曰白墮。《洛陽伽藍記》。畨中畢氏、羅氏好食，因謂所食者爲畢羅。《資暇録》。胡人常食餅而名胡餅，《肅宗實録》【七二】。胡人常食核桃而名胡桃，《緗素雜記》。潘州郭使君療小兒多用此物，毉家因名曰使君子。《本草》【七三】。人牽牛來易藥，而名其藥曰牽牛。同上。食魚張口吹沙名鯊【七四】，青雀喜盜食脂膏而名竊脂、桑扈。並《爾雅》注【七五】。蔦附於松柏而名寄生【七六】。陸璣《疏》【七七】。櫻桃爲鶯所含故名含桃【七八】。《吕氏春秋》注【七九】。王羲之以禽來食林檎之實，名林檎曰來禽【八〇】。羲之有帖《來禽青李》曰「櫻桃、來禽」。《尚書故實》曰：「王內史書帖子，有《與蜀郡太守書》，求櫻桃、來禽、日給、藤子。來禽，言味甘則來禽。一曰林檎。」【八一】

【四三】蜀志有雞心細膂之棗　「蜀」原作「膂」，據諸本改。

【四四】河中府貢龍骨棗　「河」原作「何」，據諸本改。

【四五】岷山之下沃野　「岷」原作「蛾」，據諸本改。

【四六】唐人食筍　「筍」原作「聱」，據諸本改。

【四七】爾雅釋草　「草」原作「異」，據諸本改。

【四八】杜甫病後歌　「杜甫」原作「葉曰」，據四庫本改。

【四九】山實東吴秀　「秀」原作「有」，據叢書本改。

【五〇】樊宗師園記　「師」原作「順」，據叢書本改。

漢中之地有蟲曰朐䏰，因名縣爲朐䏰。漢祠太一，使樂人侯調樂聲坎坎，因名樂作《坎侯》。《前漢》【八二】。阮咸作銅器似琵琶，又易以木，因名琵琶作阮咸，又改爲月琴。《唐·元澹傳》【八三】。

僂句之地出龜，則名龜曰僂句。昭二十五年「臧會竊其寶龜僂句」，注云：「僂句，龜所出地名。」蔡地出龜，則名龜曰蔡。《前·食貨志》「元龜名蔡」，師古曰【八四】：「本以蔡出善龜，故因名龜爲蔡。」冀北出良馬，則名馬曰驥。注者解《論語》「驥不稱其力」，云：「冀出良馬之地【八五】，故良馬因謂之驥。」衛地出驢，則名驢曰衛。《資暇録》云：「世呼驢爲衛，衛地出驢，其在兹乎？」巢元修所嗜之菜，謂之元修菜。房州有異人戴三朵花，名之曰三朵花。出東坡詩【八六】。牡丹曰姚黄、魏紫。歐公《牡丹譜》【八七】。荔支曰十八娘紅、狀元紅。蔡君謨《荔支譜》。以至鄭國渠、《河渠書》【八八】。劉氏冠、《漢·高祖紀》。謝公墩、《晉·謝安傳》。萊公竹【八九】《言行録》。皆類此。

【五一】天棘夢青絲　「絲」原作「鋒」，據諸本改。

【五二】王元之謂柳也　「柳」原作「接」，據諸本改。

【五三】封氏聞見記　「氏聞見」原作「生伯相」，據四庫本改。

【五四】北僧謂酒爲般若湯　「般」原作「倡」，據諸本改。

【五五】世説新語謂好酒爲青州從事　「世説新語」原作「吾史説説」，據四庫本改；「好」原作「尾」，據諸本改。

【五六】師古曰儋都鑑反　「師」原作「帝」，據四庫本、叢書本改；「儋」原作「甕」，據上下文義改。

【五七】蕭至忠將獵　「忠」原作「風」，據諸本改。

【五八】韓愈羅池廟碑言步有新船　「愈」原作「重」，「廟碑」原作「宮説」，「船」原作「記」，據諸本改。

【五九】集韻　「集」原作「渠」，據諸本改。

【六〇】劉向傳　「傳」原作「輔」，據諸本改。

【六一】以付北軍尉　「北軍」原作「若盤」，據諸本改。

【六二】晉灼曰　「灼」原作「楚」，據叢書本改。

【六三】聯繫使相隨而服役也　「隨」原作「楚」，據諸本改。

【六四】周周尚銜羽　「銜羽」原作「尚雨」，據諸本改。

【六五】在海中山上　「中山上」原作「上山」，據叢書本改。

【六六】猩猩能言　「能言」原作「住喜」，據諸本改。

【六七】狒狒如人被髮　「如」原作「即」，據叢書本改；「被」原作「紺」，據諸本改。

【六八】漢書揚雄校獵賦　「漢書揚雄」原作「文選相如」，據叢書本改。

【六九】師古曰　「師」原作「頻」，據諸本改。

【七〇】庚氏之魚名策策　「魚」原作「書」，據諸本改。

【七一】又云辛氏之魚名堂堂　「又云」原作「九六」，據四庫本改。

【七二】肅宗實録　原作「書宗爰幅」，據原出處改。

【七三】本草　「本」原作「序」，據諸本改。

【七四】食魚張口吹沙名鯊　「名鯊」原脱，據叢書本補。

【七五】並爾雅注　「爾雅注」原作「食遠王」，據叢書本改。此注原在「竊脂」下，據文義移至此。

【七六】蔦附於松柏而名寄生　「蔦」叢書本作「萬」。

【七七】陸璣疏　「疏」原作「胡」，據諸本改。

【七八】櫻桃爲鶯所含故名含桃　「鶯所」原作「含於」，據叢書本改。

【七九】呂氏春秋注　「春秋注」原作「喜於桃」，據諸本改。

【八〇】名林檎曰來禽　「來」原作「夾」，據諸本改。

【八一】注文五十二字，原作「般之有沾食禽青李白又妻子禽曰嘗故實大王內吏書枯子有與蜀郡太守書夾起樓來禽日食蔦子來食言味皆來夾禽日林休檎」，錯訛頗多，據王羲之《青李來禽帖》及諸本加以校訂。

【八二】因名樂作坎侯前漢　「漢」原作「侯」，據叢書本改。

【八三】唐元澹傳　「澹」諸本作「僧」，據原出處改。

【八四】師古曰　「師」原作「伸」，據諸本改。

【八五】冀出良馬之地　「冀」原作「驥」，據諸本改。

【八六】出東坡詩　「出」原作「江」，據叢書本改。

【八七】歐公牡丹譜　「丹」原作「田」，據諸本改。

【八八】河渠書　「渠」原作「公」，據諸本改。

【八九】茱公竹　「竹」原脱，據諸本補。

卷之十六

雜記

易物名

山谷喜爲物易名。鄭花則易爲「山礬」，竹夫人則易爲「竹妃」，水晶膾則易爲「醒酒冰」，洞庭春色則易爲「埽愁帚」，集句則易爲「百家衣」。東坡名樓筍爲「木魚」，《樓筍》詩。名鐵拄杖爲「鐵君」，《鐵拄杖》詩。名竹爲「愁節君」，文與可畫竹亦名之曰「墨君」，《皇朝文鑑》東坡作《文與可墨君堂記》。皆自我作古之一端也。

人相反

孔子不飲盜泉，《尸子》【一】曰：「孔子至於勝母，暮矣而不宿；過於盜泉，渴矣而不飲，惡其名也。」吴隱之飲貪泉，《晉書》本傳。二人正相反。于公多陰德，于定國父。陳平多陰禍，《王陵傳》。二人正相反。陳平多陰謀，而知其後必廢；邴吉有陰德，夏侯勝識其當封及子孫。《後漢》袁安、張甫等《論》。晉文公譎而不正，齊桓公正而不譎。《憲問》。邾子執玉高，其容仰；定公執玉卑，其容俯。《家語》。管仲失於奢，晏子失於儉。《子貢問》。商也日益，賜也日損。《説

校勘記

【一】尸子　「尸」原作「列」，據叢書本改。

苑》【二】。師也過，商也不及。《先進》。伯夷死名於首陽之下，盜跖死利於東陵之下。《莊》。左丘明工言人事，莊周工言天。宋景文公論。三代不封禪而王【三】，秦封禪而亡。范《唐鑑》。武王諤諤而昌，紂嘿嘿而亡。《説苑》。紂以甲子日亡，周武以甲子日興。魏主珪説。西伯幽而演《易》，周旦顯而制《禮》。《典論》。高帝、孝文、孝景皇帝宮女不過十餘人，武帝時又多取好女至數千人以填后宮。貢禹《疏》。宣帝詔書好言祥瑞，元帝詔書好言災異。《珩璜論》。唐太宗謂李世勣、道宗不能大勝，亦不能大敗，薛萬徹非大勝則大敗矣。《通鑑・太宗紀》。孔子高孔穿字。理勝於辭，公孫龍辭勝於理。《通鑑・周赧王紀》。裴頠拙於用長，荀勗工於用短。王戎人倫鑑識。西門豹性急，故佩韋以自緩；董安于性緩，故佩弦以自急。《韓子》。張良得黄石公書而爲帝者師，京房得焦延壽《易》而亡其身【四】。張無垢説。非其君不事，非其民不使，治則進，亂則退，伯夷也；何事非君，何使非民，治亦進，亂亦進，伊尹也。《公孫丑上》。曾子居武城，有越寇，或曰：「寇至，盍去諸？」曾子則去。子思居於衛，有齊寇，或曰：「寇至，盍去諸？」子思則守。《離婁下》。子路拯溺而受其牛，《吕氏春秋》。子貢贖人而不取金。《家語》。漢祖能用三傑，項羽不能用一范增。《高祖紀》。太宗以干戈之事，尚能起李靖於既老，而穆宗、文宗不能用裴度於未病。東坡説。漢以羽林爲南軍，金吾爲北軍；唐以金吾領南衙，羽林統北衙。蘇秦爲諸侯弱秦，張儀爲秦弱諸侯。東坡説。王衍口不言錢，和嶠有錢癖。晉。魯褒作《錢神論》，晉。蕭綜作《錢愚論》。《南史》。阮籍作《達莊論》，

【二】説苑　「説」原作「談」，據叢書本改。

【三】三代不封禪而王　「代」原作「伐」，據諸本改。

【四】京房得焦延壽易而亡其身　「亡」原作「忘」，據諸本改。

王坦之作《廢莊論》。晉。佛言無生，老言不死。《集古録跋》。李廣擊胡無部曲行陣，屯舍不擊刁斗，幕府省文書，然遠斥堠，未嘗遇害；程不識擊胡正部曲行伍，擊刁斗，治簿至明，軍不得休息，未嘗遇害。《李廣傳》。注《本草》誤，其禍疾而小；注六經誤，其禍遲而大。唐子西《易庵説》。崔祐甫爲相，所用多涉親故；《代宗紀》。竇易直爲相，未嘗用親故。《文宗紀》。司馬遷叙三千年事五十萬言，班固叙二百年事乃八十萬言。《晉·張輔傳》。于志寧爲僕射修史，恨不得學士；來濟爲學士，恨不得修史。《南部新書》。嬰母知廢，陵母知興。班彪《王命論》【五】。李白爲《蜀道難》，陸暢爲《蜀道易》。禹錫《嘉話》。胡元禮在此，人莫覓活；李日知在此，人莫覓死。《隋唐嘉話》。韓魏公用家資如國用，曾魯公惜官物如己物。《晁氏客話》。劉隨州有眼作無眼句，宋雍無眼作有眼句。《雲溪友議》。子美以詩爲文，退之以文爲詩。後山。蘇子瞻詞如詩，秦少游詩如詞。後山。世間好言語，老杜道盡；世間俗言語，樂天道盡【六】。荆公。歐陽公之文，和氣多，英氣少；《邵氏聞見後録》。蘇公之文，自經中出，英氣多，和氣少。《邵氏聞見後録》。韓退之文自經中來，柳子厚之文自史中來。同上。魯直詩到人愛處【七】，聖俞詩到人不愛處。同上。永叔不好杜詩，子瞻不好遷史。後山。蘇明允不能詩，歐陽永叔不能賦【八】。曾子固短於韻語，黄魯直短於散語。後山。韓退之不可謂之詩，有章韻文也；杜子美不可謂之文，無章韻詩也；柳宗元而下，兩失之矣。蔡君謨言文章而不言政事，歐公言政事而不言文章。蘇子容。顧長康善畫而不能詩，杜子美能作詩而不能畫。

【五】班彪王命論　「彪」原作「固」，據叢書本改。

【六】樂天道盡　「道盡」原作「盡道」，據叢書本乙。

【七】魯直詩到人愛處　「詩」原脱，據諸本補。

【八】歐陽永叔不能賦　「陽」原脱，據叢書本補。

《王直方詩話》。味王摩詰詩，詩中有畫；觀摩詰之畫，畫中有詩。《詩史》。人之相反如此。

物相反

大椿以八千歲爲春秋，朝菌不知晦朔，二物正相反。《莊子》。蓂莢生而靈，蓍草死而靈，二物正相反。六一説。牡丹，華之絶而無甘實；荔枝，果之絶而非名花。六一説【九】。黍熟頭低，麥熟頭昂。王元景，《談藪》。先種後熟謂之穜，後種先熟謂之稑。《内宰》注。草盛在末，竹盛在本；草實而生，竹實而死。唐耜《解字説》。草敗而螢，木敗而芝。《藝圃折中》。墻下之木，抽必外向；庭中之風，行必内向。同上。沈者曰蘋，浮者曰藻。《韓詩外傳》。菊甘，薏苦。《抱朴子》。菱寒，芡暖。菱花開背日，芡花開向日。《仇池筆記》。凡草木花皆五出，雪花獨六出。《韓詩外傳》。葵知隨日，樫知應雨。《藝圃折中》。

烏之鬭，竦其尾；鶉之鬭，竦其翼。《甘氏星經》。鵠音鶴。不日浴而白，烏不日黔而黑。《莊》。梟脛雖短【一〇】，續之則悲；鶴脛雖長【一一】，斷之則憂。《莊》。雞司晨，犬司夜。燕秋去，雁秋來。梟善浮，鷗善没。《禽經》。雞晝明而夜昏，鴞夜明而晝昏。《化書》。大腰無雄龜類，細腰無雌蜂類。《博物志》。雄兔脚撲朔，雌兔眼迷離。《木蘭歌》。蠶食而不飲，蟬飲而不食。《家語》。魚無耳而聽，蟬無舌而鳴。《淮南子》。巢居知風，穴處知雨。翼奉《地震封事》。螣蛇無足而飛，鼯鼠五技而窮。《荀子》。仲秋鳩化爲鷹，中春鷹化爲鳩。《司裘》注。仲夏鹿角解，仲冬麋角解。《月令》。鵲巢背太歲，燕伏戊己。乾鵲知來，猩猩知往。《酉陽雜

【九】六一説　「説」原脱，據叢書本補。

【一〇】梟脛雖短　「脛」原作「頸」，據叢書本改。

【一一】鶴脛雖長　「脛」原作「頸」，據諸本改。

俎》。象膽隨四時在四腿，春在前左，夏在前右；熊膽春在首，夏在腹，秋在左足，冬在右足。同上。能行數千里，必在石巖枯木；虎出百里外，則迷失路道。《墨客揮犀》。蛀蟻知雨，烏鳶知風。燕避戊己，鵲避太歲。魚聚北首，針浮南指。《藝圃折中》。猩猩啼而就禽，狒狒笑而被格。左思賦。麝愛其臍，狨愛其尾。犛牛自斷其尾，雄雞自斷其尾。並《談苑》。天道尚左，星辰左轉；地道向右，瓜匏右纍。《藝圃折中》。日生東，月生西。《禮記》曰：「大明生於東。」箕星好風，畢星好雨。《洪範》注。月未望則載魄於西，既望則終魄於東。《揚子》。飲養陽氣，食養陰氣。《禮記》。陽燧取火，方諸取水。《論衡》。舟以行水，車以行陸。《考工記》。水流濕，火就燥。《乾》卦。陽律以竹爲管，陰律以銅爲管。《典同》注。推手向前曰琵，卻手向後曰琶。《釋名》。合樂爲柷，止樂爲敔。《書》注。外方内圓曰簠，内方外圓曰簋。方曰筐，圓曰筥。《詩》注。竹豆謂之籩，木豆謂之豆。《爾雅》。有足曰錡，無足曰釜。《詩》注。端石瑩潤，惟有鋒鋩者發墨；歙石多鋩，惟膩理者特佳。蔡君謨《硯説》。冠敝在於上，履新處於下。柳識《弔夷齊文》。前推曰槳，卻曳曰櫂。《韻釋》。其物之相反有如此者。

自相反

梁武帝手得江左而亦自失之，唐明皇手定唐亂而亦自亂之。無垢説。唐明皇始年焚錦繡珠玉，晚年乃喜淫侈；憲宗始年四方無得進奉，晚歲乃喜羨餘。同上。裨諶謀於野則獲，謀於邑則否；襄公三十一年。百里奚居虞而虞亡，在秦而秦霸。《史記·韓信傳》。叔孫通在秦則爲諛士，在漢而直諫；裴矩在隋爲佞人，在唐而亦直諫。無垢。冉有從夫子則爲門人之選，從季氏則爲聚斂之臣。東坡《續朋黨論》。孟子不見諸侯而見梁惠王、見梁襄王。孟公綽爲趙魏老則優，不可爲滕薛大夫。《憲問》。黄霸爲相，功名減於治郡時。王尊乍賢乍佞。王聖美説，見沈存中《筆談》注【一二】。韓非作《説難》之書，而卒死於説難。《揚子·問明》。並《漢》。王吉天下服其廉而怪其奢，劉晏能廉於臨財而不能廉於取名。並《廉吏傳》。司馬相如言吃而善著書。《漢》。嵇康善著《養生論》而自以事坐誅，阮籍口不臧否人物而作青白眼。並《晉》。光武卻祥瑞不假而受圖讖，武宗除去浮屠而躬受道家之籙。《捫蝨新話》【一三】。王衍高談物理，見石勒而下拜。王坦之剛鯁自許，見桓温而倒執手板。晉。退之嘗譏人不解文字飲而自敗於女妓，嘗戒人服金石藥而自餌留黄。孔毅夫《新論》。李太白識郭子儀之爲人傑，而不能識永王璘之爲無成。

書之美者，莫如顔魯公，然書法之壞自魯公始；詩之美者，莫如韓退之，然詩格之變自退之始。東坡説。杜子美詩冠古今，而無韻者殆不可讀；曾子固以文名天下，而有韻者輒不工。秦少游説。梅聖俞云：「前史言退之爲人木强，若寬韻可自足而輒旁出，窄韻難獨用而反不出。」歐公《詩話》。

事類

堯爲唐侯，二十以德盛；舜爲鰥民，二十以孝聞。皮日休《鹿門隱書》。漢高祖約法三章，《本

【一二】王聖美説見沈存中筆談注　注文十一字原脱，據叢書本補。

【一三】捫蝨新話　「話」原作「論」，據《捫蝨新話》改。

紀》。唐高祖約法十二條。《本紀》。高祖從諫如轉圜，《梅福傳》。德宗從善如轉規。《崔寧傳》。高祖從諫如順流，班彪《王命論》。湯從諫如流。孝宣厲精爲治，《循吏傳》。太宗厲精思治，《崔植傳》。元宗厲精求治，魏知古等《贊》。德宗厲精求治，《通鑑》。元宗厲精政事。《本贊》。文帝吏安其官，民樂其業；《刑法志》。宣帝吏稱其職，民安其業；《本贊》。明帝吏稱其官，民安其業。《後紀》。又《通鑑》「明帝吏得其人，民樂其業」。光武渡滹沱河而冰合，《王霸傳》。王方翼次葉河而冰七月合【一四】。唐。漢明帝作《世祖紀》，章帝爲《顯宗紀》。《職官分紀》。肅宗與李泌爲布衣交，乃即位，事無大小皆咨之；德宗以張涉爲翰林學士【一五】，事無大小皆咨之。《通鑑·唐代宗紀》。舜殛鯀而用禹，周公囚蔡叔而命蔡仲。湯以伊尹遺太甲，武王以周公遺成王。並無垢説。紂脯九侯，劉恕《外紀》。高祖醢彭越。《本傳》。舜罰弗及嗣，《大禹謨》。文王罪人不孥。《孟》。三輔吏士東逆更始，見劉秀，皆喜曰：「不圖今日復見漢官威儀。」《通鑑·漢淮陽王紀》。桓温伐秦，民爭持牛酒迎勞，曰：「不圖今日復覩官軍。」《通鑑·穆宗紀》。楚昭奚恤之對秦使，以子西、子敖、子高、子反爲寶；劉向《新序》【一六】。齊威王之對梁惠王，以檀子、盼子、黔夫、種首爲寶。《史記·田敬仲世家》。桓公官事無攝，《告子下》。管仲官事不攝。《八佾》。殷作九市之宫而諸侯畔，靈王起章華之臺而楚民散，秦興阿房之殿而天下亂。東方朔諫武帝。張武受賂，文帝更加賞賜，以愧其心；《文帝贊》。長孫順德受賕，太宗更賜之帛，以愧切其心。《本傳》。魏盧毓選舉，先性行而後言

【一四】王方翼次葉河而冰七月合　「七月」原作「一亦」，據《條録》改。

【一五】德宗以張涉爲翰林學士　「涉」原作「沙」，據叢書本改。

【一六】劉向新序　四字原脱，據四庫本補。

才；《通鑑·明帝紀》。北魏選舉之法，先門地而後賢才；《齊明帝紀》。隋牛弘選舉，先德行而後文才。《文帝紀》。虞不用宫之奇而晉并之，萊不用子焉《説苑》作「子猛」。而齊并之。《荀子·堯問》。伊尹去夏入殷，殷王而夏亡；管仲去魯入齊，魯弱而齊强。劉向《荀子後序》。燔肉不至，孔子去魯；《告子》。醴酒不設，穆生去楚。《前漢·楚元王傳》。孔子作《春秋》而子夏不能贊一辭，《世家》。吕氏著《春秋》而秦人不能易一字。《史記·吕不韋傳》。孔子四十不惑，《語》。孟子四十不動心。《孟》。夫子斬少正卯於魯，太公戮華士於齊。范甯《王何論》。西漢以揚雄爲東道孔子，《新論》。東漢以楊震爲關西孔子。《本傳》。晉士弱曰「國亂無象」，襄九年。牛僧孺曰「太平無象」。《本傳》。穰苴長於正，吴起長於奇。《藝圃折中》。陳平起於亡命而爲謀主，韓信拔於行陳而建上將。梅福上書。子産鑄刑書，昭六。趙鞅鑄刑鼎。昭二十九。左思字太沖。作《三都賦》，豪貴之家競相傳寫，洛陽爲之紙貴。《世説》。司馬遷儒之外五家，班固儒之外八流。盧景亮撰《于頔神道碑》。賈山涉獵書記，《前》【一七】。班超涉獵書傳。《後》。晉束皙《補亡詩》六篇，《南陔》、《白華》、《華黍》、《由庚》、《崇丘》、《由儀》。唐白居易《補逸書》一篇。《湯征》。姚鉉以柳子厚《孝門銘表》爲序，蕭統以《高唐神女賦》爲序。《捫虱新話》。《文選》出於蕭統而統自爲之序，《文粹》出於姚鉉而鉉自爲之序。

楚襄王遊高唐，夢與神女遇；宋玉《高唐賦》。楚襄王遊雲夢，亦夢與神女遇。宋玉《神女賦》。衛夫人見王逸少真書，云：「咄咄逼人。」《法帖》。王子敬見王景仁名修。隸行書，

【一七】賈山涉獵書記前　「前」原作「書」，據諸本改。

云：「咄咄逼人。」《書斷》。「柳家元和脚」東坡作「手」字。者，劉夢得美子厚之能書也；「黄家元祐脚」者，陳無己紀魯直之善書也。《復齋漫録》。蚩尤爲作亂之始，三苗爲虐刑之始。羲即重之子孫，和即黎之子孫。並無垢説。衛玠神清，杜乂形清。《晉·杜乂傳》。解狐舉怨，《韓子》。咎犯舉仇。《説苑》。虞丘子薦孫叔敖，丘子家干法，叔敖戮之，虞丘子喜；《説苑》。左雄薦周舉，舉後劾左雄，雄悦謝之。《通鑑·後漢順帝紀》。張釋之爲廷尉，天下無冤民；于定國爲廷尉，民自以爲不冤。《本傳》。劉寬蒲鞭，《後》。崔伯謙皮鞭。《北史》。商鞅欲變秦法，則立徙木之令以示信；《史記》。吴起欲伐秦，則立移轅之令以示信。《魏》。

虞世南默寫《列女傳》，無一字謬；蔣乂誦補《侍臣圖贊》，不失一字。並《唐》。魏相奉行故事，《前》。侯霸明習故事。《後》。范武子光輔五君，文、襄、靈、成【一八】、景，出襄二十七年。裴度事四朝，憲、穆、敬、文。馮道歷五朝八姓。《通鑑論》。扁鵲之見威王，以爲病在骨髓；《史記》。秦緩之見晉侯，以爲疾在膏肓。成公十年。僖負羈饋重耳盤飧寘璧，重耳受飧反璧；僖二十三。衛人饋叔向羹與錦，叔向受羹反錦。昭公十三。唐玄宗書崔琳等名，覆以金甌；《本傳》。唐廢帝書姚顗數人名，投琉璃瓶。《五代史·盧文紀傳》。儀狄作酒，夏禹時。《戰國策》。杜康作酒。《博物志》。孟明焚舟，文三。項籍湛船。《史記》。王莽稱王子僑爲皇祖叔父，唐高祖稱老子爲皇祖。范《唐鑑》。段秀實倒用司農印，《唐》。繼岌倒用都統印。《五代》。趙高指鹿爲馬，秦。高德儒指野鳥爲鸞。《唐》。魏謩議論有祖風，狄兼謩剛正有祖風。高馮爲監

【一八】文襄靈成　「成」原作「武」，據四庫本改。

察，彈治不避權要；崔縱爲中丞，彈治不避權倖。並《唐》。孟軻之母斷織，《列女傳》。樂羊之妻斷織。《後》。阮籍知母而不知父，雍姬知父而不知夫。《捫虱新話》。季子不禮於其嫂，買臣見弃於其妻。《書錦堂記》。張巡殺愛妾，許遠殺僮奴。《唐》。鄧禹子十三人各守一藝，《後》。劉殷子七人各守一經。《晉》。郭子儀忠貫日月，韓仁愿忠貫神明。李華《韓公廟碑》。戴胄爲大理卿，言若湧泉；蘇頲爲中書舍人，思若湧泉。《唐》。劉寵受一錢，《後》。杜暹受紙百番。《唐》。崔洪口不言貨財，崔遊口不語財利。並《晉》。李弘節以清謹顯，既没之後，其家賣珠，太宗疑其實貪【一九】；《廉吏傳》。劉宗龜姻不可干以財，既没之後，其家鬻珠翠，由是名損。《廉吏傳》。屈原有《天問》，柳宗元有《天對》。盧仝作《月蝕》詩，云「食月者，月中之蝦蟆也」；梅聖俞作《日食》詩，云「食日者，三足烏也」【二〇】。東坡説。孫興公《遊天台賦序》云：「天台者，蓋山岳之神秀也。」《晉》。張種《與沈炯書》：「虎丘者，吴之神秀也。」《陳》。

段維一餅熟成一韻詩，温庭筠一餅熟成一韻賦。《歸田録》。揚子雲有《逐貧賦》，韓退之有《送窮文》。淵明有《形神影》三首，樂天有《身心問答》三首。少陵有《四小松》詩，東坡有《萬松亭》詩。聖俞有《四禽言》【二一】，子瞻有《五禽言》。王逸少於書知變，韓退之於詩知變。陶侃用法得法外意，東坡學書得書外意。劉歆《七略》「古文或誤以『見』爲『典』，以『陶』爲『陰』」，《抱朴子》「書三寫【二二】，以『魚』爲『魯』，以『帝』爲『虎』」。曹

【一九】太宗疑其實貪　「實」原作「食」，據諸本改。

【二〇】食日者三足烏也　「食」原脱，據諸本補。

【二一】聖俞有四禽言　「言」原作「詩」，據叢書本改。

【二二】書三寫　「寫」原爲墨丁，據諸本補。

不興爲孫權畫屏風，筆墨誤點，因以爲蠅；張勃《吴録》。桓温使王獻之畫扇，筆誤落，因畫作烏駮犉牛。《晉》。田單火牛，《本傳》【二三】。楊琁然馬【二四】。《後》【二五】。長卿名犬子，王修名狗子。《顔氏家訓》。雞有五德，《韓詩外傳》。蟬有五德。陸雲《蟬賦》。以珠彈雀，《莊》。以玉抵鵲。《鹽鐵論》。江泌不食菜心，恐傷生意【二六】；邢峙不食邪蒿，惡其名。《盧氏新録》。退之以磨蝎爲身宫，子瞻以磨蝎爲命宫。《仇池筆記》。張敞自請治劇郡，《漢》。袁甫自言能作劇縣。《晉》。牛洪稱房暉爲「五經庫」；《隋》。褚遂良稱谷那律爲「九經庫」；《唐》。公孫景茂博涉經文，稱「書庫」；《隋》。李涪以《開元禮》及第【二七】，號「周禮庫」；《唐》。陸寬澄不能撰《宋書》，號「書厨」；《南史》。李善不能屬詞，號「書簏」。《唐》。曹子建七步，《魏》。柳公權三步。《世説》。劉德千里駒，《前》。李珉吾家千里駒。《唐》。五鑿爲正，《荀》。【二八】。六鑿相攘。《莊子》。張釋之十年不調，《前》。駱賓王十年不調，《上裴侍郎書》。馬融十年不得調，《後》。韋澳十年不調官，《唐》。夏侯湛累年不調，《抵疑序》。顔駟三葉不遇。後漢張平子賦序。忠義天下之大閑，《唐·忠義傳序》。節義天下之大閑。《唐·卓行傳贊》。陶潛預爲祭文，杜牧自撰墓誌。劉恕《外紀論》。芸香辟書蠹，《筆談》。魚石子亦辟書蠹。《秘閣閑談》。陳蕃、周舉常相謂曰：「期月之間，不見黃生，則鄙吝之萌，復存於心。」《後漢·黃憲》。陸象先嘗謂人曰：「季真賀知章字。清談風流，吾一日不見，則鄙吝生矣。」《唐·賀知章傳》。

【二三】本傳　諸本脱，據《校補》補。

【二四】楊琁然馬　「琁」諸本作「凝」，據《校補》補。

【二五】後　諸本脱，據《校補》補。

【二六】恐傷生意　「生」原脱，據叢書本補。

【二七】李涪以開元禮及第　「禮」原脱，據叢書本補。

【二八】五鑿爲正荀　「荀」原作「蜀」，據叢書本改。

卷之十七

雜記

事同

堯秀眉，魯僖、馬卿亦秀眉。舜重瞳，項羽、王莽、朱友敬亦重瞳。漢高祖龍顔，晉元帝、嵇康亦龍顔。光武日角，唐高祖亦日角。尼父面如蒙魌，陽虎亦如蒙魌。竇憲鳶肩，馬周亦鳶肩。晉文駢脇，張儀亦駢脇。禹扇暍，《史記》。武王亦扇暍。《世紀》。禹一沐三握髮，《吕氏春秋》。周公亦一沐三握髮。《魯世家》。成湯以六事自責，《後漢·鍾離意傳》。魯僖公亦以六事自責。《後漢·黄瓊傳》。高祖規模宏遠，《漢紀》。太宗亦規模宏遠。《張行成傳》。高帝無可無不可，《馬援傳》。孔子無可無不可。《語·微子》。唐太宗作魏徵碑，高宗作李勣碑，明皇作張説碑，德宗作段秀實碑，本朝太宗作趙普碑【一】，仁宗作李用和碑，神宗作韓琦碑。《石林燕語》。張説、歐陽永叔自爲其父碑。陶淵明、秦少虚皆自作挽詞。樗里子、《史記》。鼂錯《前漢》。皆號「智囊」。周勃、周昌、尹齊、酷吏，《前漢》。韓愈、魏元忠《唐》。皆木彊【二】。公孫弘、《前》。祭遵、王良《後》。皆布被。趙廣漢、《前》。裴延齡《唐》。皆鉤距。東方朔、

校勘記

【一】本朝太宗作趙普碑　「本」原本作「宋」，據叢書本改。

【二】韓愈魏元忠皆木彊　「皆木彊」諸本脱，據叢書本顧廣圻案補。

《前》。喬琳《唐》。皆詠諧。陽城欲壞裴延齡白麻，德宗時。李甘欲壞鄭注白麻。敬宗時。蕭何爲民請苑，高祖時。貢禹亦爲民請苑。元帝時。子文見越椒狼子野心，張九齡見安禄山狼子野心。《唐》。劉仁本諫不聽而置笏，褚遂良、太宗時。崔元亮文宗時。諫不聽而置笏。祁奚、襄三年。狄仁傑皆舉其子。鄭當時、田蚡、灌夫皆推轂。《漢》。王衍知石勒有反相，《晉》。張九齡知安禄山有反相。《唐》。劉寬爲南陽太守用蒲鞭，《後》。崔景真爲平昌太守用蒲鞭。《南史》。許商四至九卿，《漢書·儒林傳》。司馬安四至九卿【三】。《汲黯傳》。梁劉凝之爲人認所著履，即予之；沈麟士爲鄰人認所著履，即予之。東坡新説。韓退之爲《送窮文》，本集。段成式爲《送窮文》。《文粹》。盧仝有《月蝕》詩，韓愈有《月蝕》詩。各本集。項羽學萬人敵，《本紀》。張飛、關羽咸稱萬人敵。《三國志》。崔子美爲坐右銘，白樂天爲坐右銘。李至德《坐右銘序》。邊韶稱五經笥，《後》。任彦昇亦五經笥。《唐·守素傳》。李磎聚書萬卷，時人號爲「李公書樓」；《唐》。張昭遠積書萬卷，時人號爲「張家書樓」。《五代》。公孫弘、《本傳》。東平王蒼《班固傳》。皆開東閣。馮衍、《後》。葛洪《晉》。皆閉門卻埽。

郡國因革

周有天下，封兄弟之國十五人，姬姓之國四十人，列諸名城，班五等爵。逮至周末，諸侯流爲十二國。東遷之地，僅有七城而已。《通典》：「平王時，洛邑與宗周通。東西長，南北短，相覆爲

【三】漢書儒林傳司馬安四至九卿　十二字原脱，據叢書本補。

千里。後爲諸侯所侵，比周之亡，七城而已。」嬴秦失道，瓜分天下，削去五爵，罷諸侯之制，分爲三十六郡，郡置一守。又使御史監郡，務弱其權，守權既輕，孤立於上，莫制其民。民苦賦役，相率而爲盜，故二世而亡。漢室龍興，監秦之弊，加置郡國，分内史爲三部。三内史者，河上、渭南、中地也。《地理志》云：「武帝改河上、渭南、中地【四】，以爲京兆、馮翊、扶風，是爲三輔。」光武中興，海内凋敝，郡國併省者八。建武十一年，省州牧復爲刺史員，人掌一州。和、順省朔方刺史，合之於司隸，凡十三部。置司隸校尉。晉武帝太康元年省司隸，置司州，其後立州仍郡，立梁、秦、寧、平四州，仍三國之郡一百七十三。紛紛不一。降及南、北，既爲州，又立郡，廢置靡常。自隋文一天下，乃廢諸郡，以州治人，名則因仍，職事同於郡守。未幾，煬帝又易州爲郡，置司隸刺史，分部巡察。唐興，高祖改郡爲州，太守爲刺史，又置都督府以治之。太宗始命併省，分天下爲十道。明皇又因十道而析爲十五道，置十五採訪使，檢察如漢刺史。天寶之際，盜賊蠭起，因假方鎮以平羣盜。自僖、昭而後，疆土日蹙。陵夷至於五季，天下紛裂，增損因革，徒以自擾，求欲不亡，得乎？

卦配十二月

《易大傳》曰「立天之道，曰陰與陽」，又曰「一陰一陽之謂道」。道在於天，陰得其一則一陰生，陽得其一則一陽生。蓋陰極而陽生於子，則冬至矣，今之十一月是也，其卦爲《復》䷗，爲其一陽在下而五陰在上也。二陽而四陰則爲十二月，其卦爲《臨》䷒。三陽而

【四】武帝改河上渭南中地　「中」原作「仲」，據諸本改。

三陰則爲正月，其卦爲《泰》䷊。四陽而二陰則爲二月，其卦爲《大壯》䷡。五陽而一陰則爲三月，其卦爲《夬》䷪。六畫而皆陽則爲四月，其卦爲《乾》䷀。陽極而陰生於午，則夏至矣，今之五月是也，其卦爲《姤》䷫，爲其一陰在下而五陽在上也。二陰而四陽則爲六月，其卦爲《遯》䷠。三陰而三陽則爲七月，其卦爲《否》䷋。四陰而二陽則爲八月，其卦爲《觀》䷓。五陰而一陽則爲九月，其卦爲《剝》䷖。六畫而皆陰則爲十月，其卦爲《坤》䷁。自一陽生而爲《復》，進進不已，至於純陽之《乾》而終焉。至一陰生而爲《姤》，進進不已，至純陰之《坤》而終焉。以此見天數之運，周而復始者也。

漢將相起微賤

「傳説舉於版築之間，膠鬲舉於魚鹽之中，管夷吾舉於士，孫叔敖舉於海，百里奚舉於市。」《告子下》。嘗觀孟軻氏皆以「苦其心志，勞其筋骨」，以至「動心忍性，曾益其所不能」，乃「天之將降大任於是人」。是常人付天於不可奈何，而聖賢止以人事爲天命而已，其深矣哉！然則有志之士，其遇患難，嘗險阻，行貧賤，皆安之若自然，此乃天之降大任也。至於西漢之初，高祖所用將相，亦莫不然。有如蕭、曹起於刀筆，韓信起於賤隸，梅福書云：「拔於行陳。」陳平起於亡命，梅福書。周勃起於吹簫，叔孫通起於枹鼓，《解嘲》。黥布起於黥徒，彭越起於狗盜，樊噲起於屠狗，灌嬰起於販繒，夏侯嬰起於廄御，《史記》云「廄御」，《叙傳》云「廄騶」。酈商起於庸夫，吳芮起於江湖。各見《本傳》并《叙傳》。皆能攀龍附鳳，依乘風雲，化爲侯王，勒功帝籍，流慶後昆。孰謂漢將相名臣可以微賤而少之？

漢兵唐兵

《後漢·匈奴傳》云「漢兵若雷風」，《唐·高昌傳》云「唐兵如日月」。雖一以威勝，一以明勝，然終未若堯、舜不戰而屈人兵也。

唐興亡以女禍

唐高祖乘隋季荒亂，因晉陽宫女之侍而見劫於子，以成起義之志而得天下。故太宗有妻嫂之醜，高宗有妻武昭儀之醜，明皇有妻楊太真之醜，蓋不謹於初。世有女禍，始以是而成之，亦終以是而敗之。

太宗戒官吏

太宗皇帝御書「爾俸爾禄，民膏民脂。下民易虐，上天難欺」四句，以戒監司守令，民到於今受其賜，德至渥也。蓋本蜀後主孟氏昶攽令箴，以箴誡宗人之辭，凡十二韻，二十四句，九十六字，而帝實摘取之，始見夫辭簡而意嚴，詳略有體，故併録之於左：「朕念赤子，旰食宵衣。託之令長，撫養惠綏。政在三異，道在七絲。驅雞爲理，留犢爲規。寬猛得所，風俗可移。無令侵削，無使瘡痍。下民易虐，上天難欺。賦輿是切【五】，軍國是資。朕之賞罰【六】，固不踰時。爾俸爾禄，民膏民脂。爲民父母，莫不仁慈。勉爾爲誡，體朕無私。」宋乾德三年景焕《野人閑話》。

【五】賦輿是切　「輿」原作「與」，據原出處改。

【六】朕之賞罰　「罰」原作「爵」，據諸本改。

死生以義爲重

古人處死生之際，必以義而權其輕重，不然，生爲徒生，死爲徒死耳。顏杲卿罵安禄山，顏真卿抗李希烈，段秀實擊朱泚，此以死爲輕也，而人重之。王衍拜石勒，哥舒翰拜安禄山，李元平拜李希烈，此以死爲重也，而人輕之。微子、箕子，爲義而生者也。比干，爲義而死者也。夷、齊之死，其諸愧後之臣懷貳心者與？屈平之死，其諸愧後之君好讒佞者與？申生、伋、壽之死，其諸愧後之父母有憎愛者與？左儒之死，其諸愧後之友不相救者與？劉恕《周宣王外紀》。貫高之死，其諸愧後之客反咎主者與？《前漢・陳餘傳》。

學貴通古今

了翁陳瑩中自云：「予元豐乙丑爲禮部貢院點檢官，適與校書郎范公淳夫同舍。公嘗論『顏子之不遷不貳，唯伯醇有之』。予問公曰：『伯醇誰也？』公默然久之，曰：『不知有程伯醇耶？』予謝曰：『生長東南，實未知也。』時予年二十有九矣。自是以來，嘗以寡陋自愧，乃作《責沈文》。」張欽夫爲之跋曰：「公壯歲未聞前輩先覺之名，遂終身以爲歉，至引葉公之事自責。葉公，沈諸梁，故名其文曰《責沈》。」葉公，姓沈，名諸梁，字子高，食邑於葉，僭稱爲公。不知孔子之爲人，故問於子路。子路以爲「彼何足以知吾夫子」，故不對。了翁乃引此以自責，故曰《責沈》。見《述而》篇注。非夫尊德樂道，不自滿假，何以臻此？其視唐張由古以班孟堅文章爲何關班固事，《大唐新語》云：「張由古素無學術，歷官臺省，嘗於衆中歎『班固文章不入《選》』。或謂之曰：『《兩都賦》、《燕山銘》、《典引》等並在《文選》中，何云無？』由古曰：『此並班孟堅文章，何干班固事？』聞者莫不絶倒。」

本朝楊大年知貢舉時【七】，舉子問堯、舜是幾事，異矣。《雜志》云：「楊大年主文，舉子上請堯、舜是一事是兩事，答云：『如此疑事，不須使也得。』」蓋程伯醇今人也，不知猶不可，堯、舜、班固，不知可乎？學者可不懲戒之哉？

塗注乙

今進士書試卷末云「塗、注、乙，共計若干字」，唐時已有此語。韓愈《讀鶡冠子》有曰：「余三讀其辭而悲之。文字脱謬，爲之正三十有五字，乙者三，滅者二十有二，注者十有二字云。」劉蜕《文塚銘序》云：「實得二千一百八十紙。有塗者、乙者，有注揩者，有覆背者，有朱墨圍者。」

癖

性癖之不同，如人面焉。阮籍有酒癖，晉。陸羽有茶癖，唐。和嶠有錢癖，王濟有馬癖，並晉。李憕有地癖，杜牧有睡癖，王福時有譽兒癖【八】，並唐。蔡師魯有勇癖，杜甫《送師魯》詩「蔡子勇成癖」。張遼養勇鋭成癖，東坡説。皆無足貴者。惟杜預有《左傳》癖，晉。簡文帝有詩癖，梁。楊欽有文癖，唐。白樂天云「我癖在章句」，《山中吟》。杜子美云「爲人性癖躭佳句」，李建中云「我亦生來有書癖」，李西臺建中師楊凝式書，而作此詩。至於今稱之。唐湖州崔郎中【九】以《三癖》詩寄劉禹錫，自言「癖於詩與琴、酒」。禹錫以詩答云「視事畫屏中【一〇】，自稱三癖翁」。

【七】本朝楊大年知貢舉時　「本」原作「宋」，據叢書本改。

【八】王福時有譽兒癖　「時」原作「時」，據諸本改。

【九】唐湖州崔郎中　「湖州」原作「相中」，據原出處改。

【一〇】視事畫屏中　「事畫」原作「來書」，據叢書本改。

癡

王湛爲癡叔，顧凱之有癡絶。並晉。竇威書癡，唐。許褚虎癡。《魏》「許褚如虎之痴」。任育長有情癡。任育長從棺底下流涕悲哀【一一】。王丞相聞之，曰：「此是有情癡。」楊再思癡宰相，唐。張方回癡漢子，《天寶遺事》。馮道癡頑老子。

聖

董貝「易聖」，唐。張芝、漢。鍾繇、魏。衛協、張墨《抱朴子》。「書聖」【一二】，張旭「草聖」，唐。楊子華「畫聖」，北齊。阮簡、晉【一三】。嚴子卿、馬綏明【一四】《抱朴子》。「棋聖」，李白「醉聖」，唐。張衡、馬忠「木聖」。《抱朴子》云「善刻削之巧【一五】，故曰木聖」。

仙

白居易「詩仙」，唐。夏侯隱者「睡仙」，王績「酒仙」，唐。杜牧詠「茶仙」，牧之《春日樂山病》詩云：「誰對病太守，猶得作茶仙。」老杜歌「飲中八仙」，本集。李成「水墨仙」，李成，北海營丘人，能畫山水。東坡云：「公名爲水墨仙。」崔微之「蓬萊最後仙」，白居易《寄崔十八曹長兼寄崔微之》詩云：「吴興卑小君應屈，爲是蓬萊最後仙。」注云：「貞元間，登科者八人，崔之名居末，自詠云『人間不會雲間事，應笑蓬萊最後仙』，故今有落句戲之。」李白自號「酒仙翁」，李白《爲金陵與諸賢送權十一序》【一六】自號「酒仙翁」。又號「謫仙」。

【一一】流涕悲哀　「哀」原作「衮」，據諸本改。

【一二】張芝鍾繇衛協張墨　原本俱脱注文，據叢書本補。

【一三】晉　原在「棋聖」下，據叢書本改。

【一四】馬綏明　「綏」，原作「浮」，據叢書本改。

【一五】善刻削之巧　「削」原作「刺」，據叢書本改。

【一六】爲金陵與諸賢送權十一序　「與」原脱，據四庫本補；「權」，諸本作「莊」，據原出處改。

殺妻食子

吴起之殺其妻，易牙之殺其子，樂羊之食其子，是皆忘其所甚愛，而貪其所不必爲也。真忍人哉！

西施乳舌

江淮有河豚，吴人目其腹腴爲「西施乳」。《雌黄》。福州嶺口有蛤，閩人號其甘脆爲「西施舌」。《詩説雋永》。故東坡居常州，頗嗜河豚，而里中士大夫家有妙於烹是魚者，招東坡享之。婦子傾室闖於屏間，冀一語品題。東坡下箸大嚼，寂如喑者，闖者失望相顧。東坡忽下箸云：「也直一死。」於是合舍大悦。噫！東坡誠有味其言，使嗜色如嗜河豚者而不知戒，皆不免於死。噫！東坡誠有味其言。

託名

齊、魯大臣，史失其名。孟獻子五友，孟子忘其三。彼女子者，獨何幸歟？黄四娘以花而託名於詩史，公孫大娘、李十二娘以舞劍而託名於是詩，並見杜詩。十八娘以荔枝而託名於蔡君謨之譜，《荔支譜》。杜秋娘以寵幸而託名於杜牧之詩，余媚娘以介潔能詩而得名，柳枝娘以喜誦《燕臺詩》而得名，泰娘以善琵琶而見取於韋尚書，並《麗情集》。杳娘又因拆字而取重於隋煬帝，《南部烟花記》：「煬帝會飲，爲拆字令，謂杳娘曰：『我取杳字爲十八日。』」以至窈娘、《本事詩》：「唐喬知之婢窈娘，武承嗣留之。喬作詩以達。窈娘結詩裙帶，遂赴井而死之。」踏摇娘、《隋唐嘉話》

云：「隋末河間有人使酒，自號郎中，醉必毆其妻。妻美而善歌，好事者呼爲踏摇娘。今轉爲踏容娘也。」《教坊記》作「談容娘」【一七】。顔大娘、《教坊記》：「顔大娘善能歌舞。」玉巵娘、《幽怪録》：「崔生見一女郎，娶之，胡僧曰：『君所納妻，王母第二女玉巵娘子，可住一年，家必仙矣。』」盧眉娘、《杜陽雜編》：「順宗時，南海貢奇女盧眉娘，能於一尺綃上繡《法華經》如粟米。」王大娘、《明皇雜録》：「明皇御勤政樓，大張音樂【一八】。教坊王大娘善戴竿，於百尺上爲木山狀。」杜韋娘、《本事詩》：「李司空邀劉禹錫飲，命妓樂以送酒。劉賦詩曰：『疏鬢雲鬟宫樣粧，春風一曲杜韋娘。司空見慣渾閑事，斷盡蘇州刺史腸。』李以妓贈之。」謝秋娘、《樂府雜録》云：「李衛公爲亡妓謝秋娘撰《望江南》。」隱娘、《漁樵閑話》云：「唐大將聶鋒有女名隱娘，忽爲乞丐尼携至巖洞中，與藥，教習擊刺之法。」真娘，《雲溪友議》云：「吴門女郎真娘死，葬虎丘山，時人比之蘇小小。舉子譚銖《題墓》云：『虎丘山下塚纍纍，松柏蕭條即可悲。何事世人惟重色，真娘墓塚獨留詩【一九】。』」皆以其一技一能稱，況有節義而鳴於世者，得不大書特書屢書於青史者哉？然則爲男子者，可不勉諸？若夫廣州酒名甜娘，東海酒名二娘，荔枝名絳衣娘，鸚鵡名雪衣娘，則物亦有借重耳。

草木冬青

古今詞人，多以草木冬青而寓之言。如班固《西都賦》云：「靈草冬榮，神木叢生。」又《東京賦》云：「修行冬青。」左思《蜀都賦》云：「寒卉冬馥。」宋玉《高唐賦》云：「玄木冬榮。」曹子建《朔風》詩云：「桂樹冬榮。」陶潛《四時詩》云：「冬嶺秀孤松。」杜甫《成都府》詩云：「季冬樹木蒼。」蓋當時而盛者不必言也，非時而盛者爲可言也。

【一七】教訪記作談容娘　「談容娘」原作「踏娘譙」，據叢書本改。

【一八】大張音樂　「張」原作「娘」，據諸本改。

【一九】真娘墓塚獨留詩　「娘」原作「上」，據諸本改。

屏風兒

今人表記，草録謂之屏風兒，何也？ 予按周文忠公《玉堂雜記》云：「内制名色不一，故凡詞頭之小者，院吏必以片紙録舊作於前，謂之屏風兒。」

祭之明日

祭之明日又祭，殷曰「肜」，「高宗肜日」是也； 周曰「繹」，《絲衣》「繹賓尸」是也。

卷之十八

字説

畫譌

夫止戈之爲「武」，門玉之爲「閠」，皿蟲之爲「蠱」，反正之爲「乏」，日月之爲「明」，欠土之爲「坎」，人言之爲「信」，如心之爲「恕」，具載經傳，炳炳如丹，則古人制字之謹嚴，不可一毫加損也。自俗書淈亂，失其本真，後學緣譌襲舛，不可勝紀，今略是正之。

鍊近鍊，音東。　印近卬，音蛩。　鉛近鈆，音鍾。　彤近肜，音蘩。　逢近逄，音龐。　趨近趍，音摛。　羨近羑，音夷。　佳近隹，音錐。　睢近雎，音雖。　蛇近虵，音迤。　朽近杇，音烏。　母近毋，音無。　椓近椓，音豬。　扐近朸【一】，音勤。　窘近宭，音羣。　紙近紙，音底。　第近苐，音題。　巡近廵，音沿。　簡近蕳，音姦。　禪近襌，音單。　届近屆，音田。　次近次，音涎。　淖近淖，音潮。　祆近祅，音妖。　本近夲，音滔。　諂近謟，音韜。　美近羙，音羔。　余近佘，音奢。　段近叚，音遐。　秏近耗，音毛。　惕近愓，音觴。　橫近擴，音黃。　錫近錫，音唐。　易近昜，音陽。　滴近滴，音傷。　錫近鍚，音陽。　船近舡，音航。　蚖近蚢，音

校勘記

【一】扐近朸　原作「切近切」，據《條録》改。

剛。芃近芃，音交。艽近艽，音求。杯近抔，音裒。延近延，音征。鵬近鵬，音明。卯近卯，音卿。麥近麦，音陵。斛近斛，音求。罙近罙，音深。芩近芩，音琴。負近貟，音裴。以上平聲。

揀近揀，音董。芊近芈，音敉。肺近胇，音弗。駃近駛，音史。第近第，音滓。泚近泚，音此。改近攺，音已。豐近豊，音禮。疊近疊，音尾。柜近柜，音舉。茅近芧，音序。鸞近鸞，音煮【二】。瘦近瘐，音愈。款近欵，音靄。亡近乚，音隱【三】。東近柬，音簡。篇近篇，音扁。諛近謏，音小。芍近芍，音晶。突近突，音杳。匹近疋，音雅。段近叚，音假。哂近啞，音亞。邛近卬，音仰。四近冂，音冈。雋近雋，音吮。丐近丏，音免。寀近寀，音審。傒近徯。音喜。以上上聲。

隸近肄，音異。系近系，音係。遲近遟，音值。扉近扉，音翡。謚近謚，音示。无近旡，音既。昪近昇，音忌。團近團，音甫。伏近伏，音大。戾近戾，音大。須近湏，音頪。闞近閙，音餁。清近清，音靖。杓近杓，音進。丐近丏，音眄。縛近縛，音篆。裸近祼，音貫。菟近菟，音問。由近甴，音塊。勵近勱，音邁【四】。沫近沬，音昧。湅近湅，音練。涸近涸，音固。孝近孝，音教。叱近叱，音化。突近突，音要。西近襾，音亞。受近受，音到。福近福，音副。袖近袖，音溜。楝近楝，音練。恨近恨，音諒。廷近迋，音旺。灸近灸，音究。裏近裏，音袖。以上去聲。

【二】鸞近鸞音煮　「煮」原為墨丁，據諸本補。
【三】亡近乚音隱　「乚」原作「亡」，據《校補》改。
【四】勵近勱音邁　「邁」原作「萬」，據叢書本改。

角近角，音禄。　玉近王，音夙。　苖近苗，音蓄。　朴近扑，音撲，教刑。　澤近澤，音鐸。

洛近洛，音涸。　筆近筆，音律。　劒近釰，音日，鈍也。　僣近僭，音鐵。　首近苜，音蔑。

商近商，音滴。　析近析，音昔。　愁近愁，音惕。　脈近脈，音覓。　伯近佰，音陌。　霸近霸，音魄。　取近耴，音輒。　惚近惚，音忽。　沐近沭，音术，水也。　押近柙，音狎。　袷近袷，音夾。　昧近昧，音末。　味近味，音末。　戊近戊，音越。　臼近臼，音匊。　束近束，音棘。　魔近魔，音歷。　以上入聲。

凡此皆畫之相近而訛也。

如虞、虔、虡【五】、虞、虛、虐、慮、虜、盧、廬、臚、鑪、櫨、纑、艫、簋、蘆、顱、樝、據、噱、劇、鐻、遽，皆從虍，而俗皆從虎；　決、減、滅、況、涼、沍、沖、淒、準、盜、梁、粱、潔、羨、渠，皆從水，而俗皆從冫；《隨筆》云：「書字有俗體一律不可復改者，如沖、涼、流、減、決五字，悉以『水』爲『冫』，筆陵切，與『冰』同。」《玉篇》正收入於水部中，而冫部之末亦存之，而皆注云：「俗與『冰』同。」　具、俱、縣、懸、殖、植、埴、稙、犆，皆從具，而俗從且；　堯、嘵、驍、燒、曉、鐃、澆、僥、橈、撓、饒，皆從堯，而俗從尭；　命、卻，俗作「却」。　印、卯、㚟、卸、卿、節、即、抑、陵、陰、陽、陸、阿、陂、阪、隅、險、限、阻、隗、陋、陜、陟、陷、隰、降、隍、阬、防、隄、隘、隔、障、隩、附、隈、阮、陳、陶、阽、除、阼、陛、隙、際、隍、陪、隖、陲、院、隆、陀、陞、阡、陌、隧、隋、墮、隮、陣、陻，皆從阜，而俗從邑；　郤、去戟切，姓也，邑也。　邦、鄢、鄺、鄰、郊、鄙、都、鄭、郡、郵、郛、部、郁、鄘、邠、鄠、郝、酈、邸、鄏、

【五】虡　原作「虎」，據叢書本改。

鄆、邙、郗、鄠、邶、邗、邵，邑也。鄍、郯、邢、郇、鄴、祁、邯、鄲、鄃、郅、鄧、郢、鄂、邛、鄘、鄖、郫、那、鄱、部、郎、郴、邾、鄒，皆從邑，而俗從阜； 廛、瀍、躔、纏、廳、廚、廨、廥、廁、庤、庬，厚也。 廝、廕、廈、廜、厤、庁、座，皆從广，而俗從厂； 曷、葛、謁、竭、歇、揭、褐、偈、喝、愒，皆從曷，而俗從曷； 偏、徧、遍、編、篇、扁、褊，皆從户，而俗從尸； 眞、寘、顛、塡、縝，皆從眞，而俗從真； 簮、譖、潛、簪，皆從兓【六】，贊【七】、鑽、纘、酇，皆從兟，而俗從扶； 參、繆、謬、醪、膠、廖、瘳，皆從㐱，而俗從尒； 宜、寫、富、寇、蔻，皆從宀，而俗從冖； 吳、誤、娛、悮，皆從吳，而俗從吴； 瞻、贍、澹、甔、檐、擔、襜、儋，皆從詹，而俗從詹； 船、沿、鉛，皆從㕣，而俗從公； 曼、冒、冕，皆從冃，而俗從曰； 諍、淨、靜，皆從爭，而俗從争； 跨、誇、侉、洿，皆從夸，而俗從夸； 睿、叡、濬，皆從睿，而俗從睿； 旨、脂、詣、嘗，皆從旨，而俗從亩； 效、傚，皆從攵，而俗從力； 羈、覊，皆從罒，而俗從西； 協、博，皆從十，而俗從忄； 補、褊、袷、祼、裎、袒、裼，皆從衣，而俗從示； 「兆眹」之「眹」、「眼瞼」之「瞼」，皆從目，而俗從月； 「亂臣十人」之「亂」，從𤔔從乚，正音治，而俗從𤔔，乃音亂； 「敕天之命」之「敕」，從束從攵，正音飭，而俗從來從力，乃音賚； 堉、坼，皆從土，而俗書上從女，下從手； 《左傳》「忨歲愒日」之「忨」，吾官切，從忄，而俗從習。

凡此皆偏旁之譌也。

縠、穀，並音谷，上禾實，下楮名； 籠、蘢，並音礱，上竹器，下草名； 鐘、鍾，並音終，

【六】皆從兓　原脫，據諸本補。

【七】贊　原在「簮」下，據諸本移至此。

上樂器，下酒器；　伶、伶，並音零，上伶人，下伶行；　箴、葴，並音針，上箴誡，下草名；肇、肈，並音兆，上肇始，下肈擊；　泮、泮，並音判，上泮宮，下冰釋；　邵、卲，並音紹，上姓也，下高也；　胄、冑，並音宙，上裔也，下兜鍪；　袚、祓，並音拂，上除惡，下蠻衣；　籥、蘥，並音約，上管籥，下草名；　袪、祛，並音墟，上衣袂，下攘卻；　奕、弈，並音亦，上大也，下圍棋；　況、况，並音貺，上矧也、譬也，下寒冰；　觴、鬺，並音商，上觶也，下煮也；　登、豋，並音灯，上升車，下禮器；　昏、昬【八】，並音婚，上暝也，下目暗。

凡此皆聲同而畫異也。

聲譌

字音之譌，甚於樂音之譌久矣，學者之病乎此也。如「底定」之「底」，致也，至也，平也。上無點。與「旨」同音，俗呼爲底；見十一薺韻。上有點，止也，下也，滯也。「福祉」之「祉」，與「耻」同音，俗呼爲止；　「懈怠」之「懈」，音廨，俗讀爲避；　「怱遽」之「遽」，爲詎，俗讀爲據；「芥蔕」之「蔕」，當讀曰蠆，俗曰帝；　「旱暵」之「暵」，當讀曰漢，俗曰歎；　「寅卯」之「寅」，音夷，俗以爲「寅畏」之「寅」；　「伏臘」之「臘」，音蠟，俗以爲「田獵」之「獵」；芒，合音亡，而以爲茫；　沛，合音貝，而以爲佩；　恒，合音行，而爲常；　挫，合音佐，而爲坐；　槁，合音考，乃以爲稿；　旰，合音幹，乃以爲汗。

平聲有：

【八】昬　原作「昏」，據叢書本顧廣圻案改。

以恫通。爲同，以娀崧。爲戎，以𧻓凶。爲蛩，以逄龐。爲逢，以髼蒙。爲矛，以鱅慵。爲庸，以彸鍾。爲充，以榰技。爲耆，以廝斯。爲廁，以萁音期，豆萁。爲箕，以澌斯。爲西，以鄑貲。爲晉，以郫皮。爲卑，以裨音卑，補也。爲皮，以裨音脾，偏也。爲卑，以椸移。爲衣，以椅猗。爲倚，以媯圭。爲揮，以濉雖。爲睢，以泜墀。爲低，以黟伊。爲移，以邿詩。爲寺，以腓肥。爲非，以痱肥。爲扉，以磯機。爲岐，以禕揮。爲韋，以崎祈。爲欹，以璩渠。爲遽，以砠趄。爲徂，以滁儲。爲塗，以臚閭。爲盧，以娛愚。爲吴，以迂于。爲紆，以斞拘。爲夷，以絢劬。爲句，以泭孚。爲附，以跗膚。爲付，以繻需。爲儒，以杸殊。爲投，以痡鋪。爲逋，以苽孤。爲瓜，以郚吾。爲悮，以栖西。爲妻，以棲西。爲萋，以撕西。爲斯，以鶙啼。爲弟，以蠡音梨，瓢也，測海。爲螺，以枅笄。爲牽，以嵇兮。爲稽，以畦携。爲葵，以狴篦。爲皮，以鞵鞋。爲奚，以佳皆。爲嘉，以悝恢。爲里，以桅嵬。爲危，以祴誡。爲戒，以璡津。爲遵，以恂荀。爲旬，以紃旬。爲荀，以櫄椿。爲薰，以昀匀。爲均，以畚均。爲瑩，以姺莘。爲先，以蟁蚊。爲呡，以饙分。爲墳，以棼汾。爲分，以鄖云。爲員，以焄熏。爲君，以皸軍。爲涓，以璠翻。爲煩，以飱孫。爲飡，以跟根。爲銀，以麇門。爲麋，以奸干。爲姦，以禪丹。爲禪，以躝闌。爲蔄，以槾摱。爲謾，以攽班。爲汾，以貛歡。爲觀，以煓湍。爲端，以鍰環。爲爰，以蕳艱。爲簡，以韉箋。爲薦，以舷絃。爲玄，以蹮仙。爲遷，以鬋煎。爲剪，以挻氊。爲延，以鯿鞭。爲偏，以朘宣。爲悛，以佺銓。爲全，以顴拳。爲歡，以蜎淵。爲鵑，以娟淵。爲涓，以漻遼。爲嘐，以梟澆。爲鴞，經傳惟《荀子・非十二子篇》以「梟亂天下」注「梟」與「鴞」同。以徼驕。爲激，以痟宵。爲肖，以膲焦。爲樵，以軺遙。爲迢，以珧姚。爲挑，以莜翹。爲收，以茯妖。爲夭，以胞抛。爲苞，以泡抛。爲匏，以薅蒿。爲耨，以艘騷。爲搜，以轑牢。爲僚，以臑猱。爲濡，以柯哥。爲軻，以薖科。爲戈，以嶓波。爲潘，以鄱婆。爲潘，以韡靴。爲華，以杷琶。爲巴，以猳加。爲霞，以枷加。爲架，以媧瓜。爲蛙，以鋩亡。爲茫，以宗忘。爲氓，以斯鏘。爲戕，以鄣章。爲障，以粻張。爲粮，以鏜湯。爲堂，以徉莊。爲羊，以翌皇。爲王，以芒亡。爲忙，惟《孟子》曰「芒芒然歸」音茫，與忙同。以秔庚。爲亢，以誙莖。爲經，以橙棖。爲登，以鯖正。爲晴，以螢熒。爲榮，以繒鄫。爲晴，以不紑。爲浮，以抔裒。爲杯，以駸侵。爲祲，以蔆森。爲侵，以郯談。爲炎，以殲尖。爲纖，以縑兼。爲謙，以銛纖。爲尖，以綝郴。爲琳。

上聲有：

以愯悚。爲爽，以甬勇。爲桶，以銗項。爲垢，以砥枳。爲柢，以秕比。爲婢，以痞圮。爲缶，以時止。爲齒，以駛史。爲駃，以屺芑。爲紀，以虽虺。爲蟲，以鋙語。爲悟，以羜杼。爲貯，以詡煦。爲舉，以鄅矩。爲禹，以瘐愈。爲瘦，以譜補。爲普，以浦溥。爲補，以莆甫。爲蒲，以廡武。爲府，以姥姆。爲嫗，以珇祖。爲阻，以鄠户。爲雩，以沛濟。爲姊，以醍體。爲題，以檑磊。爲累，以簨筍。爲巽，以惲韞。爲粉，以堇謹。爲僅，以阪反。爲板，以壼閫。爲壺，以蜑誕。爲延，以梡款。爲完，以盥管。爲澣，以侃衎。爲罕，以產滻。爲鏟，以扁音辮，扁鵲。爲褊，以覥典。爲勉，以俛免。爲晚，以沇究。爲允，以讜黨。爲儻，以痌丙。爲病，以璟冏。爲景，以褧頃。爲冏，以悻脛。爲荇，以涬脛。爲杏，以剄頸。爲經，以晻暗、俺二音。爲痷，以憺淡。爲瞻，以玁險。爲儼。

去聲有：

以珁貢。爲工，以睟粹。爲翠，以篲音遂，帚也。爲慧，以彗音遂，星也。爲惠，以魅媚。爲味，以鼻備。爲弼，以穗遂。爲惠，以异異。爲忌，以剚截。爲事，以駛使。爲吏，以惎忌。爲記，以哺步。爲餔，以輅路。爲各，以娩脾。爲畀，以捂悮。爲梧，以薜避。爲癖，以嚏帝。爲替，以楔系。爲契，以絏曳。爲繼，以筀桂。爲圭，以繐歲。爲惠，以淛制。爲浙，以帨税。爲兑，以轊衛。爲彗，以撅劌。爲厥，以鱖貴。爲厥，以蕞倅。爲撮，以檜會。爲鱠，以噦翽。爲嘒，以鄶鱠。爲會，以廥膾。爲會，以薈儈。爲會，以藹愛。爲靉，以繣畫。爲或，以態代。爲泰，以犗介。爲轄，以話壞。爲化，以碓對。爲戴，以戴帶。爲對，以邶佩。爲背，以誶碎。爲倅，以晬最。爲脆，以逮代。爲棣，以代太。爲待，以駿浚。爲俊，以焮釁。爲欣，以閈捍。爲幹，以矸岸。爲幹，以擐患。爲還，以轘官。爲環，以覸諫。爲閑，以莧限。爲現，以濺箭。爲賤，以掾阮。爲椽，以鄄絹。爲湮，以徼叫。爲竅，以噍誚。爲醮，以爆豹。爲暴，以櫂棹。爲擢，以虣暴。爲虓，以奈糯。爲耐，以挫佐。爲座，以擭化。爲獲，以舫放。爲紡，以宕蕩。爲實，以矴訂。爲釘，以賸剩。爲應，以鷲就。爲促，以籀胄。爲溜，以窌溜。爲窖，以唅憾。爲含，以緻稚。爲致，以翥注。爲夰，以蒟句。爲矩。

入聲有：

以濮卜。爲僕，以扑撲。爲朴，以毣木。爲翼，以瘯蔟。爲族，以儵叔。爲脩，以謖縮。爲稷，以儥育。爲賣，以嚳酷。爲梏，以斀獨。爲燭，以蕢續。爲讀，以榷各。爲確，以梲椒。爲祝，以俶觸。爲叔，以摧各。爲恪，以葯握。爲約，以稍朔。爲削，以譯亦。爲日，以郅質。爲織，以隲質。爲職，以悉膝。爲息，以膝悉。爲漆，以堲唧。爲即，以佾逸。爲益，以溢泆。爲亦，以鎰佚。爲抑，以乙壹。爲謁，以絀出。爲屈，以屈橘，姓。爲詘，以暨訖，姓。爲泊，以迄肸。爲訖，以羯訐。爲纈，以暍謁。爲竭，以昳迭。爲秩，以剟掇。爲輟，以泬血。爲穴，以揲舌。爲攝，以埒劣。爲捋，以烕吷。爲滅，以晢折。爲晳，以礿藥。爲灼，以雀爵。爲鵲，以繳斫。爲皎，唯《六家要指》云「名家苛察繳繞」，師古曰：「繳，公鳥反。」以妁酌。爲約，以屩脚。爲轎，以袥託。爲石，以壑涸。爲恪，以蠖臒。爲穫，以舶白。爲泊，以唶窄。爲昔，以磧刺。爲積，以螫釋。爲敕，以祏石。爲託，以寔殖。爲實，以埸亦。爲場，以集輯。爲習，以泣湆。爲吸，以鈒澀。爲鞁，以郃合。爲閤，以桔結。爲戛，以躃璧。爲鬩，以蹢的。爲擲，以鏑的。爲躑，以湜埴。爲實，以叜測。爲稷，以婕接。爲捷，以袷音劫，交領。爲夾，以袷音夾，衣無絮也。爲劫。

凡此皆聲之訛也。

惟「甄」有三訓：音真者，陶甄也；音堅者，察也，免也。見於十七真、二僊韻中，粲然可考。然學者皆押「陶甄」在僊字韻，獨真字韻反未嘗押，此皆相承之久，信耳不信目之過也。但《揚子》有「甄陶天下」，温公音居延切，往往取《玉篇》爲據，則又可通押。至於真字韻，不可不押耳。況《文選》張茂先《女史箴》【九】云「散氣流形，既陶既甄。在帝包犧，肇經天人」，則已押在十七真矣。

「羽」有三訓：在九麌，王矩切者，舒也，聚也；在十遇，王遇切者，翼毛也。近年賦中有押「一羽」在麌字韻，偶有司失於契勘，遂幸中，後來者不可蹈覆轍。

按《孟子·離婁下》「尹公之佗」即《左氏·襄公十四年》「尹公佗」也；《前漢》「南粵王趙佗」即《文帝贊》云「南越尉佗」、《高帝紀》「南海尉佗」也；《高紀》及《項籍傳》有「項它」；字與「佗」同，魏及項羽將。《過秦論》有「帶佗」；六國時將。《後漢》有「華佗」。五人名並音徒何反，讀爲駝。以至賈佗、昭十三年。北宫佗、涉佗、昭二十二年。陽佗，昭二十七。并《詩》有「陳佗」。《墓門》。並同音。

按《詩·皇皇者華》「周爰咨諏」、《左傳·襄四年》「咨事爲諏」，並音子須反。今《禮韻》十九侯「諏」字，音將侯切，注亦云：「咨事也。」其義雖同，然賦家押在侯字韻者，不可用《詩》與《左氏》全文。

按《孟子》云「天下之窮民而無告者」，「告」字無音，《梁惠王下》。《書》曰「不虐無告」，《大禹謨》。《釋文》獨音故毒反，旨意並同。第賦家用作堯事者，不可作去聲押。

【九】張茂先女史箴　「史」原作「使」，據諸本改。

「祇」字有兩聲：音歧者，「神祇」之「祇」，又訓大也，《玉篇》引《易》曰「無祇悔」是也；音支者，《廣韻》訓適是也，如《詩》曰「亦祇以異」，《揚子》曰「兹苦也，祇其所以爲樂也歟」，陸德明與司馬温公並音支。今杜詩、韓詩，或書作「秖」字，從禾從氏，而俗讀曰質者，非也。按《玉篇》竹尸切，《廣韻》丁尼切，皆注曰：「穀始熟也。」退之詩曰「秖言池未滿」、「秖是照蛟龍」、「秖知閑信馬」，子美詩曰「百舌來何處，重重秖報春」、「不堪秖老病，何得尚浮名」，皆當平聲讀。至如「飄泊南庭老，秖應學水仙」，不作平聲可乎？合從示訓適也，但也。

「只」字，韻書皆音之移、之尒二切，語已辭也。俗讀作質者，訛也。杜詩「只益丹心苦」、「只想竹林眠」、「寒花只暫香」、「虚懷只愛身」、「閨中只獨看」、「憶渠愁只睡」，皆當讀作止。

「薄」有三聲：音泊者，「厚薄」之「薄」；音朴者，疾驅聲，《詩》「載驅薄薄」是也；音博者，迫也，但韻書中並不收。《尚書·益稷》篇「外薄四海」，孔氏云：「薄，迫也。」《釋文》：「音蒲各反，徐音扶各反。」《毛詩·蓼蕭》注下引《虞書》「外薄四海」，《釋文》乃獨音博，與《書》本文音不同。《前漢·序傳》曰「外博四荒」，則班固亦讀作博，第以「博」爲「薄」，誤矣。今捨本文下二音，而從《蓼蕭》注音博，如《繫辭》云「雷風相薄」，又云「言陰陽相薄也」，《左氏》云「宋師未陳而薄之」、莊公十一年。「薄而觀之」、僖二十三。「半涉而薄我」、僖三十三。「薄諸河」、文十。「寧我薄人，無人薄我」，宣十二。《揚子》云「雷薄乎山」，並當讀作博。

藹。《詩》「藹藹王多吉士」，《釋文》與《禮部韻》並音去聲。統。二字《禮部韻》並收入去聲，而世俗呼作上聲。

「魏相」，《漢書》不音，不可作去聲讀。「劉更生」，《漢書》不音，不可作平聲讀，故宋景文有詩曰：「君看青史書劉向，便是當時劉更生。」

卷之十九

字説

字異而義同

天地一也，《潛虛》温公。作「蒖墜」。古「天地」字。雷風一也，《周禮》作「靁飌」。古「雷風」字。

《左傳》「九扈」【一】、《毛詩》「桑扈」【二】，用「扈」字。《爾雅》用「鳸」字。《説文》用「雇」字。又或作「⿰雩鳥」，其實一也。

「萱草」，《毛詩》用「諼」字，《韓詩外傳》、嵇康《養生論》用「萱」字【三】，阮籍《詠懷》詩用「諠」字，《説文》用「藼」、「蕿」、「萲」三字，其實一也。

衮者，衣之别名。《詩》謂之「衮」，《禮記》謂之「卷」，《荀子》謂之「裷」，其爲衣一也。

敔者，止樂之器。二《禮》、《尚書》謂之「敔」，《詩》謂之「圉」，其爲樂一也。

獄一也，在《詩》則有「宜岸宜獄」，在《揚子》則有「狴犴使人多禮」，在《漢・刑法志》

校勘記

【一】左傳九扈　「九扈」原在「左」字上，據四庫本移此。

【二】毛詩桑扈　「桑扈」原爲注文，據諸本移作正文。

【三】嵇康養生論用萱字　「用」原脱，據諸本補。

則有「獄豻不平」。

韶一也，《書》謂之「簫韶」，《左傳》謂之「磬箾」，《周禮》謂之「大磬」，《史記》謂之「九招」，《孟子》謂之「徵招」、「角招」。

《樂記》曰「建櫜」，建，讀爲鍵。《僖二十三年》作「櫜鞬」，九言反。其爲弓矢之衣一也。

《公劉》「鞞琫容刀」，《桓公二年》作「鞞鞛」，上補頂反，下布孔反。其爲容刀之飾一也。

《樂記》、《何人斯》作「壎篪」，《笙師》、《文中子》皆作「塤篪」。

《禮記》、《周禮》【四】皆作「八蜡」，《字林》獨作「八䄍」。

《詩》「神祇祖考，以安樂之」，《周禮》作「天地神示」。音祇。

《禮器》有「繁纓」，《巾車》作「樊纓」。繁、樊，並步干反。

《禮記》「裨冕」，《荀子·禮論》作「卑絻」。與「裨冕」同。

《祭統》【五】「共齊盛」，《甸師》作「齍盛」。

《太宰》「以八柄詔王」，《天官》。《内史》作「八枋」。兵病反。

《繫辭》「天地絪緼」，班固《東都賦》作「烟煴」。

《書》「至治馨香」，《郊特牲》作「羶薌」。「羶」，當作「馨」。

《谷風》「匍匐救之」，《檀弓》作「扶服」。

《詩》「綿蠻黄鳥」，《大學》作「緡蠻」。

【四】禮記周禮　「周禮」下原衍「禮」字，據諸本删。

【五】祭統　「統」原作「紀」，據諸本改。

《書》云「耄期」，《射義》作「旄期」。

《語》云「齊衰」，《昏義》作「資衰」。

《周書》「哀矜折獄」，《于定國傳》作「哀鰥哲獄」。

《子張》篇「君子之道，焉可誣也」，《薛宣傳》作「焉可憮也」。

《論語》「申申如也」，《漢書》作「伸伸」。

又「侃侃如也」，《唐・張嘉貞傳》作「侃侃」。

又「鄉人儺」，《郊特牲》【六】作「鄉人禓」，音傷，又爲「儺」。《月令》又作「難」。乃多反。

又「必也狂狷」，《孟子》作「狂獧」。

《莊子・齊物》篇「罔兩問景」，《孔子世家》「木石之怪，夔、罔閬」。注：魍魎。閬，音兩。

《龜策傳序》「伏靈者，千歲松根也」，《本草》作「茯苓」。

《祭義》「君子頃步而弗敢忘孝」，《荀子・勸學》「不積蹞步」。

《孟子》「夫蚓上食槁壤，下飲黄泉」，《荀子・勸學》「螾無爪牙之利」。「螾」，與「蚓」同。

《魯頌》「能修泮宫」，《禮器》、《王制》並作「頖宫」。

《堯典》「南訛」，《馮相氏》作「南譌」。五和反。

又「毛毨」，《司裘》作「毴毨」。上音毛。

《崧高》「不畏彊禦」，《陳咸傳》作「彊圉」。

【六】郊特牲　「牲」原作「人」，據諸本改。

《甘棠》「勿翦」，《韋玄成傳》作「勿鬋」。《學記》「夏楚二物」，《舜典》注作「榎楚」。《詩》「和鸞雍雍」，《東都賦》作「龢鑾」。《夬》卦「其行次且」，與「趑趄」同。韓愈《盤谷序》「足將進而趑趄」。《進學解》「佶屈聱牙」，《唐·元結傳》作「聱齖」。《姤》卦【七】「羸豕孚蹢躅」，《三年問》、柳宗元《貞符》【八】作「躑躅」。《困》卦「于臲卼」，《秦誓》【九】「邦之杌隉」。《説命》「亮陰三祀」，《喪服四制》作「諒闇」。《儒行》「篳門圭窬」，音竇。《襄公十五年》作「閨竇」。《衡山王傳》「日夜【一〇】縱臾王謀反事」縱，子勇反。臾，音勇。柳子厚《貞符》「脅歐縱踴」。宋玉《九辯》「鉏鋙而難入」，陸士衡《文賦》「或岨峿而不安」，白居易《無可奈何歌》「齟齬其心胸」。《曲禮》「定猶與」，嵇康《養生論》「内懷猶豫」，《馬援傳》「計尤豫未決」，《來歙傳》【一一】「冘豫」。冘，音淫。《説文》曰：「冘冘，行貌。」《東觀記》：「狐疑未決也。」亦音由，不定也。《太史公六家要指》「《論語》者，以六蓺爲法」，《孟子·序》作「藝」。

【七】姤卦　「姤」原作「垢」，據諸本改。
【八】柳宗元貞符　「符」原脱，據叢書本補。
【九】秦誓　「秦」原作「泰」，據諸本改。
【一〇】衡山王傳日夜　六字原脱，據叢書本盧文弨案校補。
【一一】來歙傳　原作「光武紀」，據叢書本改。

《僖二十四年》「狄固貪惏」，屈子《離騷》作「貪婪」。

經曰「嗚呼」一也，《漢・五行志》作「烏嘑」，《孔光傳》作「於虖」【一二】，《王貢》作「惡虖」，《董賢傳》、《禮記・大學》並作「於戲」，《詩・烈文》作「於乎」。

《詩》云「委蛇」一也，《後・儒林傳序》作「委它」，《韓詩外傳》、《任光傳贊》、《楊秉傳》並作「逶迤」，《楚辭・離騷》、《九辯》皆作「委蛇」，《九章》作「委移」，《九歎》作「逶移」，《列子》作「猗移」。

烽燧一也，《韓安國傳》作「熢燧」，《子虛賦》作「逢遂」。

田獵一也，《五子之歌》作「畋」，《無逸》作「于田」，《繫辭》作「以佃」，《小宗伯》作「大甸」。並音田。

《禹貢》「雲土、夢作乂」【一三】，《職方》作「雲瞢」。亡貢反。

又「滎波」，《職方氏》注作「滎播」。音波。

又「被孟豬」，《職方氏》作「望諸」，《左傳》、《爾雅》、宋玉《對楚王問》皆作「孟諸」【一四】。孔氏曰：「『孟豬』，《尚書》作『盟豬』，即《爾雅》『宋有孟豬』是也。」

《孟子》「封之有庳」，《漢・昌邑王傳》【一五】作「有鼻」，《鄒陽傳》「有卑」。並毗至反。

《梁惠王下》「大王事獯鬻」，《史記・匈奴傳》「葷粥居于北蠻」，《外紀》「黄帝北逐葷鬻」。

【一二】孔光傳作於虖　「於虖」原作「嗚呼」，據叢書本改。

【一三】雲土夢作乂　「乂」原脱，據叢書本補。

【一四】皆作孟諸　「皆」原作「當」，據諸本改。

【一五】漢昌邑王傳　「昌」原作「馬」，據諸本改。

《禮記》「晉人先有事於惡池」，呼沱【一六】。《揚子》「知江河之惡沲」，音烏拖。《職方氏》「其川虖池」，《光武紀》「渡滹沲」。

又「鰥寡孤獨得其養」，《詩》「至于矜寡」。矜，音鰥。

《詩》「彷徨不忍去」，《荀子·禮論》「方皇周挾」【一七】，讀作彷徨。《西都賦》「降周流以徬徨」。

《荀子·正論》「坎井之鼃」【一八】，《莊子》作「埳井」。

《詩·唐風》云「采苓采苓」，《爾雅》云「蘦，大苦」。釋曰：「蘦，一名大苦。」郭璞云：「苦草也。」

《孟子》云「啜粥飲水」，《荀子·富國篇》「嚽菽飲水」。「嚽」與「啜」同。

《書》「湯居亳」，《荀子·彊國》作「薄」。

《詩》「王居鎬京」，《荀子·正論》作「滈」，又作「鄗」。

《淮南子》云「屈商囚於羑里」，子長《報任少卿書》作「牖里」。

《詩》「岐有夷之行」，《前·地理志》「大王徙郊」【一九】。古「岐」字。

又「即有邰家室」，《前·地理志》「后稷封斄」。讀曰邰。

《禹貢》「至于陪尾」，《前·地理志》作「倍尾」。

又「析支渠搜」，《前·地理志》作「渠叟」。

【一六】呼沱　「沱」原作「池」，據叢書本改。

【一七】方皇周挾　「周」原作「周」，據叢書本改。

【一八】坎井之鼃　「鼃」原作「竈」，據叢書本改。

【一九】大王徙郊　「大」原作「文」，據叢書本改。

《檀弓》「自敗於臺音胡【二〇】。駘」，《春秋》作「狐駘」。

《繫辭》、《世紀》作「包犧」，《漢·律曆志》作「炮犧」，《通曆》作「庖犧」，《左·昭公十七年》注、《莊子·大宗師》、《揚子·問道》、班固《東都賦》皆作「伏羲」，《揚雄傳》作「宓犧」，《後·蔡邕》、《張衡傳》作「羲皇」，《荀子·成相》作「伏戲」，《前漢》作「宓戲」。

《書》有「皋陶」，《鼂錯傳》作「咎繇」。

《荀子·成相篇》湯讓於「牟光」，《莊子》作「務光」。「牟」與「務」同。

《荀子》曰「堯學於君疇」，《新序》子貢對哀公作「君壽」，史或作「尹壽」。

《書》「仲虺之誥」，《荀子·法行篇》作「中蘬」。與「仲虺」同。

《書》「説命」，《學記》作「兑命」。

《論語》「周任有言」，《季氏》。《盤庚》作「遲任」。

又「子貢」，《樂記》、《荀子》、《董仲舒贊》作「子贛」。

又「曾點」，《史記》作「曾蒧」。音點。

又「仲弓」，《荀子》作「子弓」。

又「孟之反」，《哀公十一年》作「孟之側」，又作「孟子反」，《莊子》作「孟子反」，何《論》云「孟之反」，或云「字反」。

《孟子》云「宋牼」，《荀子》作「宋銒」。與「牼」同。

【二〇】自敗於臺音胡　「音胡」原脱，據諸本補。

又「逢蒙」，《荀子·王伯篇》作「蠭門」，音逢蒙。《淮南子》、王褒《頌》作「逢門」，《七略》作「蠭門」。

又「離婁」，《莊子》作「離朱」。

《左傳》「納公孫寧于陳」，《公羊》作「甯」，《禮運》注亦作「甯」；《過秦論》「六國之士有寧越」即「甯越」也；《史記》有《寧成傳》【一一】，《前漢》作「甯成」。

《書》「君牙」，《緇衣》作「君雅」。

《書》「咸有一德」，《禮記》作「尹吉」。吉，音告。

「盤庚」，《翼奉傳》作「般庚」。

又「吕刑」，《緇衣》、《孝經》作「甫刑」。說者謂「吕刑，後封甫」。東坡本孔穎達之説。

《君奭》曰「割申勸寧【一二】王之德」，《緇衣》作「周田觀文王之德」。

《詩》「小雅」，《學記》作「宵雅」。宵之言小也，音消。

宣王之臣有「南仲」【一三】，班固《人物表》。《博古圖》作「南中」。「中」、「仲」古字通用。

《前漢》「鼂錯」，《荊王劉賈贊》及《叙傳》作「朝錯」。

《書》「鯀陻洪水」【一四】，《國語》作「鮌」。

列子名「禦寇」，《前·藝文志》作「圄寇」。圄，音禦。

賈誼《弔屈原賦》云「莫邪」，崔駰《達旨》辭作「鏌鋣」。

【一一】史記有寧成傳　「寧」原作「甯」，據叢書本顧廣圻案改。

【一二】自上文「士有寧越」至「割申勸寧」，除注文「説者謂吕刑後封甫東坡本孔穎達之説」十六字外，原本衍六十五字，據諸本删。

【一三】宣王之臣有南仲　「仲」原作「中」，據諸本改。

【一四】鯀陻洪水　「陻」原作「淫」，據四庫本改。

《詩》「顯顯令德」，《中庸》作「憲憲」。

又「鵲之彊彊」【二五】，《表記》作「姜姜」。

又「脊令在原」，《左傳》、《爾雅》、東方朔《答客難》作「鶺鴒」。

又「樂爾妻孥」，《中庸》作「妻帑」。

又「氓之蚩蚩」，《過秦論》「甿隸之人」，《劉向傳》「民萌何以勸勉」。三「氓」字，皆民也。

又「倉庚喈喈」，宋玉《好色賦》作「鶬鶊」。

《信南山》云「原隰」，《邃師》作「邍隰」。古「原」字。

《書》云「天難諶」，《詩》「天難忱斯」。

又「虎賁、綴衣」，沈約《宋·志》作「虎奔」，班固《西都賦》作「贅衣」。

《大禹謨》「降水儆予」，《滕文公下》「洚水警余」。

《舜典》云「姦宄」【二六】，《司刑》作「姦軌」。

《舜典》、《法言》曰「殂落」，《萬章》作「徂落」。

又《洪範》有八政，《前·藝文志》作「鴻範」。

又「王道平平」，《史記》作「王道便便」。

又「敷納以言」，《文帝紀》作「傳納以言」。

又「隨山刊木」，《地理志》作「栞」。

【二五】鵲之彊彊　「彊彊」原作「疆疆」，據諸本改。

【二六】舜典云姦宄　「宄」原作「究」，據諸本改。

《書》「在璿璣」，《易略例》「處琁璣以觀大運」。

又「縲絏之中」，《太史公傳》作「累紲之辱」。與「縲紲」同。

《孟子》「雖有鎡基」，樊、酈等《贊》作「茲基」。

「今病小愈」，《前·郊祀志》「上病瘉」。讀作愈。

又伊尹「在畎畝之中」，《劉向傳》「雖在甽畝」，《鼂錯傳》「中國之所以離南畮也」。與「畝」同。

《大人賦》【二七】「下峥嶸而無地兮」，《甘泉賦》「似紫宮之峥嶸」。音宏。

《過秦論》「遁巡而不敢進」，遁，千旬反。《趙后傳》「逡循固讓」。

《霍光傳》「使者旁午」，猶言交横也。《劉向傳》「水、旱、饑，蝝、螽、螟，蠭午並起」。蠭午，猶雜遝也。

《悼李夫人賦》「惟幼眇之相羊」，猶逍遥也。宋玉《風賦》「徜徉中庭」。音常羊，一本作「倘佯」。

《劉向傳》「惓惓之義」，與「拳」同。《中庸》「得一善，則拳拳服膺」，《司馬遷傳》「拳拳之忠」。

《王商傳》「商言有固疾」，讀作痼。《賈誼傳》疏曰「必爲錮疾」。

《杜欽傳》【二八】「報睚眦」，睚，音厓，舉目也；眦，即「眥」字，目匡也。《孔光傳》「厓眥莫不中

【二七】大人賦　「大人」原作「子虛」，據叢書本改。

【二八】杜欽傳　「欽」原作「鄴」，據叢書本改。

傷」，厓，五懈反；訾，杜懈反。

《郊祀志》「毒冒」，毒，音代；冒，莫佩反【二九】。《西域傳贊》「睹犀象、瑇瑁，則建珠厓七郡」【三〇】。瑇瑁，古代妹。

《武帝紀》「單于待命加嫚」，音曼。《董仲舒傳》「桀暴謾」。音慢。

《鼂錯傳》「在俛卬之間」，卬，讀作仰。《王章傳》「今不自激卬」【三一】。讀作昂【三二】，仰頭爲卬【三三】。

《揚雄傳》「橫江潭以南洭兮」，洭，往也，子放反。又《甘泉賦》「迋迋離宮般以相燭兮」。迋，古「往」字。

《高帝紀》「旗幟皆赤」，式志反，字或作「識」、作「志」，音義同。《食貨志》「旗織加其上」，織，音熾。

《叔孫通傳》「設兵張旗志」【三四】。與「幟」同，式志反。

《五行志》「劉屈氂復坐祝樝要斬」，樝，側據反，古「詛」字。《許皇后傳》【三五】「祝樝後宮」。樝，古「詛」字。

《律曆志》「黃帝使泠淪」，音倫。《外紀・黃帝紀》「命伶倫造律呂」。

揚雄《解嘲》「縹縹有凌雲之志」，縹，匹昭反。《相如傳》作「飄飄」【三六】。

相如《子虛賦》「封彊畫界」【三七】，彊，讀作疆。《王子侯表》「畺土過制」。畺，與「疆」同。

《趙廣漢傳》「廋索私屠沽」，廋，與「搜」同。《王莽傳》「摉索城中」。摉，與「搜」同。

【二九】莫佩反　「莫」原爲墨丁，據諸本補。

【三〇】則建珠厓七郡　「建」原作「連」，據叢書本改。

【三一】今不自激卬　「今」原作「文」，據諸本改。

【三二】讀作昂　「昂」原作「仰」，據四庫本改。

【三三】仰頭爲卬　「卬」原作「健」，據四庫本改。

【三四】設兵張旗志　「設」原作「談」，據諸本改。

【三五】許皇后傳　「許皇」原作「上官」，據叢書本改。

【三六】相如傳作飄飄　「相如傳」原作「揚雄」，據叢書本改。

【三七】封彊畫界　「封」原作「新」，據諸本改。

《藝文志》「《易》之嗛嗛」。與「謙」同。

《五行志》「岷山崩㢋」，讀作壅。《王莽傳》「長平館西岸崩邕」【三八】。讀作壅。

《蒯通傳》「天下匈匈」，《翟方進傳》「羣下兇兇」。「匈」、「兇」二字，雖無音，皆當作上聲讀。

《項羽贊》「頫首延頸」，頫，古「俯」字。《韓信傳》「俛出跨下」。俛，亦「俯」字。

《鄭崇傳》【三九】「皡天罔極」，皡，與「昊」同。相如《封禪書》「肇自顥穹生民」。顥，與「昊」同。

《蘇武傳》「霍光寑其奏」，《趙充國傳》「夜不寑至旦」，《論語》「終夜不寢」，「寑」、「㝱」，與「寢」同。

《書》曰「若疇圻父」，即《詩》云「祈父」【四〇】。孔氏曰：「司馬掌封畿兵甲。」古者「祈」、「圻」、「畿」同字得通用，故《詩》作「祈」，《書》作「圻」。

字同而義異一

《大禹謨》「降水儆予」，即《孟子》謂「洚水」者，洪水也。《禹貢》「北過降水」。水名。

《伊訓》「臣下不匡，其刑墨」，《祭統》「草艾則墨」，《田蚡傳》「竇嬰墨墨不得志」，讀作默。

《家語·在厄篇》「有埃墨墮飯中，顔回取而食之」，《昭十四年》「貪以敗官爲墨」。

《冏命》「侍御僕從」，《萬章下》「使之僕僕爾亟拜也」。

《大禹謨》「汝惟不伐」，《既濟》卦「高宗伐鬼方」，《車千秋傳》「千秋無伐閲」，伐，讀作

【三八】長平館西岸崩邕　「平」原作「王」，「西」原作「兩」，均據叢書本改。

【三九】鄭崇傳　「崇」原作「宗」，據叢書本改。

【四〇】詩云祈父　「祈」原作「圻」，據諸本改。

閾。《詩》「伐木丁丁」。

《堯典》「厥民夷」，平也。《草蟲》「我心則夷」，悦也。《舜典》「蠻夷夷狄。猾夏」，《序卦》【四一】「夷者，傷也」，《玉藻》「灌尊，夏后以雞夷」，讀作彝。《孟子》引《詩》「民之秉夷」，讀曰彝。韓愈《羅池廟碑》【四二】「不鄙夷其民」。

《堯典》「以殷仲春」，殷，正也。《詩》「憂心殷殷」，憂貌。《漢文帝贊》「海内殷富」，盛也。《語》「殷因於夏禮」，國名。《相如傳》「文君侍者通殷勤」。與「慇」同。

《大禹謨》「皋陶矢厥謨」，矢，陳也。《大東》「其直如矢」，箭也。《莊子・人間世》篇「愛馬者以筐盛矢」，與「屎」同。《雍也》「夫子矢之」。誓也。

《太甲》「惟明明后」，君也。《曲禮》「再拜稽首而后對」。與「後」同。

《書》「毋作神羞」，恥也。《左傳》「可以羞於王公」，進也。《膳夫》「掌王之食飲膳羞」。致滋味爲羞。

又「永底烝民之生」，致也【四三】。《梅福傳》「爵禄，天下之底石」。與「砥」同。

《洪範》「五皇極」，中也。又「威用六極」，窮也。《詩》「昊天罔極」。盡也，窮也。星有北極，室亦有極，杜詩「仙仗離丹極」。李白《大鵬賦序》云「可謂神遊八極之表」，《倪寬傳》「天子建中和之極」。正也。

《舜典》「讓于夔龍」，夔，舜臣也。《大禹謨》「夔夔齋栗」，敬貌。《劉子》曰「夔之一足」。

【四一】序卦　原作「繫辭」，據叢書本改。

【四二】韓愈羅池廟碑　「羅池」原作「南海」，據四庫本改。

【四三】致也　「致」原作「故」，據諸本改。

獸名。

《洪範》「九疇」，類也。《孟子》「糞其田疇」，《説文》曰：「耕治之田也。」《荀子·正論》「至賢疇四海」，成也，籌也。《前·律曆志》「疇人子弟」，與「儔」同。《書》「疇敢不祗若王之休命」，誰也。《檀弓》「疇昔之夜」。疇，昔也。

《無逸》「君子所其無逸」，安也。《立政》「乃惟庶習逸德之人」，過也。《孟子》「遺逸而不怨」，遺也。《唐·文藝傳序》「史家逸其行事」，失也。《成公二年》「馬逸不能止」，奔也。杜詩「俊逸鮑參軍」。超也。

《大禹謨》「儆戒無虞」，度也。《國語》「文王詢于八虞」，官也。《孟子》「伯者之民，驩虞如也」，樂也。《詩》「騶虞」。獸名。

《舜典》「疇若予工」，順也。《莊子·人間世》「吾語若」，汝也。《漢·石顯傳》「綬若若耶」，長貌。《唐·儒學傳序》「取三品以上子弟若孫爲之」，與也。《孟子序》「若此者衆」。如也。

《泰誓》「毒痛四海」，《老子》「亭之毒之」。王弼注：「亭，謂品其形；毒，謂成其質。」

《臣工》「奄觀銍艾」，讀作乂，即「乂」也。《前·郊祀志》「天下艾安」，讀曰乂，治也。《王褒傳》「俊艾將自至」，讀作乂，俊乂也。《傅介子傳》「不誅無以懲艾」。讀作乂。

《下武》「昭哉嗣服」，事也。《論語》「有事，弟子服其勞」，用也。又「以服事殷」，服，事也。《詩》「無思不服」，畏也。《賈誼傳》「服飛入誼舍」，讀作鵩。《書》「弼成五服」，又「彰施于五采作服」。衣也。

《詩》「麟之定」，題也。「定之方中」。星名。

《我將》「維天其右之」，右，與「祐」同。《書》「相成王爲左右」，《泰》卦「以左右民」。音左佑，助也。

《詩·采苓》「舍旃舍旃」，之也。《王褒傳頌》「荷旃被毳」。與「氈」同。

《甘棠》「召伯所説」，息也。《問明篇》「韓非作《説難》之書」。

《詩》「胡爲乎泥中」，胡，何也。「狼跋其胡」，頷也。「胡考之寧」，遐也。應劭《〈漢儀〉奏》曰「宋愚人寶燕石，覩者掩口盧胡而笑」，笑貌。《李蔚贊》【四四】「屈萬乘之尊自等於古胡」。胡人也。

又「桓桓武王」，桓，威也。《周禮》「公執桓圭」，植也。《周易》「磐桓，利居貞」。旋也，《屯卦》。

「小心翼翼」，恭也。《書》「翼日乃瘳」，明也。《莊子》「以禮爲翼」。羽也。

又「穀則異室」，穀，生也。「穀旦于差」，善也。《書》「既富方穀」，禄也。「百穀用成」。穀，粟也。

又「我武維揚」，威武也。《曲禮》「堂上布武」，迹也。《語》曰「《武》，盡美矣」。武王樂名。

【四四】李蔚贊　「蔚」下原衍「宗」字，據叢書本刪。

卷之二十

字説

字同而義異二

《詩》「鶴鳴于九皋」，九折澤也。《哀公廿一年》「魯人之皋數年」。緩也。

「燕燕于飛」，鳦鳥。「嘉賓式燕以衎」。安也。

又「夏屋渠渠」，勤也。《前漢・吴王傳》「爲渠率」，大也。《後漢・薊子訓傳》【一】「兒識父母，軒渠笑悦」，軒舉【二】，笑貌。《前漢》「石渠論五經同異」，閣名。杜詩「憶渠愁只睡」，他也。韓詩「清溝映污渠」。溝也。

「俾爾耆而艾」，老也。「夜未艾」，止也。《孟子》「求三年之艾」。草名。

又「壽考且寧」，考，老也。「作召公考」，成也。《書》「三載考績」，推也。《爾雅・釋名》「父死曰考」，《淮南子》「夏后之璜，不能無考」。瑕也。

又「福履將之」，履，禄也。「君子所履」。踐也。

《孝經》「滿而不溢」，盈也。《維天之命》「假以溢我」，《漢・食貨志》「黄金以溢爲

校勘記

【一】後漢薊子訓傳　「訓傳」原作「傳訓」，據叢書本乙。

【二】軒舉　「舉」叢書本作「渠」。

名」，《禮樂志・郊祀歌》「舞成八溢」。並與「益」同。

《公孫丑下》「弟子齊宿而後敢言」，讀作肅。《漢・哀帝紀》「宿夜憂勞」，讀作夙。《西域傳・大宛國》有「馬耆目宿」，讀作苜蓿。《左傳》「再宿爲信」。

《息夫躬傳》「僕遬不足數」，僕，步木反。《莊子・人間世》篇「適有蚉䖟僕緣」。

《前・郊祀志》「忽明上通」，忽，與「聰」同。《陳湯傳》「踰忽嶺」。與「葱」同。

樊、酈等《贊》「雖有兹基」，兹，讀曰鎡。《匈奴傳》「前世重之兹甚」，與「滋」同，益也。《書》「念兹在兹」。此也。

《李尋傳》「人民繇俗」，繇，與「謠」同。《鼂錯傳》「禹得咎繇」，與「皋陶」同。《高帝紀》「常繇」。讀作傜【三】。

《王吉傳》「吸新吐故【四】，以練五臧」，才浪反。《王莽傳》「府藏完具」。

《前・地理志》「市明珠、壁流離」，與「琉璃」同。《揚雄傳》「亡春風之被離」【五】，讀作披離。《易》「明兩作，離」，卦名。《詩》「彼黍離離」，盛貌。《旄丘》「流離之子」，鳥也【六】。班固《東都賦》「僸佅兜離」，夷樂名。《张良贊》「高祖數離困厄」，遭也。《古今注》【七】「芍藥一名可離」【八】，草名。《文選》沈休文詩「紫燕光陸離」。明也。

《食貨志》「賦入貢棐」，與「篚」同。《戾太子傳》「毋作棐德」，古「匪」字。《書》「天棐忱辭」。輔也。

【三】讀作傜　「傜」原作「淫」，據叢書本改。

【四】吸新吐故　「吸」原作「火」，據叢書本改。

【五】亡春風之被離　「風」原作「秋」，據叢書本改。

【六】鳥也　「鳥」原作「别」，據《條録・跋》改。

【七】古今注　「古今」原作「毛詩」，據叢書本改。

【八】芍藥一名可離　「可」原作「何」，據叢書本改。

《高帝紀》【九】「發關中老弱未傅者悉詣軍」，傅，音附。《鼂錯贊》「爰盎亦善傅會」。讀曰附。

《律曆志》「罷去尤疏遠者十七家」，與「疎」同。《王吉傳》「布衣疏食」。與「蔬」同。

《翼奉傳》「般庚遷殷」，《谷永傳》「般樂遊畋」。並音盤。

《乾》卦「反復道也」，復，芳服反。《叔孫通傳》「惠帝作復道」，與「複」同。《高帝紀》「以沛爲湯沐邑，復其民」。除也。

《雍也》「亦可以弗畔矣夫」，畔，背也。《左傳》「如農之有畔」，田界。《詩》「無然畔援」。猶跋扈也。

《鄉黨》「屏氣似不息者」，《漢廣》「不可休息」，《高帝紀》「臣有息女」，《答客難》「喟然長息」。

《雍也》「今汝畫」，止也。《揚子》「書，心畫也」，字畫。《鼂錯傳》「計畫始行」。策也。

《揚子》「或曰：人羨久生」，《告子上》「無或乎王之不智也」。「惑」同。

《泰》卦「后以財成天地之道」，財，與「裁」同。《賈誼傳》「唯陛下財幸」，「裁」字同。《五行志》「選期門郎有財力者」，與「才」同。《文帝紀》「見馬遺財足」，與「纔」同。《曲禮》「臨財毋苟得」。貨財。

《中孚》卦「我有好爵，吾與爾靡之」，「靡」本作「縻」，同。亡池反。《文帝紀》「爲酒醪以靡

【九】高帝紀　「紀」原脱，據叢書本補。

穀者多」。音糜。

《繫辭》「天高地卑」,《丙吉傳》「西曹地忍之」。地,但也,亦第也。

又「其臭如蘭」,香也。《鄉黨》「臭惡不食」。穢也。

又「其殆庶幾乎」,庶,幸也。《論語》「既庶矣」。衆也。

「籩人棗桌」,古「栗」字。《敘傳》「郡中震桌」,讀作慄。又云「桌取弔」【一〇】。孝景姬也。

《禮記》「以共齊盛」,共,與「供」同。《小明》「靖共爾位」。作「恭」字。

《中庸》「拳拳服膺」,胸也。《詩》「戎狄是膺」,《書》「誕膺天命」。上擊也,下受也。

《曲禮》「儗人必於其倫」,比也。《食貨志》「黍稷儗儗」。盛貌,音擬。

《少儀》「客爵居左」,又《禮器》、《周禮》曰「享先王以玉爵」,酒器。《孟子》「周室班爵祿也」。

《經解》「潔淨精微」,妙也。又「不遺微小」,《毛詩》「不以微薄廢禮」,小也。《語》曰「微管仲,吾其被髮左衽」。無也。

《學記》「善學者如攻堅木」,《論語》「剛毅木訥,近仁」。

《檀弓》「事君有犯無隱」,匿也,積也。《中庸》「索隱行怪」,逸也。《孟子》「惻隱之心」。痛也。

《荀子·哀公篇》【一一】「其馬將失」,讀作逸,奔也。《杜欽傳》「言失欲之生害也」。與

【一〇】桌取弔　「弔」原作「予」,據叢書本改。

【一一】荀子哀公篇　「哀公」原作「法得」,據諸本改。

「逸」同。

《繫辭》「原始要終」，要，求也。賈誼《策》「一脛之大幾如要」，讀作腰。《王莽贊》「以要名譽」，作邀。《論語》「雖曰不要君，吾不信也」。

《揚子》「般投其斧而習諸」，《揚雄傳》「般、倕棄其剞劂」，與「班」同，人名。《禮樂志》「般裔裔」，班。《趙充國傳》「般師罷兵」。音班，還也。

《孟子》「有欲爲王留行者」，《霍去病傳》「留落不耦」。

《孟子》「我非堯舜之道，不敢陳於王前」，《漢》、《史》「陳陳相因」，《論語》「子在陳」。

《揚子》「一卷之書，必立之師」，《周易》「師，衆也」，《論語》「加之以師旅」。

《易》「不速之客三人來」，速，召也。《揚子》「辰乎辰，何來之遲，而去之速也」。

《易》「元者善之長也」，《孟子》「勇士不忘喪其元」，首也。《書》「一人元良」，大也。董《策》「《春秋》謂一爲元」。始也。

《司馬遷贊》「或有抵梧」，音悟。《項羽傳》「諸將莫敢枝梧」，音悟。張良等《贊》「魁梧奇偉」。音悟，言可警悟。今人讀爲吾，非也。

字異而音同

《鄉黨》「當暑，袗絺綌」，《玉藻》「振絺綌不入公門」。與「袗」同，之忍反。

《爲政》「非其鬼而祭之，諂也」，《表記》「事君遠而諫，則讇也」。本亦作「諂」。

《傳》「潢汙行潦之水」，《食貨志》「川原爲黃洿」【一二】。與「潢汙」同。

《五行志》「兒嗁腹中」，亦作「啼」。《嚴助傳》「孤子謕號」。古「啼」字。

《吕后紀》「徘徊往來」，古「裴」字。《郊祀志》「神裴回若留放」。

《文帝紀》「見馬遺財足」，與「裁」同。《高惠高后文功臣表》【一三】「裁十一二」，與「纔」同。《鼂錯傳》「遠縣纔至」。音才，僅也。

《王褒傳》「萬祥畢溱」，讀作臻。《禮樂志》「四極爰轃」。與「臻」同。

《項籍傳》「楚蠭起之將」，古「蜂」字。《過秦論》「豪傑蜂起」。

《東方朔傳》「變詐鋒出」【一四】，《谷永傳》「災異鋒起」，《趙廣漢傳》「專厲强壯蠭氣」，《中山靖王傳》「讒言之徒蠭生」【一五】。並讀曰鋒。

相如《封禪書》「逢涌原泉」，逢，讀曰㷭，言如㷭火原泉也。《五行志》「㷭火通長安」【一六】。

《詩》「頡之頏之」，《甘泉賦》「魚頡而鳥䀏」。胡行反。

《詩》「差池其羽」，《子虛賦》「柴池茈虒」。柴，音差，參差也；茈，音此；虒，音豸，不齊也。

《刑法志》「法度墮」，《異姓諸侯王表》「墮城銷刃」。火規反。

《禮樂志》「六合紛員」，音云。《相如傳》「威武紛云」，《揚雄傳》「汾沄沸渭」【一七】。奮擊貌。

《韋賢傳》「萬國逌平」，古「攸」字，所也。《叙傳》「九疇逌叙」。古「攸」字。

【一二】川原爲黃洿　「洿」原作「滹」，據叢書本改。

【一三】高惠高后文功臣表　「高后」原脱「高」字，據叢書本補。

【一四】變詐鋒出　「詐」原作「作」，據諸本改。

【一五】讒言之徒蠭生　「蠭」原作「蠭」，據叢書本改。

【一六】㷭火通長安　「通長安」原作「長通」，據叢書本徐鯤案改。

【一七】汾沄沸渭　「汾」原作「紛」，據叢書本改。

《食貨志》「直爲此廩廩也」，危也。《揚雄傳》「下陰潛以慘廩兮」，廩，來感反，一讀如本字，寒涼意。《循吏傳》「此廩廩庶幾德讓君子之遺風」，言有風采也。《西域傳》「須諸國廩食」【一八】。給也，音廩。

《王莽傳》「封剿胡子」，子小反。《西域傳》「王莽封郭欽爲剿胡子」。子小反。

《枚乘傳》「隊入深淵」，隊，直類反。《王莽傳》「危亡之禍，不隧如髮」，直類反。《天文志》「枉矢磓至地則石也」，讀作墜。《敘傳》「薄姬磓魏」。古「墜」字。

《禮樂志》王吉《疏》「恩愛寖薄」，古「浸」字。《溝洫志》「西南出，寖數百里」，古「浸」字。《劉向傳》「災異浸甚」，《嚴延年傳》「浸浸日多」，漸也。《地理志》「寖曰五湖」。古「浸」字。

《中庸》「君子之道，闇然而日章」，音暗。《文帝紀》詔「三光晻昧」。音暗。

《律曆志》「宓戲氏之所以順天地」【一九】，「宓」與「伏」同。《相如傳》「青琴虙妃」。虙，讀作伏。

《藝文志》「蹵鞻」，上子六反，下巨六反。《枚乘傳》、《東方朔傳》作「蹵鞠」，《霍去病傳》作「躢鞠」。

《高帝紀》「令趨銷印」，又「因趣丞相急定功行封」【二〇】。並音促。

《孟子》「舍己之田而芸人之田」，《甫田》「或耘或耔」。音云，本亦作「芸」。

《禮運》「君位危，則大臣倍」，步内反。《坊記》「利祿，先死者而後生者，則民不偝」。

【一八】須諸國廩食　「諸」原脱，據叢書本補。

【一九】宓戲氏之所以順天地　「戲」原作「义」，據四庫本改。

【二〇】因趣丞相急定功行封　「因」原作「令」，據叢書本改。

《莊十一年》「禹、湯罪己，其興也悖焉」，蒲忽反。《告子》「浡然而生」，《梁惠王上》【二一】音倍。「則苗浡然興之矣」。作「勃」用。

《繫辭》「屈信相感而利害生」，《樂記》「習其俯仰詘伸」。

《郊祀志》「莫不搤掔」，音厄，又與「扼」同。又「嗔目扼掔」，《張良等贊》「數離困阸」，與「厄」同。《太史公傳》「仲尼戹而作《春秋》」，《翟義傳》「以成三戹」。古「戹」字。

《刑法志》「聖人既躬明悊之性」，讀作哲。《叙傳》「聖喆之常」。音哲。

《孟子》「抱關擊柝」，《貨殖傳》作「擊梯」。與「柝」同。

《周禮・弁師》「五采繅」。音早，古「藻」字。《都宗人》「國有大故，則令禱祠」。本作「禱」，丁老反。《太卜》「清二蓸」。音夢。《占人》「八簭」。音筮【二二】。《太卜》「三兆」。音兆。《太祝》「辨九㨾」【二三】。音拜。《太胥》「舍采」。音釋菜。

字同而音異

《賈誼傳》「貴賤有等而不隃貴」，「踰」同。《趙充國傳》「兵難隃度」。音遙。

《韋賢傳》「我王以媮」，「愉」同。《襄三十年》「晉未可媮也」【二四】。音偷，薄也。

《孝經》「示之以好惡」，《周禮》「天地神示」。音祇。

「子路行行如也」，音項。《詩》「寘彼周行」，音航。《詩》「有覺德行」。音幸。

【二一】梁惠王上　「王」原脱，據四庫本補。

【二二】音筮　「筮」原作「客」，據諸本改。

【二三】辨九㨾　「辨」原作「卞」，據諸本改。

【二四】晉未可媮也　「媮」原作「喻」，據諸本改。

《論語》「從之純如也」，從，音縱。又「從者見之」，才用反。《詩》「衡從其畝」，平聲。《檀弓》「爾無從從」。縱字，上聲。《繫辭》「造書契」，音忌。《書》「帝曰契」，音屑。《詩》「死生契闊」，音挈。《通鑑·安帝義熙二年》「契丹」。音乞。《左傳·叙》「創通大義」，音刱。《曲禮》「頭有創則沐」。初良反。《禮器》「犧尊在西」，素何反。《書》「犧牷牲用」。音羲。《易》「輿説輹」，吐活反。《詩》「説于桑田」，音税。《論語》「不亦説乎」。音悦。《采薇》「命將率」，本亦作「帥」。桓二年「藻、率、鞸、鞛」，音律。《祭義》「古之獻繭者，其率用此與」。音律。《中庸》「山，一卷石之多」，卷，音權。《玉藻》「龍卷以祭」，音衮。《論語》「則可卷而懷之」，音捲。《毛詩》「卷阿」。音拳，曲也。《曲禮》「定猶與」，音又。《檀弓下》「咏斯猶」。音摇。《孟子》「般樂飲酒」，音盤。《學行》「般投其斧」，音班。相如《封禪書》「般般之獸」，古「班」字。《趙充國傳》「般師罷兵」。音班。《書》「十旬弗返」，音循。《均人》「豐年則公旬用三日」。音均。《論語》「不能專對」，如字。《大司徒》「其民專而長」。徒丸反【二五】。

【二五】徒丸反　「丸」原作「氶」，據叢書本改。

《孟子》「今病小愈」，《荀子・君子篇》「天子者，形至佚，心至愈」。音愉。

《媒氏》「純帛無過五兩」【二六】，音緇。《詩》「白茅純束」。音屯。

《高祖紀》「諸侯罷戲下」【二七】，虛爲反，「麾旌」之「麾」【二八】。《通鑑・高祖紀》「項羽進至戲」，許宜反，地名。《荀子》「文武之道同伏戲」，與「羲」同。《大學》「《詩》云：於戲，前王不忘」。好胡反。

《樂記》「禮有報」，《喪服小記》「報葬者報虞」。音赴。

《成二年》「左輪朱殷」【二九】，音因，赤黑色也。《詩》「殷其靁」。音隱。

《景帝紀》「罪人不帑」，《匈奴傳》「虛費府帑」。台黨反。

《禮樂志》「陳，舜之後，《招樂》存焉」，音韶。《項羽贊》「招八州而朝同列」。音翹，舉也。

《揚雄傳》「默有深湛之思」，與「沉」同。《成帝贊》「湛于酒色」。音耽。

《大禹謨》「奄有四海」，與「掩」同。《漢郊祀歌》「神奄留」。與「淹」同。

《論語》「辟諸草木」，音譬。《戾太子傳》「辟暑甘泉」【三〇】，音避。《洪範》「惟辟作福」，必益反，君也。《孟子》「放辟邪侈」，與「僻」同。《禮記・王制》「正刑明辟」。音闢，法也。

《張釋之傳》「跪而結之」，音係。《陸賈傳》「尉佗魋結箕踞」【三一】。音髻。

《尚書》「推而内之溝中」【三二】，音納。《溝洫志》「盟津洛内」。音汭。

《樂記》「《詩》云：莫其德音」，武白反。《詩》「維莫之春」。音暮。

【二六】純帛無過五兩　「兩」原作「旬」，據叢書本改。

【二七】諸侯罷戲下　「罷」下原有「至」字，據叢書本刪。

【二八】麾旌之麾　原作「旄旌之旌」，據叢書本改。

【二九】左輪朱殷　「左」原作「血」，據諸本改。

【三〇】辟暑甘泉　「暑」原作「諸」，據叢書本改。

【三一】尉佗魋結箕踞　「魋」原脫，據叢書本補。

【三二】推而内之溝中　「溝」原作「講」，據諸本改。

卷之二十一

字説

集字一

凡諸家小説奥篇隱衺，有字音異同，皆裒集左方，以便考閲，庶急於肄業者，免泛觀之勞也。

許慎《説文解字》所引六經，與今六經字多不同。如《説文》於「逑」字引《書》曰「旁逑孱功」，今《書》作「方鳩」。「草木蔪苞」今作「漸」，「璪火粉米」今作「藻」，「有能俾嬖」今作「乂」，「宅堣夷」今作「嵎」，「五品不遜」今作「遜」，「娶于嵞山」今作「塗」，「即成五服」今作「弼」，「竄三苗」今作「竄」，「朞三百有六旬」今作「朞」，「元首叢脞哉」今作「脞」，「譒告之修」今作「播」，「至于岱宗，祡」今作「柴」，「高宗夢得説，使百工敻求諸野」今作「營」，「庶草繁無」今作「廡」，「鳥獸氈毛」今作「毨」，「若藥不眄眩」今作「瞑」，「彝倫攸殬」今作「斁」，「西伯戡𪓐」今作「黎」，「粊誓」今作「費誓」，「若顛木之甹枿」今作「由蘖」【一】，「我之不㢸」今作「辟」，「焯見三友」今作「灼」，「今汝懖懖」今作「聒」，「左

校勘記

【一】今作由蘖　「蘖」原脱，據叢書本補。

杖黄戊」今作「鉞」,「與紂戰于坶野」今作「牧」,「一人冕,執鈗」今作「鋭」,「堋淫于家」今作「朋」,「平𩠩東作」今作「秩」,「武王惟睸」今作「冒」,「敦我于艱」【二】今作「扞」,「常敀常任」今作「伯」,「陳宋赤刀」今作「寶」,「刖劓𢾻黥」今作「椓」,「乃惟孺子攽」今作「頒」。

又於「玼」字引《詩》曰「新臺有玼」乃作「泚」,「陶寝陶穴」今作「復」,「瓶之窒矣」今作「罄」,「譬彼瘣木」今作「壞」,「侚侚彼有屋」今作「仳」,「痑痑駱馬」今作「嘽」,「衣裳髗髗」今作「楚」,「墫墫舞我」今作「蹲」,「邛有旨鷊」今作「鷊」,「彼薾維何」【三】今作「爾」,「葛藟櫐之」今作「縈」【四】,「墻有薺」今作「茨」,「顔如蕣華」今作「舜」,「蔽蔽山川」今作「滌」,「食鬱及藿」今作「薁」,「菉竹猗猗」今作「緑」,「克岐克嶷」今作「嶷」【五】,「犬夷呬矣」今作「喙」,「無然呭呭」今作「泄」,「咠咠幡幡」今作「捷」,「振旅嗔嗔」今作「闐」,「民之方唸吚」今作「殿屎」,「謂地蓋厚,不敢不𧼯」今作「蹐」,「詞之㪿矣」今作「輯」,「誐以溢我」今作「假」,「我執黍稷」今作「蓺」,「營營青蠅」今作「營」,「叏兮達兮」今作「挑」,「無我𢾅兮」今作「魗」,「國步斯矉」今作「頻」。

又於「犕」字引《易》曰「犕牛乘馬」【六】今作「服」,「百穀草木麗於地」今作「麗乎土」,「雜而不逑」【七】今作「越」,「其牛觢」今作「掣」,「夫乾隺然」今作「確」,「茁之離」今作「臬」,「䡗其屋」今作「豐」,「爲馰顙」今作「的」,「再三黷」今作「瀆」,「忼龍有悔」今作

【二】敦我于艱　「我于」原作「于我」,據叢書本乙。

【三】彼薾維何　「何」原作「河」,據諸本改。

【四】今作縈　「縈」原作「榮」,據叢書本改。

【五】今作嶷　「嶷」原作「𡾊」,據諸本改。

【六】犕牛乘馬　「犕」原作「備」,據諸本改。

【七】雜而不逑　「雜」原作「新」,據叢書本改。

「亢」，「天地壹壺」今作「氤氲」，「靴升大吉」今作「允」，「包亢」今作「荒」。

又於「削」字引《周禮》曰「任鄁地」【八】今作「稍」，「廟門容大鼏七个」今作「扃」，「赤魃」今作「芨」，「糅牙，外不爕」今作「廉」【九】。

又於「磒」字引《春秋》曰「磒石于宋五」今作「隕」，「殳夷蕴崇之」今作「芟」。

又於「悠」字引《孝經》曰「哭不悠」今作「偯」。

案：古之治經者，各有師承，各尊其師之所傳，而成一家之學，故字有不同者，各因其所傳之本而已。許氏《説文》所引，乃雜舉諸家之本，故用字有不同。今諸家訓注多云「故本」者，乃别本也。許氏訓字之義而爲《説文》，其引經皆不悖於義，徐鉉稍爲之粉飾，遂成一家之學。後世訓釋字義者，皆以此爲宗，可謂博矣。至於俗字訛謬、增損偏旁者，亦皆明出於本字之下。吝者，惜也，俗作「悋」；赴者，告也，俗作「訃」；祚者，祭福也，俗作「胙」；蹇者，蹇蹇也，俗作「謇」；緥者，襁褓也，俗作「褓」；瀓者，清也，俗作「澄」；頻者，水厓也，俗作「濱」；閔者，弔也，俗作「憫」；尊者，酒尊也，俗作「罇」；埶者，種也，俗作「蓺」；雅，烏加反，楚烏也，俗作「鴉」；創，楚良反，傷也，俗作「瘡」；汻，呼古反，水厓也，俗作「滸」；鮏，桑經反，魚臭也，俗作「鯹」；捼，奴禾反，兩手摩也，俗作「挼」；虚，丘如反，大丘也，俗作「墟」；撼，胡感反，摇手也，俗作「撼」。已上俗作字，皆非是。

【八】任鄁地　「鄁」原作「削」，據叢書本改。

【九】今作廉　「廉」原作「兼」，據叢書本改。

賡者，古文【一〇】，續也，俗作古行反； 草者，自保反，櫟實也，一曰象斗子，可染墨，今俗人以爲「艸」，又作「皂」、「皁」二字，皆無意義； 充耳者，塞耳也，俗加「玉」爲「琉」； 差池，後人加「足」爲「蹉跎」； 儋何，俗作「擔荷」； 槖佗，俗作「駱駝」； 裴回，俗作「徘徊」； 結環，俗作「髻鬟」； 滂沛，俗作「霶霈」； 劈歷，俗作「霹靂」； 蝄蜽，俗作「魍魎」； 秋千，俗作「鞦韆」。「嵇」字非古也，奚氏避難造之。「低」、「債」、「價」、「停」、「儆」、「伺」，皆從人，後人所加。

又有它語訓字。逴，敕角反，遠也，讀爲棹。蠢，此芮反，數祭也，讀爲「春麥爲蠢」【一一】之「蠢」。啄、琢，從豕； 蠡，從彖，皆從其聲。徐鉉皆曰：「今無此語。」謂「逴」字下數字。

「案：五方之俗，言語不同，歷時既久，則有不相通曉者，毋足怪也。許慎《說文》之後，又有《玉篇》、《廣韻》、《類篇》、《集韻》等，字書愈廣，率皆兼載俗書，讀其書者往往不知本始，惟觀許慎《說文解字》可以槩見。」秦昌朝《字譜》。

《東觀餘論》云：「《隋·經籍志》、《唐·藝文志》：《何遜集》皆八弓。晉天福本但詩兩弓，今世傳本是也。獨春明宋氏有舊本八弓特完，因借傳之。」又云：「小宋《太一宮》詩『瑞木千尋聳，仙圖幾弔開』，注云：『《真誥》謂一卷爲一弔。』殊不知《真誥》所謂『弓』即『卷』字，蓋從省文，《真誥》音亦爾，非『弔』字也。 碧虛子陳景元據《真誥》以此字即『篇』字，亦誤也。」

【一〇】賡者古文　「文」下疑脱「反」字。

【一一】春麥爲蠢　「麥」原作「麦」，據叢書本改。

《東皋雜録》云：「嘗見人讀『冒頓』音墨突，偏閲《漢書》，無此音。後出《晉書音義》。又『曲逆』音句遇，事出《文選注・功臣贊》。」予以李善《文選》陸士衡《高祖功臣頌》檢之，無此音，俟别借五臣本參考。

史炤《通鑑釋文》：「冒頓，劉伯莊音墨特，或讀如本字。」程大昌《演繁露》云：「陳平封曲逆侯，或讀如去遇，非也。《地理志》中山國曲逆縣，得名因濡乃官反。水至城北，曲而西流，故曰『曲逆』。章帝醜其名，改曰『蒲陰』，則『曲逆』之讀，當如本字，不當借音。」孔毅父《珩璜論》【一二】曰：「陳平封曲逆侯，《漢書》無别音。《文選》載陸士衡《高祖功臣頌》『曲逆宏達，好謀能深』，注：『曲，區句反。逆，音遇。』」見五臣《文選》。章貢本同。

《學林新編》云：「《前漢・地理志》『上郡有龜兹』，應劭注曰：『龜兹，音丘慈。』案字書：龜，居逵切，又居求切。蓋居求者，音鳩，亦收在鳩字韻中。然則『龜兹』，當音鳩慈，而應劭音龜作丘者，於字書居求切，誤調入丘音也。其餘史書，並音『龜兹』作丘慈，實應劭唱其誤耳。」

《通鑑釋文》云：「光武二十二年。『龜兹』，《前書》音丘慈【一三】。今『龜』音勾丘切，『兹』音沮惟切，蓋急言耳。章懷説。」

《通鑑釋文・安帝義熙二年》：「『契丹』音乞，夷狄國名。」《新唐書》「契丹」音欺訖切，又直音乞。

【一二】孔毅父珩璜論　「毅」原作「殷」，據諸本改。

【一三】前書音丘慈　「音」原脱，據《資治通鑑釋文》卷五補。

《演繁露》云：「蕃語以華言譯之，皆得其近似耳。『天竺』語轉而爲『捐篤』、『身毒』；唐有『吐蕃』，本『禿髮烏孤』【一四】，『禿髮』語轉遂爲『吐蕃』；唃廝羅之父名『籛逋』，乃『贊普』也；『達怛』，乃『靺鞨』也；『契丹』之『契』，讀如喫，惟《新唐書》有音；冒頓，讀如墨突【一五】，惟《晉書音義》有之，《漢音義》無也，不知其何所本。然嘗怪蕃語入中國，其元無本字而以華語記之，如『捐篤』、『身毒』，固無所奈何，至如『龜茲』，既知其爲丘慈，何不徑以『丘慈』書之？乃借用龜茲以待飜字者，而後音讀乃明，是必有説也。華、戎語異，雖借華字記之，尚與本語不全諧協，其必宛轉於兩字之間。如『龜』近『丘』，而不全爲『丘』，必『龜』、『丘』聲合，然後相近，故不得以一字正命也。」《新唐書》音「靺」，莫著切；「鞨」，何莫反。又直音末曷【一六】。

《學林新編》云：「蕃夷名號有他音，不讀作本字。故『可汗』、音榼寒。『閼支』、音煙支。『谷蠡』、音禄黎。『狋氏』【一七】、音權精【一八】。『浩亹』、音閣門。『番汗』、音盤寒。『允吾』、音鈆牙。『先零』，音銑鱗。凡此皆爲它音，書亦不載者。」

《舊唐書·回紇傳》云：「元和四年，里迦可汗遣使請改爲『回鶻』，義取回旋輕捷如鶻。」《新·回鶻傳》：「貞元四年七月，可汗上表，請改『紇』字爲『鶻』。」

《通鑑釋文》：敦煌，音屯皇。康居，下音渠。月氏，下音支。于寘，與「闐」同。樂浪，音洛郎。浩亹。音誥門。顯宗咸康五年：「羯虜，居列切，虜別号。」永和二十年：「索虜，昔各切。

【一四】禿髮烏孤　「烏」原爲墨丁，據叢書本補。

【一五】讀如墨突　「墨」原作「黑」，據叢書本改。

【一六】又直音末曷　「曷」下原有「反」字，據叢書本刪。

【一七】狋氏　「狋」原作「獼」，據諸本改。

【一八】音權精　「權」原爲墨丁，據諸本補。

戎虜以索辮髮。」元興三年：「番禺，音潘愚，南海邑，屬廣州。」又宋明帝泰始二年【一九】：「番禺，上蒲何切，下魚容切，南海邑。」光武紀：「牂柯，上兹郎切，下古何切。牂柯者，係船杙也。楚伐夜郎，椓船於且蘭岸，因以名其地。」漢高帝元年：「殽函，上何交切，下胡讒切。殽，山名。函，谷名。或作『崤崡』。」又景帝前三年：「函谷關，音咸。」齊和帝紀：「瀏陽，力久切，長沙邑。」予按：《毛詩》「瀏其清兮」，音留，又力久切。今長沙亦呼「劉陽」爲「留陽」。魏世祖黄初六年：「番陽，音婆，或作『鄱』，漢豫章邑。吴芮所封號『番君』以此。至三國，鄱陽郡。」明帝景初元年：「山茌，仕之切。漢泰山郡有茌縣，茌山在縣東北，或音淄。東漢爲茌侯國【二〇】，入三國，屬魏。」晉惠帝永熙元年：「繆，莫六切，姓也。《廣韻》一屋韻：莫六切。《禮記》有『繆公』，又姓也。」元寧元年：「郄隆，上抽遲切，姓也。」愍帝建興元年：「郗鑒，綺鑒切，姓也。」又元帝大興二年：「郗鑒，丑之切，姓也。鑒，其名，古銜切。」又見明帝大寧元年。懷帝永嘉六年：「郝詵，上呵各切，姓也；下所臻切。」大興二年：「應詹，於陵切，姓也。詹，其名。應，本自周武王後。《左傳》曰：『邘、晉、應、韓，武之穆也。』」顯宗咸康四年：「鮮于屈，鮮于，覆姓。《風俗通》曰：『武王封箕子于朝鮮，其子食采於于，因氏焉。』」元興元年：「朝鮮，上音潮，直驕切；下音仙。」顯宗元和三年：「昝堅，上子感切，姓也。」宋太祖元嘉二十八年：「惡來，哀都切，商紂之臣。《史記》曰：『惡來善讒毁諸侯。』」梁武帝普通六年：「万俟醜奴，音墨棋，虜複姓。醜

【一九】又宋明帝泰始二年　「泰」原作「秦」，據叢書本改。

【二〇】東漢爲茌侯國　「漢」原作「海」，據《校補》改。

奴，其名。」前漢成帝永始五年：「翟方進，上徒歷切，姓也。」王莽紀二年【二一】：「翟義，徒歷切，亦音澤，翟方進之子。」又曰：「《姓譜》徒歷切，方進之子。」五年：「侯芭，音葩。」晉愍帝建興元年：「刁勰，音協。」「傖子，助耕切，楚人別種。」周赧王三十六年：「夫，音扶；差，初加切。《檀弓下》：『夫差謂行人儀曰：是夫也多言。』夫，音扶；差，音初佳反。《前漢·陸賈傳》：『吳王夫差、智伯極武而亡。』師古曰：『夫，音扶；差，楚宜反。』」蒼梧王元徽二年【二二】：「鑾蛋，蕩旱切，鑾屬。」元帝大興二年：「左衛率，所類切，與『帥』同。」「掾，俞絹切，官屬。」魏元帝景元四年：「閹官，衣廉切，又於檢切【二三】，宮中守門者，通作『奄』。」晉惠帝永熙八年：「賨人，徂東切，南蠻賦【二四】。稱『賨人』者，乃稅賦之家。」永熙二年：「蔕芥，上丑邁切，下居拜切。蔕芥，刺鯁也。」愍帝建興二年：「聽事，他丁切。古者治官處謂之聽事【二五】，後語省，直曰聽，故加『广』。」【二六】「堂皇，堂無四壁曰『皇』，見《漢·胡建傳》注。」「袠，直一切，書帙，亦謂之書衣。」魏嘉平三年：「造次，七到切，急遽也。」邵陵厲公嘉平五年：「蟣蝨，上舉豈切，蝨之子也；下色櫛切，齧人蟲。」「張設，知亮切，陳設也。」元帝景元二年：「比屋，毗必切，比次也。」晉武帝大元十四年：「浮屠，同都切。袁宏《漢紀》：『浮屠，佛也。佛者，漢言覺也，將以覺悟群生。』」宋武帝元年：「浮圖，『圖』或作『屠』，與前『浮屠』同。」「五誡，音戒，釋家有五誡。」二十一年：「曖昧，於代切，晻曖暗昧也。」安帝隆安二年：「肺附，無他音。肺腑者，

【二一】王莽紀二年　「紀」原作「傳」，據叢書本改。

【二二】蒼梧王元徽二年　「梧」原作「格」，據諸本改。

【二三】又於檢切　「於」原作「石」，據諸本改。

【二四】南蠻賦　「賦」原作「付」，據諸本改。

【二五】古者治官處謂之聽事　「處」原脱，據《資治通鑑釋文》卷十補。

【二六】故加广　「广」原作「庚」，據諸本改。

如肝肺之相附著也。」【二七】《前漢・劉向傳》：「臣幸託肺附。」師古曰：「舊解云肺附謂肝肺相附著，猶言心膂。一説謂斫木之肺札也，自言於帝室猶肺札附於大材木也。」宋文帝元嘉二十六年：「偵候，丑正切，謂覘偵而伺候之也。」元徽四年：「青鐵，蘇旱切，蓋也。」梁武帝天監四年：「迢遰，上田聊切，下徒計切，謂去相遠也。」中大通二年【二八】：「娩乳，美辨切，生子免娠也。」漢宣帝地節三年：「繡細馮，細，亦作『茵』；馮，讀曰憑。茵，蓐也，謂以繡爲細馮。」秦十四年：「《説林》、《説難》。説，式拙切；難，乃旦切。《説林》者，廣説諸事，其多若林，故曰『説林』。難者，説前人行事與之不同，而詰難之。按《商君傳》云：『其事有十餘萬言。』又按，劉伯莊之《説難》自是一書，非《史記》所云韓非囚秦【二九】《説難》之篇。所謂『説難』者，『説』音『游説』之『説』，『難』音『難易』之『難』。」《韓非子傳》【三〇】，《索隱》曰：「説，音税；難，奴干反。言游説之道爲難，故曰『説難』。」《揚子・問明篇》：「韓非作《説難》之書，而卒死乎説難。」司馬曰：「説，音税。」漢宣帝二年：「耳孫，耳音仍，昆孫之子爲耳孫。」《藝苑雌黄》曰：「《學林》云：『《漢書》在《紀》言耳孫，在《表》言曾孫，當從《漢書》以耳孫爲曾孫。若音仍，則誤。』予謂不然。『耳』字正當作仍音。以世數言之，曾孫爲四世，玄孫爲五世，仍孫爲八世。所謂仍孫者，即玄孫之曾孫也，晉灼之言當矣。彦賓謂耳孫爲曾孫，非也。」「綜核，上子宋切，讀若總；下夏革切，讀若覈。」孝元永光元年：「舛午，上尺兖切，下五故切。

【二七】如肝肺之相附著也　「相」原作「揔」，據《資治通鑑釋文》卷十二改。

【二八】中大通二年　「二年」原脱，據叢書本補。

【二九】史記所云韓非囚秦　八字原脱，又衍「説難自是一書非」七字，據諸本删補。

【三〇】韓非子傳　「子」原作「三」，據四庫本改。

舛，錯也；　午，逆也。」孝成永始五年：「弟弟，徒計切。弟弟者，言弟能順理也。」王莽紀【三一】：「駱驛，音洛懌，言不絶也。」「屈彊，上其勿切，下其兩切，梗戾也。」更始元年：「屈起，渠勿切，如山之崛起。」魏明帝太和三年：「於邑，上汪胡切，呼也，通作『嗚』；　下於及切，憂也，通作『悒』。」《前漢·中山靖王勝傳》，師古曰：「於邑，短氣貌。於，音嗚。邑，一合反，或讀如本字。」周赧王二十九年：「[illegible]，劉向《説苑》作『鸓』字，林鷊屬。」始皇二十五年：「蛛蝥之靡，上音朱，下音矛，蜘蛛也。靡，美爲切，與縻同，謂縻爛也。」以上多見史炤《通鑑釋文》上。

《項羽傳》：「楊喜追羽，羽叱之，喜人馬俱驚，辟易。」師古曰：「辟易【三二】，謂開張而易其本處。」辟，音璧；　易，音亦。

《左傳·襄公二十一年》：「未知見時，不敢輸幣，亦不敢暴露。」暴，普卜反。《史記·張儀贊》曰：「世惡蘇秦者，以其先死，而儀振暴其短【三三】，以扶其説。」《索隱》曰：「暴，步卜反。」退之《南海廟碑》云：「不爲表襮。」音博，又逋沃切。

又云「蜿蜿蜒蜒」，上音鴛，下音延。歐公《集古録跋》云：「以集本校之，皆同。惟集本云『蜿蜿蜒蜒』，而碑云『蜿蜿蛇蛇』，小異。當以碑本爲正。」

《揚子·君子篇》「蠢迪撿押」【三四】，温公曰：「當作『檢柙』。柙，户夾切。」《重黎篇》：「六國蚩蚩，爲嬴弱姬，卒之屏營。」温公曰：「屏，音并。謂屏營，猶旁皇

【三一】王莽紀　「紀」原作「傳」，據叢書本改。

【三二】辟易　「易」原作「見」，據諸本改。

【三三】而儀振暴其短　「儀」原作「議」，據諸本改。

【三四】蠢迪撿押　「撿押」原作「檢柙」，據叢書本改。

失據之貌。」予謂今世士大夫表牋結尾，有「激切屏營」【三五】之語，正用是也，故特附於此。

《周禮·地官·大司徒》注「若今度支經用」，《内宰》「正歲均其稍食」注：「均，調度也。上徒弔反，下待洛反，或如字。」《通鑑釋文·前哀帝二年》：「調，徒弔反，調賦也。度，徒故反，用度也。」

《詩·何彼襛矣》【三六】「王姬之車」，《釋文》曰：「《釋名》云：『車，聲如居。』今尺奢反。韋昭曰：『古皆音尺奢反，從漢以來始有居音。』」

《史記·燕王劉澤世家》田生子説張卿曰【三七】：「今呂氏雅故本推轂高帝就天下。」《索隱》曰：「推，昌誰反。」《通鑑·前孝文十四年》【三八】：「推轂，上通回反，進也【三九】；下古録切，輻所湊也。」《左傳·成公二年》鄭丘緩曰：「自始合，苟有險，余必下推車。」陸音：「昌誰反，又他回反。」《前漢·鄭當時》「其推轂士」，「推」字無音。

澹庵先生胡忠簡《跋保靜庵記》云：「『靜』，古文作『靚』，考經史，有數義。《韓奕》詩《傳》云『祁祁，徐也，靚也』，許氏《説文》云『靚，召也』，賈誼《鵬賦》云『澹乎若深淵之靚』【四〇】，則取澹泊之義；相如《上林賦》『靚莊刻飭』，郭璞云『靚莊，粉白黛黑』，則取刻飾之義；閻朝隱之文，如『麗服靚莊』，則取文章靡麗之義。然又有以爲名者，周顯王四十八年『子謹靚王定立』是也。按陸德明：『靚，音靜，又一音才性反。』則『靚』非惟數

【三五】激切屏營　「切」原脱，據諸本補。

【三六】詩何彼襛矣　「襛」原作「穠」，據叢書本改。

【三七】田生子説張卿曰　「張卿」原在「田」字上，據叢書本移至此。

【三八】通鑑前孝文十四年　此「通鑑」指《通鑑釋文》，疑脱「釋文」二字。

【三九】上通回反進也　「進」原作「推」，據叢書本改。

【四〇】澹乎若深淵之靚　「淵」原作「澗」，據叢書本改。

義，亦自兩音。然『祁祁』之義一也，德明於《風》則云『舒遲』，於《雅》則云『徐也』，此又不可不辨。近世學者不精音訓，如上庠魁選『夫子之道忠恕』於『恕』字押『誰毀誰譽』【四一】，不知『譽』字乃在平聲，故予讀《保靜庵記》，表而出之，貴學者以根經爲本。」忠簡公諱銓。

洪景盧《欸乃齋記》云：「二字本書爲『欸乃』，見元次山、柳子厚集中，其音如『襖靄』。涪翁始以『欵』爲『欸』，雖字異，音則同元、柳。相去久遠，流傳或譌，翁當有所據。柳別本或并二字爲『襖』音，又別出一『靄』字，非也。」

又《蠙洲記》云：「淮蠙書於《禹貢》，今番江漁者采蚌蛤，或得琲如芡實，有光焰，不愧合浦珠。字書又出『琕』、『玭』二字，皆與『蠙』音義同，梁馬仙琕、唐柳玭所名者也。」

馬大年云：「元城先生嘗論漢高帝功臣曰『屠狗販繒之徒』，呼『繒』字與『餳』相近，後檢《漢・灌嬰傳》注，但云『帛之總名』而已。今按《韻略》：『慈陵切。』注云：『帛也。增，咨登切。』則世人以『繒』爲『增』，誠非也。《尚書》『厥篚玄纖縞』，注云：『玄，黑繒也。縞，白繒也。』釋音云：『似陵反。』《禮運》云『瘞繒』，注云：『幣帛曰繒。』釋音：『似仍反。』《左氏》『衛文公大帛之冠』，注云：『大帛，厚繒。繒，疾陵切。』《晉書・地理志》：『繒，才陵反。』以諸音義考之，當以疾陵爲正。」見《嬾真子》説文。《元成語録》曰：「然韻切爲慈陵，又不若似陵之近也【四二】。『餳』字乃在耕字韻中，徐盈切，則與似陵不相類，但聲相近。」

【四一】於恕字押誰毀誰譽　「押」原脱，據四庫本補。

【四二】又不若似陵之近也　「不」原脱，據叢書本補。

卷之二十二

字説

集字二

胡仔《苕溪叢話》曰：「《元次山集·自釋》【一】曰：『帶笭箵而晝船。』注：『上郎丁、下桑荒切【二】。竹器也。』故《唐書音訓》云：『讀作郎桑，見結本集。』《音訓》又音：『上力丁切，下息拯切。取魚籠也。』蓋有平、仄兩音。《自釋》又云【三】：『能帶笭箵，全獨保生。』其語雖協韻，然《廣韻》、《集韻》於『庚』、『清』、『青』三韻中，不收此『箵』字，並於上聲『迥』字韻中收之。」

又曰：「退之《與崔立之》詩云：『四坐各低面，不敢捩眼窺。』捩，音麗，琵琶撥也，謂左右窺。又《荷池》云『未諳鳴摵摵，那似卷翻翻』，又有『摵摵井梧疏更殞』，摵，音縮，又音蹙。並到也。又音索，殞落貌。」

後漢趙壹詩【四】：「伊優北堂上，骯髒倚門邊。」音亢葬，蓋高抗倖直貌。見東坡詩注。

校勘記

【一】元次山集自釋　「自」原作「字」，據四庫本改。

【二】上郎丁下桑荒切　原作「上下郎荒」，據《苕溪漁隱叢話後集》卷二十四改。

【三】自釋又云　「自」原作「字」，據《苕溪漁隱叢話後集》卷二十四改。

【四】後漢趙壹詩　「漢」下原衍「起」字，據諸本删。

東坡《和陳履常雪中》詩「老檜作花真彊項」，趙次公云：「潁州多檜而花白，指檜爲言檜老矣，而假雪以爲花，猶人之彊項，不伏其老矣。『彊項』字，如董宣不屈於公主，帝目之『彊項令』。」

東坡《次韻滕大夫》詩云：「揭來城下作飛石，一礮驚落天驕魂。」次公云：「礮，匹貌反，今之砲石也。」又《送鮮于都曹歸蜀》云「籥盡霜須照碧銅」，次公云：「籥，讀如鑷。」《禮部韻》亦作「籥」。

山谷《筍詩寄東坡》云：「大和諸生，儋於用韻。」又《伯時畫揩蛘虎》詩云：「猛虎肉醉初醒時，揩摩苛蛘風助威。」蛘，與痒同。

神宗御製《通鑑序》云：「斷之以邪正，要之以治忽。」注云：「要，伊消切，若『要膂』之『要』。」蓋要者，衆體之所會也，凡會其宗者爲要之。

又云：「此亦古人述作造端立意之所繇也。」繇，夷周切，與「由」同。古「由」字從由從丂，《書》曰「若顛木之有甹蘖」者也，後人省「丂」字，故徐鍇曰：「《説文》無『由』字。」

《南史·劉杳傳》：「杳在任昉坐，有人餉昉桰酒而作『榐』字，昉問杳：『此字是否？』答曰：『葛洪《字苑》作木旁看。』」《集韻》「榐」：「榐、桰。木名，汁可爲酒。或作桰。」

《學林》云：「『天保』爲一大人只十【五】，『甄舒仲』【六】爲予舍西土瓦中人，『董』爲千里草，『趙』爲小月走，『亨』爲二月了，『卓』爲十日卜，『李』爲十八子，『昌』爲二日，

【五】爲一大人只十　「只」原作「口八」，據《校補》改。

【六】甄舒仲　「舒仲」原作「仲舒」，據叢書本乙。

『運』爲軍走，『隆化』爲降死【七】，三刀爲『州』，破田爲『丑』。凡此皆象形取義，非字書偏旁之法也。」

《藝苑雌黄》云：「食品有『畢羅』者，蕃中畢氏、羅氏好食此味，因以名之，今俗乃從食而爲『饆饠』。蔬品有『頗陵』者，昔人有頗陵國將其子來，因以爲名，今俗乃從艸而爲『菠薐』。嗚呼，字書之不講久矣，以『對』爲『對』，以『辠』爲『罪』，自秦、漢以來則然。熙、豐間，嘗有成書是正譌謬，學者不能深考，類以穿鑿皆之，至乃妄有增損。如加『玉』之點，去『井』之一，以『棗』爲來來，以『劉』爲卯金刀，以『貨泉』爲白水真人，以『裴』爲非衣小兒，以『松』爲十八公，以『董』爲千里草，以『安』爲兩角女，以『春』爲一日夫，『幽』爲山上挂絲，『吴』爲天上有口，『朱』爲斗下木，『蘭』爲門東草，『州』爲三刀，『羅』爲四維，『杳』爲十八日，『吉』爲十一口，『火』爲八人，『昌』爲兩日，『合』爲人一口，『德』爲人十四心，『甄舒仲』爲予舍西土瓦中人【八】，『天保』爲一大人只十【九】，『趙』爲小月走，『亨』爲二月了，『卓』爲十日卜，『李』爲十八子，『運』爲軍走，『岳』爲丘山，『隆』爲降死，『業』爲苦末，以破田爲『丑』，以召刀爲『劭』，狃於習俗，恬不爲非。甚者果加草而爲『菓』，須加髟而爲『鬚』，景加彡而爲『影』，準去十而爲『准』【一〇】。鳳鳥之『皇』爲皇王之『皇』一也，必加几而爲『凰』；燕雀之『燕』與燕安之『燕』一也，必加鳥而爲『鷰』。暴加日而爲『曝』，然加火而爲『燃』，岡加山而爲『崗』，莫加日而爲『暮』，若是之類，豈非俗學之

【七】隆化爲降死　「死」原作「買」，據叢書本改。

【八】甄舒仲爲予舍西土瓦中人　「舒仲」原作「仲舒」，據叢書本乙。

【九】天保爲一大人只十　「只」原作「口八」，據《校補》改。

【一〇】準去十而爲准　「去十」原脱，據諸本補。

謬歟？」

《皇朝類苑》云：「古文自變隸，其法已錯亂，後轉爲楷字，愈訛舛殆不可考。如言有口爲『吳』，無口爲『天』。按字書，『吳』字本從口從矢，音捏。非天字也，此因近世謬從楷法言之。至如兩漢篆文尚未廢，亦有可疑者。如漢武帝以隱語召東方朔云：『先生來來。』解云：『來來，棗也。』按『棗』字從朿，音刺。不從來，此或是漢人所傳，非當時語。如卯金爲『劉』，『貨泉』爲白水真人，此則出於緯書，乃漢人之語。按『劉』字從丣音酉。從金，如『桺』、『畱』、『駵』，皆從丣，非卯字也。『貨』從貝，『真』乃從具，亦非一體，不知緣何如此。字書與本史所記，必有一誤也。」

《學林》云：「《沈約傳》曰：『約譔《四聲譜》，以謂在昔詞人，累千載而不悟，而獨得於胸襟，窮其妙旨，自謂入神。』陸法言論聲韻曰：『吳、楚則傷輕淺，燕、趙則傷重濁，秦、隴則去聲爲入，梁、益則平聲似去。』固有即音切而知其義，如『之于』切爲『諸』，『而已』切爲『耳』【一一】，『如是』切爲『爾』，『何不』切爲『盍』，『不可』切爲『叵』。至於閭里鄙俗，亦有以音切爲呼者，『突鑾』爲『團』，『屈陸』爲『曲』，『鶻崙』爲『渾』，『鶻盧』爲『壺』，『忒驗』爲『大』，『咳洛』爲『殼』。初非有師學教授之也，天成自然，莫知所以，約所謂『入神』，殆此類耶？」【一二】

《皇朝類苑》云：「切韻之學出于西域，漢人訓字止曰『讀如某字』，未用反切。然古

【一一】而已切爲耳　「切」原脱，據諸本補。

【一二】殆此類耶　「此」原作「非」，據諸本改。

語已有二聲合爲一字者【一三】，如『不可』爲『叵』，『何不』爲『盍』，『如是』爲『爾』，『而已』爲『耳』，『之于』爲『諸』之類，從西域二合之音，蓋切字之原也。」《筆談》。

《緗素雜記》云：「古語有二聲合爲一字者，如『不可』爲『叵』，『何不』爲『盍』，『而犬』爲『耎』，『酷寵』爲『孔』，從西域二合之音，蓋切字之原也。學者不曉『龍鍾』、『潦倒』之義正如二合之音是也，『龍鍾』切爲『癃』字，『潦倒』切爲『老』字，謂人之老羸癃疾者，即以『龍鍾』、『潦倒』目之，其義取此。」

宋子京《筆記》云：「孫炎作反切語，本出於俚俗常言，故謂『就』爲『鯽溜』，凡人不慧者，即曰『不鯽溜』，謂『團』曰『突欒』，謂『精』曰『鯽令』，謂『孔』曰『窟龍』，不可勝舉。而盧仝詩云『不鯽溜鈍漢』，林逋詩云『團欒空繞百千回』，是不曉俚人反語，逋雖變『突』爲『團』，亦其繆也。」

《容齋隨筆》云：「切脚語：世人語音有以切脚而稱者，亦間具之於書史中。如以『蓬』爲『勃籠』，『槃』爲『勃闌』，『鐸』爲『突落』，『叵』爲『不可』，『團』爲『突欒』，『鉦』爲『丁寧』，『頂』爲『滴顁』，『角』爲『矻落』，『蒲』爲『勃盧』，『精』爲『即零』，『螳』爲『突郎』，『旁』爲『步郎』，『茨』爲『蒺藜』，『錮』爲『骨露』，『窠』爲『窟駄』是也。」

《容齋隨筆》云：「今人書二十字爲『廿』，三十字爲『卅』，四十爲『卌』，皆《說文》本字也。『廿』音入，二十并也。『卅』音先合反，三十之省便，古文也。『卌』音先立反，數

【一三】已有二聲合爲一字者　「有」原作「者」，據諸本改。

名，今直以爲四十字。案：秦始皇凡刻石頌德之辭，皆四字一句。《泰山辭》曰『皇帝臨位，二十有六年』，《琅琊臺頌》曰『維二十六年，皇帝作始』，《之罘頌》【一四】曰『維二十九年，時在中春』，《東觀頌》曰『維二十九年，皇帝春遊』，《會稽頌》曰『德愈修長，三十有七年』，此《史記》所載，每稱年者，輒五字一句。嘗得《泰山詞》石本，乃書爲『廿有六年』，想其餘皆如是，而太史公誤易之，或後人傳寫之訛耳，其實四字句也。」

《小說》云【一五】：「『皕』音祕，二百爲『皕』。『廿』音入，二十爲『廿』。『卉』先合切，三十爲『卉』。『卌』先入切，四十爲『卌』。」

《雌黃》云：「『重疊』之『疊』，古從三日，至亡新以三日太盛，遂改作三田。『戰陣』之『陣』，古用『陳』，至羲之字篇變爲『陣』字，遂改從車。字畫之變，因循若此者甚多。如『蠶』字作『蚕』，不知『蚕』乃音腆；『船』字作『舡』，不知『舡』乃音工。書『關』作『開』，『開』乃音弁；書『商』作商，『商』乃音的；書『須』作『湏』，『湏』乃音潰；書『簡』作『蕑』，『蕑』乃音艱；書『本』作『夲』，『夲』乃音滔；書『體』作『体』，『体』乃音𥭩。書『美惡』字爲『羙』，不知『羙』字從火，乃『羔羊』之『羔』也；書『肺腑』字爲『胏』，不知『胏』字從朱，乃『乾胏』之『胏』也。以『紙』爲『紙』，不知『紙』字都奚切；以『券』爲『劵』，不知『劵』字巨願切；以『麦』爲『麥』，不知『麦』字力升切；以『筆』爲『筆』，不知『筆』字兵苗切。『塲』音傷，乃以爲『場』字；『受』音到，多以爲『受』字。『徘徊』之

【一四】之罘頌「罘」原作「四不」，據諸本改。

【一五】小說云「小」原作「世」，據叢書本改。

『徘』或用『俳』字，『俳』乃音排；『甪里』之『甪』，或用『角』字，『角』乃音覺。以『无』爲『旡』，『旡』則音既；以『未』爲『禾』，『禾』則音劣。或以『毆擊』之『毆』爲『毆逐』，或以『邊徼』之『徼』爲『儌倖』。『卉』字先合切，乃以爲『茻木』之『茻』；『盻』字下計切，乃以爲『盼視』之『盼』。『陝州』之『陝』與『陜隘』之『陜』，形似同而義不同；『甲胄』之『胄』與『世胄』之『胄』，音雖同而字不同。『邵公奭』之『邵』異乎『德彌卲』之『卲』，『郤獻子』之『郤』異乎『以心卻』之『卻』。『車箓』之『箓』，音暨，有類乎『笑言』之『笑』；地名之『伏』，音大，有類乎『伏藏』之『伏』。以『進趨』之『趨』爲『趍』，『趍』乃音馳；以『圖諜』之『圖』爲『啚』，『啚』乃音鄙。『東』與『東』不分，『舀』與『臼』無辨，甚者以『著』爲『着』，以『乾』爲『乹』，以『畫』爲『畵』，以『華』爲『花』，而制字之法埽地矣。」

《字譜·總論訛字》云：「久矣，俗書字體分毫點劃訛失，後學相承，遂成即真，今考訂其訛謬疏於後。且如『蟲』之『虫』，『虫』音虺字；『須』之『湏』，『湏』古『頮』字；『關』之『閞』，『閞』音弁字，又扶邁反；『船』之『舡』，『舡』音航；『商』之『啇』，『啇』音的；『蠶』之『蚕』，『蚕』音腆；『鹽』之『塩』，『塩』音古；『美』之『羙』，『羙』音羔；『體』之『体』，『体』音坌；『本』之『夲』，『夲』音滔；『匹』之『疋』，『疋』音雅，又音所；『麥』之『麦』，『麦』音陵。凡此非爲訛失，是全不識字也。」

又如「顧」之「頋」，「霸」之「覇」，「喬」之「高」，「獻」之「献」，「國」之「国」，「廟」之

「廟」，「亂」之「乱」，「殺」之「煞」，「趨」之「趍」，「虧」之「虧」，「錢」之「糹」，「齊」之「斉」，「齋」之「斎」，「學」之「斈」，「臺」之「臺」，「寶」之「宝」，「驅」之「駈」，「棲」之「栖」，「甕」之「瓮」，「兔」之「兎」，「遲」之「遟」，「著」之「着」，「㮚」之「栗」，「繩」之「縄」，「飯」之「飰」，「備」之「偹」，「豬」之「猪」，「鄒」之「邹」，「若」之「若」，「肅」之「粛」，「襄」之「襄」，「繼」之「継」，「斷」之「断」，「嬭」之「妳」，「獮」之「弥」，「診」之「訬」【一六】，「珍」之「珎」，「參」之「叅」，「泰」之「泰」，「恭」之「恭」，「醉」之「酔」，凡此皆俗書也。

又有「暴」字之類者，上有「日」矣，旁又加「日」焉。類如「莫」之「暮」，「基」之「堪」，「然」之「燃」，「岡」之「崗」，凡此皆偏旁之贅者也。

又有「尊」、「樽」字，只一字耳，而旁又加「木」焉。如「昏」之「婚」，「女」之「汝」，「匊」之「掬」，「與」之「歟」，「回」之「廻」，「園」之「薗」，「果」之「菓」，「席」之「蓆」，凡此皆偏旁又贅者。如「宜」、「冥」、「富」、「寇」皆從宀，而俗書「冝」、「宂」、「冨」、「冦」而從冖。「沖」、「況」、「梁」、「涼」皆從水，而俗書「冲」、「况」、「梁」、「凉」而從冫，「冫」音冰字。「廚」、「廳」皆從广，而俗皆從厂；「博」、「協」皆從十，俗皆從忄。

又有偏旁相錯者，如「舀」、「臽」相似，「取」、「耴」相亂，「朿」、「束」不分，「奕」、「弈」無辨，「鳥」、「隹」通用，「月」、「冃」同體，凡此皆俗書之訛也。近時以來，用字之的，當以監本《省韻》及《廣韻》、《玉篇》、《集韻》爲正。韻非不正也，其如鋟木匠士何？皆不可

【一六】診之訬　「診」原作「軫」，據叢書本改。

考訂，況《廣韻》雖分明注爲俗字，而《集韻》所載則真俗相亂耳，學者可不審諸？

《雌黄》云：「晉、宋以來，多能書者，至梁大變。蕭子雲改易字體，邵陵王頗行僞字，『前』上爲『草』，『能』傍作『長』之類是也。至爲一字唯見數點，或妄斟酌，遂使轉移。北朝喪亂之餘，書迹猥陋，專輒造字，猥拙甚於江南。乃以百念爲『憂』，言反爲『變』，不用爲『罷』，追來爲『歸』，更生爲『蘇』，先人爲『老』，如此非一，徧滿經傳。」

又云：「李濟翁《資暇録》云：『俗之誤談何限！呼郡刺史爲刺史，謂官涉爲官陟，振鼻爲噴涕，呿口爲愛富，熨斗爲熅【一七】，剪刀爲箭，帽爲幕，禮爲里。』予考字書，『熅』於問切，以火伸物，則知呼熨斗爲『熅』，當用此字。濟翁不考，一槩謂之誤談，非也。」

「无」亦作「亡」，自古只用此二字。秦時始以「無」字爲「有無」之字，《説文》曰：「無，文甫切，今借爲『有無』字。」《玉篇》云：「橆，文甫切，繁蕪豐盛也，今爲『有無』字。」古之經書皆篆文，秦變篆爲隸，多改其字形，《詩》、《書》、《周禮》、《春秋》、《禮記》、《論語》皆用「無」字，乃變篆爲隸者改之。惟《周易》首尾盡用「无」字，蓋變隸時不曾改，《易》不在焚之數，亦不得而改。至於「亡」字，亦有存而不改者，《論語》曰「有若亡」、「亡而爲有」、「人皆有兄弟，我獨亡」、「焉能爲亡」、「不如諸夏之亡也」，以上「亡」字獨不改者，蓋變隸時誤讀爲「存亡」之「亡」，故存而不改也。史書亦多用之爲「無」。《漢書》曰「内亡骨肉本根之輔，外亡尺土藩翊之衛」，又曰「朝亡廢官，邑亡敖民，地亡曠土，國亡捐

【一七】熨斗爲熅　「熅」原作「醖」，據叢書本改。

瘠」，司馬相如賦曰「亡是翁者」，賈山曰「錢者，亡用器也」，翟方進曰「苟能亡恥」，《漢書》用「亡」字甚多。

「敕」字亦作「勑」字，此「詔敕」之字也。「敕」不若「勑」也，從力則順於行草書而美看，故古今寫「敕」字，惟用從力之「勑」。然世俗寫「朿」字、「來」字，並作「來」形，寫「敕」爲「勑」者，蓋俗書變「朿」爲「來」也【一八】。《説文》、《玉篇》、《廣韻》「勑」字並音賚，惟《集韻》「來」字韻中有「勑」字，又於「敕」字下收「勑」，注曰：「相承用作『勑』字。」蓋言相承用則無非「勑」字。

《雌黄》云：「『勞勑』之『勑』洛代反，『詔敕』之『敕』蓄力切，世俗多以『勑』爲『敕』，緣『敕』字古從力，是以因循致誤。《集韻》既於去聲代字韻出『勑』字，又於入聲職字韻列一『勑』字，於『敕』字之下注云：『勑，本音賚，世以爲敕字，行之久矣。』夫『勑』既非『敕』字，實出於世習之誤，『敕』字下自不當出此字，亦《集韻》之誤。」

《邵氏聞見後録》云：「文彦博本姓敬，其曾大父避石晉高祖諱，更姓文，至漢復姓敬。入本朝，其大父避翼祖諱，又更姓文。初，敬氏避諱，各用其一偏，或爲文氏，或爲苟氏。然『敬』字從茍，音棘。非苟也；從攴，非文也，俱非其一偏也。」

《吕氏家塾記》：「太宗欲相正惠公，左右或曰：『吕端之爲人糊塗。讀爲鶻突。』帝曰：『端小事糊塗，大事不糊塗。』決意相之。」

【一八】蓋俗書變朿爲來也　「朿」原作「敕」，據諸本改。

柳子厚詩云：「善幻迷冰火，齊諧笑柏塗。」注云：「《東方朔傳》『老柏塗』。」塗，音茶【一九】。

又云：「猶訝雉爲鶤。」音華，雉也。即孔安國注《益稷》篇「華蟲」之義。

東坡《和劉景文雪》詩：「童子愁冰硯，佳人苦膠杯。」次公云：「『膠』字去聲，與白樂天『一楪膠牙餳』之『膠』同。『膠杯』雖出《莊子》『置杯焉則膠』，而此所謂『膠杯』乃是酒凍也。」

又《次韻子由柳湖感物》詩：「胡爲譏評去聲。不少借，生意凌挫難爲繁。」

又《謝陳季常惠一揞巾》，於感反，藏也。

又《次韻周種惠石棹》詩，皆鼎鐺之意，想與「銚」同。

山谷云：「能，奴登切，獸名，熊屬，足似麞鹿，絶有力，故有絶人之才者謂之能。能，奴來切，三足鱉也。今徐季海於來字韻用『法士多瓌能』【二〇】，乃是借似鱉耳，然魏、晉人作詩多如此借韻。」

潘子真云：「曾子固言：『《阿房宫賦》「鼎鐺玉石，珠瑰金礫，棄擲邐迤，秦人視之亦不甚惜」，「瑰」當作「塊」，蓋言秦人視珠玉如土塊瓦礫也。』」

洪駒父云：「牧之云『未雩何龍』，鮑欽止謂：『予言古本是「未雲何龍」。』當以此爲是。」

【一九】塗音茶　「茶」原作「茶」，據叢書本改。

【二〇】法士多瓌能　「瓌」原作「壞」，據叢書本改。

《摭言》云：「李相讀《春秋》，誤以『叔孫婼』敕略呼爲敕晷，有小吏曰：『某緣師受，誤呼文字，今聞相公呼婼爲婼，方悟之耳。』公曰：『不然。』因檢《釋文》，果敕略反，公大慚，號小吏爲『一字師』。」

李陽冰《上李大夫古篆書》云：「常痛孔壁遺文，汲冢舊簡，年代浸遠，謬誤滋多。蔡中郎邕。以『豊』同『豊』，李丞相斯。將『束』爲『宋』，魚魯一惑，涇渭同流。」

《抱朴子》云：「書三寫，『魚』成『魯』，『帝』成『虎』。」

劉歆《七略》云：「古文或誤以『見』爲『典』，以『陶』爲『陰』。」

蔡邕撰《郭有道碑文》：「先生諱泰，字林宗，其先出自有周。王季之穆，有號叔者，實有懿德，文王咨焉，建國命氏，或謂之郭，即其後也。」李善曰：「高誘《戰國策注》曰：『郭，古文號字也。』」

嵇康《養生論》云：「内懷殷憂，則達旦不瞑。」李善曰：「瞑，古眠字。劉良曰：『閉目曰眠。』」

《學林》云：「格，亦音閣。《前漢·文三王傳》：『太后欲以梁王爲嗣，大臣及袁盎等有所關説，太后議格。』蘇林注曰：『格，音閣。』《義縱傳》：『楊可方受告緡，縱以爲此亂民，捕其可使者。天子聞，以爲廢格沮事。』《漢書音義》曰：『廢格詔書，沮已成之事。』師古曰：『格，音閣。』凡此皆讀爲閣。《禮記》：『發然後禁，則扞格而不勝。』注：『讀曰「洓洛」之「洛」。』陸德明《釋文》云：『恪，胡格反，一音户各反。格，胡客反，又户隔反。』

凡此讀爲胡客反。又《史記・楊僕傳》云『置伯格長』，胡廣曰：『格，古村落字。街陌屯落，皆設督長也。』《前漢・楊僕傳》云『置伯落長』【二一】，師古曰：『置伯及邑落之長。』予考《前漢》「落長」之語，乃在《王溫舒傳》，非《楊僕傳》也。則知《史記》讀格爲落，凡此格讀爲落。」

《學林》云：「《孟子》曰：『士未可以言而言，是以言餂之也。』趙岐注曰：『餂，取也。』郭璞《方言注》曰【二二】：『音忝，謂取物也，其字從金，亦作奴兼切。』《玉篇》食部有『餂』字，注曰：『達兼切，古甜字。』《廣韻》曰：『餂，他點切，取也。』義與《孟子》合。孫奭《音義》：『餂，奴兼切。』」《禮部韻》：「奴廉切。」

《公羊傳・昭公二十年》：「惡惡止其身，善善及子孫。」「惡」、「惡」並如字，一讀上烏路反。

又《定公八年》：「睋而鋟其板。」睋，五多反。鋟，本又作「鑯」，七廉反，又且審反，以爪刻鏤斂板也。

古汳高元之《茶甘録》云：「杜子美《哀貶台州鄭司户虔》詩云：『《薈蕞》何技癢。』薈，烏外切，草多貌。蕞，在最切，又徂外切，小也。虔自謂著書雖多，而皆碎小之事也。後人傳寫，誤爲『會粹』，謂會集其純粹，失之遠矣。癢，以兩切，痒也。謂人有藝技，不能自忍，如人之癢也。甫謂虔私著國史者，不能自忍也爾。唐史氏謂虔集當世事，著書八十篇，目其書爲《會粹》，亦承襲之誤矣。」

【二一】置伯落長　「落」原作「樂」，據諸本改。

【二二】郭璞方言注曰　「方言」本在「曰」字下，據叢書本移至此。

《邵氏聞見後録》云：「《前漢・叙傳》『外博四荒』，按《書》『外薄四海』，『博』字爲誤。《魏・高堂隆傳》『是用大簡』，按《詩》『是用大諫』，『簡』字爲誤。《後漢書・方術傳》『懷協道藝』，當作『挾』字。《胡廣傳》『議者剥異』，當作『駮』字。《朱浮傳》『保宥生人』，當作『祐』字。《王允》『乳藥求死』，當作『茹』字。《珩璜論》此一段並同，但「王允」作「充」字。史官失於是正，類此者不一。」

「王荆公晚喜説字，客曰：『覇字何以從西？』荆公以西在方域主殺伐，累言數百不休。或曰：『覇從雨，不從西。』荆公輒曰：『如時雨化之耳。』其學務鑿，無定論類此。」

「劉器之與東坡元祐初同朝。東坡勇於爲義，或失之過，則器之必約以典故。東坡至發怒曰：『何處把上把，去聲，農人秉以事田之具。獲得一劉正言來，知得許多典故？』」

「夔州古名朐腮。朐，音蠢，又音劬。腮，如尹反，又音忍，蚯蚓也。」

「崔偓佺，淳化中判國子監，有字學。太宗問曰：『李覺嘗言，四皓中一人姓，或云「用」上加一撇，或云「用」上加一點，果何音？』偓佺曰：『臣聞刀下「用」，榷音；兩點下「用」，鹿音；「用」上一撇、一點俱不成字。』四皓中一人，甪里先生也。予謂今書『甪里』，『用』上加撇者，非是。」

「俗語：『借與人書爲一癡，還書與人爲一癡。』予每疑此語近薄。借書、還書，理也，何癡云？後見王樂道《與錢穆父書》【二三】：『《出師頌》書函中最妙絶，古語：「借書一

【二三】與錢穆父書　「錢」原作「前」，據《邵氏聞見後録》卷二十七改；「父」原作「四」，據《高齋漫録》改。

甁，還書一甁。」欲以酒二尊往，知卻例外物不敢。』因檢《説文》：『甁，抽遲反，亦音絺。』注云：『酒器，古以借書。』蓋俗誤以爲『癡』也。」並《邵氏聞見後録》。

《顔氏家訓》云：「文字者，墳籍根本。世之學徒，多不曉字：讀五經者，是徐邈而非許慎；習賦誦者，信褚詮而忽吕忱；明《史記》者，專皮、鄒而廢篆籀；學《漢書》者，悦應、蘇而略《蒼》、《雅》。不知書音是其枝葉，小學乃其宗系。」

「晉、宋以來，所有部帙【二四】，楷正可觀，不無俗字，非其大損。至梁天監之間，斯風未變，大同之末訛替滋生。蕭子雲改易字體，邵陵王頗行僞字，「前」上爲「草」，「能」傍作「長」之類是也。朝野翕然，以爲楷式，畫虎不成，多所傷敗。爾後墳籍略不可看。北朝喪亂之餘，書迹鄙陋，加以專輒造字，猥拙甚於江南。乃以百念爲『憂』，言反爲『變』，不用爲『罷』，追來爲『歸』，更生爲『蘇』，先人爲『老』，如此非一，徧滿經傳。」

「或曰：『今之經典【二五】，子皆謂非，《説文》所言，子皆云是。然則許慎勝孔子乎？』曰：『今之經典，皆孔子手迹耶？』客曰：『今之《説文》，皆許慎手迹乎？』【二六】答曰：『許慎檢以六文，貫以部分，使不得誤，誤則覺之。孔子存其義而不論其文也。先儒尚得改文從意，何況書寫流傳耶？必如《左傳》「止戈爲武」、「反正爲乏」、「皿蟲爲蠱」、「亥有二首六身」之類，後人自不得輒改也。安敢以《説文》校其是非哉？且余亦不專以《説文》爲是也，其有援引經傳與今乖者，未之敢從。大抵服其爲書，隱括有條例，剖

【二四】所有部帙　「有」原作「以」，據叢書本改。

【二五】今之經典　「之」原脱，據叢書本補。

【二六】皆許慎手迹乎　「手迹」原脱，據叢書本補。

析窮根源，鄭玄注書往往引其爲證。若不信其説，則冥冥不知一點一畫有何意焉？』」

「世間小學者不通古今，必依小篆是正書記。及《爾雅》、《三蒼》、《説文》，豈能悉得蒼頡本指哉？亦是隨代損益，各有同異。西晉已往字書何可全非？但令體例成就，不爲專輒耳。古字多假借，以『中』爲『仲』，以『説』爲『悦』，以『召』爲『邵』，以『閒』爲『閑』，如此之徒，亦不勞改。自有訛謬，過成鄙俗，『亂』旁爲舌，『揖』下無耳，『席』中加帶，『惡』上安西，『鼓』外設皮，『鑿』頭生毀，『獵』化爲『獦』，音葛，獸名，出《山海經》。『寵』變成『竉』，竉，音郎動反，孔也，故從穴。如此之類，不可不治。吾昔初看《説文》，蚩薄世字，從正則懼人不識，隨俗則意嫌其非，略是不得下筆也。所見漸廣，更知通變，救前之執，將欲半焉。若文章著述，猶擇微相影響者行之，官曹文書，世間尺牘，幸不違俗也。」

楊文公《談苑》云：「今之姓胥、姓雍者，皆平聲。春秋胥臣、漢雍齒、唐雍陶，皆是也。蜀中作上聲、去聲呼之，蓋蜀人率以平爲去。」

陳曄《瑣碎録》云：「《南粵志》載嶺南字『奣』、音匾。『奀』、音矮。『坴』，音穩。似此有數十字，皆以意爲之。」又云：「數之大字皆是借用。專『壹』、疑『貳』【二七】、相『叁』、放『肆』、軍『伍』、水『陸』、膠『柒』、把『捌』、瓊『玖』、收『拾』、叔『伯』、『阡』陌、『萬』舞。」又云：「『善』字從口，『惡』字從心。『喜』、『怒』字亦然。」

【二七】專壹疑貳　「貳」原作「二」，據諸本改。

校勘記

卷之二十三

字説

集字三

謝玄暉《銅雀臺》詩曰：「繐帷飄井幹，尊酒若平生。」五臣注：「銅爵臺，一名井幹樓。」《學林》：「按，幹音翰。史記始皇幽母於咸陽宫，諫者殺之於井幹闕下。又漢武帝立井幹樓，高五十丈。《漢・郊祀志》亦云。師古注曰：『井幹樓積木而高，於樓若井幹之形也。井幹者，井上木欄也。其形或四角，或八角。』又謂之銀牀，皆井欄也。」《揚子・重黎篇》「或問茅焦歷井幹之死」，司馬曰：「幹音韓。井幹，謂始皇殺諫者二十七人，積尸闕下，如井幹之狀。」

魯直詩云：「君家冰茄白銀色，殊勝垻裏紫彭亨。」注云：「垻，必駕切。蜀人謂平川曰垻。」

劉器之《元城語録》云：「《襄公三十年》所謂『亥二首六身』者，注云：『亥字二畫在上，併三六爲身，如算之六。』蓋古之『亥』字如此寫，故曰『二首六身』，其下六畫，如算子三个六數也。所謂『下二如身，是其日數』者，注云：『下亥上二畫，立置身傍。』蓋如者往也，移下『亥』上二畫，往於『亥』字身仄，則當如此『𠀅』寫。其左堅者二畫，乃二萬也，其右重者六畫，乃三箇算字，六數則六千六百六旬也，故曰『是其日數也』。且四百四十五甲子合得二萬六千七百，今乃差四十日者，則前所謂其季於今三之一，謂其末甲子纔得二十日，故少四十日也。」

孔毅父《珩璜論》云：「王弼注《易》『鼎折足，其形渥，凶』，以爲沾濡之形也。《新唐史・元載贊》以爲『刑剭』。《廣韻》：『剭，音屋，又音握。』鄭玄《周禮注》：『剭誅，謂所殺不於市，而以適甸師氏。』」《邵氏聞見録》云：「王弼注『鼎折足，覆公餗，其形渥，凶』，以爲沾濡之形也。蓋弼不知古《易》『形』作『刑』，『渥』作『剭』。剭，音屋。故《新唐史・元載贊》用『刑剭』，亦《周禮》『剭誅』云。」

《珩璜論》云：「朝請，音才性反，非『請託』之『請』也。見《成帝紀》注。」

又云：「古字通用。後人草則加草，木則加木，遂相承而不知也。如『倚卓』遂作『椅桐』之『椅』，『棹船』之『棹』。廳者，於此聽事也，只作『聽』字，後人以爲屋也，加广宜檢切。如庭廡之類，今訛遂作『厂』字。《玉篇》：『厂呼旦切。者，山石之厓巖，人可居也。』今《禮部韻》亦訛也。」

《學林》云：「古篆『五』字爲×【一】，象陰陽交叉之義，『午』字亦取此義。《周禮》：『壺涿氏掌除水蟲，以牡橭午貫象齒而沉之，則其神死。』鄭氏注曰：『午，故書爲

【一】古篆五字爲×　「×」原作「義」，據叢書本改。

五。杜子春曰：五貫當爲午。』蓋用象齒交五貫於椁木之上也。故書，别本《周禮》也。故書作五，則『午』、『五』通用明矣。史言『旁午』者，四通八達皆通，亦縱横交五之義也。『端五』，或作『端午』，亦見通用。」《資暇録》云者，非也。李正文《資暇集》【一】云：「周處《風土記》：『仲夏端五，烹鶩角黍。』端，始也，謂五月初五日也。今書『端午』，其義無取。予家元和中端五詔書【二】，並無作『端午』字。」

《雌黄》云：「江南有小栗，謂之茅栗，音『草茅』之『茅』。沈存中云：『正所謂「芧」，《莊子》云「狙公賦芧」者。』音嶼。《本草》有『羊蹄』，一名蓄，陶隱居云：『今人呼爲秃菜。』蓋蓄音之訛。《詩》曰：『言采其蓄。』『茅』與『芧』其文相近，『蓄』與『秃』其聲相近，故其訛如此。」

「竊怪杜詩有『皂鵰寒始急』，白樂天詩有『千呼萬唤始出來』，二者似涉語病。司馬温公云：『始字，皆作去聲讀。若從上聲，尤可怪笑。』故李希聲云：『始有二音，「終始」之「始」則音上聲，「萬物資始」是也。有所宿留而今甫然者，則音去聲，「蟬始鳴」是也。』『寒始急』、『始出來』亦『蟬始鳴』之類乎？」同上。

《古今詩話》云：「詩人用『也』字，本皆音夜。杜云『青袍也自公』，元稹云『也向慈恩寺裏遊』，今人讀如字，非也。」

程大昌《演繁露》云：「《周禮》『廉能』之類【四】，諸家雖訓廉爲察，常疑理不相附。

【一】李正文資暇集　「正文」原作「文正」，據叢書本盧文弨案乙。

【二】予家元和中端五詔書　「端五」下原衍「端五」，據四庫本删。

【四】周禮廉能之類　「周」原作「思」，據諸本改。

因閲《漢·高帝紀》詔：『廉問，有不如吾詔者，以重論之。』顔氏曰：『廉字，本作覝，其音同。』乃知廉之爲察，本『覝』字也，有覘視之義。」

「《後漢·馮衍傳》説鮑永曰：『然而諸將虜掠。飢者毛食，寒者裸跣。』注云：『毛，草也。太子賢案：《衍傳》毛作無，今俗語猶然，或古亦通用乎？』『秏矣哀哉』，注以『秏』爲『毛』。毛，無也。唐黄繙綽諧語以賜緋毛魚袋，借毛爲無，則知閩人之語亦有本。」

「古字不拘偏旁，多借同聲用之。《漢志》『疇人』疑『籌人』也，從算曆言之，比『疇列』之『疇』，於義爲徑。」並《演繁露》。

馬大年《嬾真子録》云：「俗諺云『一鉤絲能得幾時絡』，以諭小人之逐目前之樂也。然『鉤』字合作『緰』。《太玄經》『務』之『次五』曰：『蜘蛛之務，不如蠶一緰之利。』緰，音古侯切，與鉤同音。今以《太玄經》證之，故『鉤』當作『緰』。」

又云：「二十八宿，今《韻略》所呼與世俗所呼，往往不同。《韻略》『宿』音綉，『亢』音剛，『氐』音低，『觜』音訾，皆非也。何以言之？二十八宿謂之二十八舍，又謂之二十八次，次也、舍也，皆有止宿之意。今乃音綉，此何理也？《爾雅》云：『壽星，角、亢也。』注云：『數起角、亢，列宿之長。』故有高亢之義。今乃音剛，非也。《爾雅》：『天根，氐也。』注云：『角、亢下繫於氐，若木之有根。』其義如《周禮》『四圭有邸』，《漢書》『諸侯王邸』之『邸』。音低，誤矣。西方白虎，而參、觜爲虎首，故有觜之義。音訾，誤矣。彼《韻略》不知，但欲異於俗，不知害於義也。學者當如其字呼之。」洪景盧《容齋隨筆》云：「二十八宿，宿音秀。若考其義，則止當讀如本音。嘗記前人有説如此。《説苑·辨物篇》：『天之五星【五】，運氣於五行。』所謂宿者，日月五星之所宿也，其義昭然。」

「魯臧武仲名紇，孔子父【六】，鄹人。紇，乃叔梁紇也。皆音恨發切，而世人多呼爲核。有一小説，唐蕭穎士輕薄，有同人誤呼武仲名，因曰：『汝紇字也不識。』或以爲瞎字也不識，誤矣。」

「今之士人簡尺中，或以『薢茩』易『邂逅』字，非也。《離騷經》云：『製芰荷以爲衣兮。』王逸注云：『芰，菱也。秦人曰薢茩。』薢，音皆；茩，音茍。僕仕於關陝之間，不聞此呼，正恐王逸別有義爾。」

「文房四物見於傳記者，若紙、筆、墨皆有據，至於硯，即不見之。獨《前漢》張彭祖『少與上同研席書』，又薛宣『思省吏職，下至筆研，皆爲設方略』。蓋古無『硯』字。古人諸事簡易，凡研墨處不必硯，但可研處即爲之爾。矛楯、螭坳，載於前世，不若今世事事冗長，故只謂之研，不謂之硯。然伍緝之《從征記》【七】：『孔子廟中有石硯一枚，乃夫子平生物。』非經史，不足信。」

「《前漢·百官表》少府之屬官，凡五十餘人。有導官，掌米穀以奉至尊【八】。然學者

【五】辨物篇天之五星　原作「下恨篇吴之晉生」，據叢書本改。

【六】孔子父　「父」原脱，據四庫本補。

【七】然伍緝之從征記　「伍」原作「任」，據四庫本改；「從」原作「北」，據《條録·跋》改。

【八】掌米穀以奉至尊　「奉至」原作「至奉」，據諸本乙。

多疑『導』字之義。僕考《唐・百官志》：『䆃官令，掌䆃擇米麥，凡九穀，皆隨精粗考其耗損而供。』然『導』字下從寸，《唐》『䆃』字下從禾。今按《韻略》：『瑞禾一莖六穗謂之䆃。』恐唐以『瑞禾』名官也。僕嘗以此問僕舅氏，笑云：『此蓋讀司馬長卿《封禪書》誤耳。』書云『䆃一莖六穗於庖』，注云：『䆃，擇也。』一莖六穗，謂嘉禾之米也。後人誤以瑞禾爲䆃，遂併官名失之。可一笑也。」並《嬾真》。

《通鑑釋文》云：「晉惠帝元康【九】七年『寧馨』，《晉書音義》無音【一〇】，而世以『甯』音之【一一】。『寧馨』猶言『阿堵』，阿堵之義，蓋指物之稱。」

《演繁露》云：「山濤見王衍，曰：『何物老媪，生寧馨兒！』寧，作去聲；馨，音亨。今南人尚言之，猶言『恁地』也。宋前廢帝悖逆，太后怒，語侍者曰：『將刀來割我腹，那得生寧馨兒。』此兩『寧馨』同爲一意。」

《雌黄》云：「《晉書》『寧馨兒』，『寧』字相傳多作去聲，如唐人詩云『家無阿堵物，門有寧馨兒』是也。而劉夢得詩『爲問中華學道者，幾人雄猛得寧馨』，則又作平聲。」

《南部新書》云：「天寶四載，改《尚書》『無頗』作『陂』。」

《顔氏家訓》云：「太史公曰：『寧爲雞口，無爲牛後。』此是删《戰國策》耳。按延篤《音義》曰：『尸，雞中之主。從，牛子。』然則『口』當爲『尸』，『後』當爲『從』，俗寫誤也。」

【九】晉惠帝元康　「元康」原作「永熙」，據《條録・跋》改。

【一〇】晉書音義無音　「義」原作「哦」，據四庫本改；「無」原脱，據史炤《資治通鑑釋文》卷九補。

【一一】而世以甯音之　「世」原脱，據《條録・跋》補。

「甫者，男子之美稱，古書多假借爲『父』字。北人遂無一人呼爲甫者。唯管仲、范增之號，須依字讀耳。」

《談苑》云：「《千字文》題云『勑員外散騎侍郎周興嗣次韻』，『勑』字乃『梁』字傳寫誤耳。時帝王命令尚未稱勑，至唐顯慶中始云：『不經鳳閣鸞臺，不得稱勑。』勑之名始定於此。」

《筆談》云：「王聖美治字學，以爲右文。古之字書，皆從左文。凡字，其類在左，其義在右。如木類，其左皆從木。所謂右文者，皆『戔』，小也。水之小者曰『淺』，金之小者曰『錢』，貝之小者曰『賤』，如此之類，皆以『戔』爲義也。」

《遯齋閑覽》曰：「今士俗同訛者，豈唯『打』字？如『不』字，本方鳩切，人皆以逋骨反呼之。遍檢諸韻，並無此音。」

《歸田録》云：「世俗語訛，君子小人同其謬者，惟『打』字。打，音丁雅。其義本謂考擊，故人相毆、以物相擊皆謂之『打』。而工造金銀器，亦謂之『打』可矣，蓋有搥擊之義也。至於造舟車曰『打船』、『打車』，網魚曰『打魚』，汲水曰『打水』，役夫餉飯曰『打飯』，兵士給衣糧曰『打衣糧』，從者執傘曰『打傘』，以糊粘紙曰『打粘』，以丈尺量地曰『打量』，舉手試眼之昏明曰『打試』，徧檢字書，了無此字。音丁雅者。其義主考擊之『打』，自音謫耿，以字學言之，『打』字從手從丁，丁又擊物之聲，故音謫耿爲是，不知因何轉爲丁雅也。」

又云：「京師食店賣酸䭕者，皆大出牌榜，而俚俗昧於字法，轉『酸』從食，『䭕』從臽。有滑稽子謂人曰：『彼家賣餕餡，音俊叨。不知何物也。』飲食四方異宜，而名號亦隨時俗言語不同，至或傳者轉失其本。湯餅，唐人謂之『不托』，今俗謂之『餺飥』。晉束晳《餅賦》有『饅頭』、『薄持』、『起溲』、『牢丸』之號，惟『饅頭』至今名存，而『起溲』、『牢丸』，莫曉何物。『薄持』，荀氏又謂『薄夜』，亦莫知何物也。」

《集古録跋》云：「漢《北海相景君碑銘》有云『不永麋壽』，余家集録三代古器銘有云『眉壽』者，皆爲『麋』，蓋古字簡少通用，至漢猶然也。」

又：「漢《樊毅華岳碑》云『《周禮·識方氏》華謂之西嶽』，其字畫頗完，惟以《周禮》『職方』爲『識方氏』，其字畫分明，非訛缺，疑當時《周禮》之學自如此，蓋『識』、『誌』其義皆通也【一二】。」

又：「漢《張表碑》云，有『畔桓利正』之語。『畔桓』，疑是『盤桓』，文字簡少假借爾。」

又：「《鄧乂碑》，考其事迹，即魏鄧艾碑也。艾於三國時爲名將，史與兗州人皆不應誤。而『艾』、『乂』二名不同如此。余謂古人『艾』、『乂』常通用，《漢書》曰『黎民艾安』【一三】，與『懲艾』、『創艾』，注皆讀爲『乂』。豈非鄧侯名『艾』音『乂』，而書碑者從省

【一二】蓋識誌其義皆通也　「誌」，據上下文義當作「職」。

【一三】黎民艾安　「民」原作「氏」，據諸本改。

歟？後人讀史無音注，乃直以爲『蒿艾』之『艾』，而流俗轉失。」

程大昌《考古編》云：「《史記·堯本紀》載《書》『欽哉，惟刑之靜哉』，徐廣曰：『《今文尚書》云：「惟刑之謐哉。」』司馬貞《索隱》云：『案《古文》作「恤哉」，《今文》是伏生口誦，「恤」、「謐」相近，遂作「謐」也。』」

又云：「《孟子》『孝子之心爲不若是恝』，徐鍇曰：『《説文》無『恝』字。』至心部『忿』字，引《孟子》爲釋，乃用『忿』字，從心從介，其義爲忽，與今《孟子》文不同。凡《説文》引六經、《論》、《孟》多異今文，不獨點畫偏旁，雖其語意，皆不同也。」

《貢父詩話》云：「前世所稱『駔儈』，駔，子黨切。今人謂之牙。韓文公贈玉川詩曰：『水北山人得名聲，去年去作幕下士。水南山人又繼往，鞍馬僕從塞閭里。少室山人索價高，兩以諫官徵不起。』【一四】又云：『先生有才須大用，宰相未許終不仕。』王向子直謂韓公與處士作牙。牙，商度物價也。駔儈謂牙者，世不曉所謂。道源云：『本謂之「互」，即互市事爾。唐人書「互」字作「𠄨」，「𠄨」字似「牙」字，因轉讀爲「牙」。』其理如可信，或云何得舉世同辭，蓋不足怪。今人以『万』爲『力』，以『千』爲『丿』，亦人人道之也。」

《雌黄》云：「嘗考韋曜《博弈論》曰：『所志不出一枰之上，所務不過方罫之間。』《方言》曰：『投博謂之枰。』皮兵切，今俗讀作北萌切。《爾雅》曰：『孫之子爲曾孫。』又

【一四】兩以諫官徵不起　「徵」原作「招」，據諸本改。

曰：『王父之考爲曾祖。』郭璞注：『曾，猶重也。』當音層，今俗多讀作『增』【一五】。酒缸謂之『缸』，其字從缶【一六】，甖也，下江切，今俗多與『釭』字相亂【一七】，讀作古雙切。殊不知釭乃車轂中鐵，又燈也，與酒缸不同。顧眄謂之『眄』，其字從丏，斜視也，莫甸切，今俗多與『盼』字相亂，讀作匹莧切。殊不知盼乃美目，與顧眄不同。是皆俗學訛呼字如此。」

又云：「古人制字，皆有意義。後世有因忌諱而妄爲之改易者，有以私意而撰成俗字者。如秦始皇以『辠』字似『皇』字，因改作『罪』；宋明帝以『騧』字似『禍』字，因改作『駈』；文帝以『隨』去辵而爲『隋』；光武以『洛』去水而爲『雒』。此類以忌諱而改也。《集古録》云：「漢人闕銘，其一曰雒陽令王君闕，不知爲何人。按顔師古注《地理志》曰：『魚豢云漢火行，忌水，故去「水」加「隹」。』師古謂光武以後始改爲『雒』。」吴孫休爲四子立名字，有「𩅦彎。𩃬觥。」、『𠁆莽。𡨭褒。』、『𥎋迄。𥑯礹。』、『昷舉。𤼧擁。』之文；唐天后以『𠑺』、『埊』、『㘝』、『𠥱』、『〇』、『𠺞』、『𢘑』、『𡕀』、『𡔈』、『𠡦』、『𠥝』、『曌』、『𠱥』、『𤯔』、『𥠢』、『𡈼』、『圀』代『天』、『地』、『日』、『月』、『星』、『君』、『臣』、『載』、『初』、『年』、『正』、『照』、『證』、『聖』、『授』、『戴』、『國』等字；南唐劉龑，初名巖，採《周易》『飛龍在天』之義改名龑，音儼。此類以私意而撰成俗字也。後魏江式嘗譏俗人好撰字，云巧言僞辯，因作『𦦵』字，今《唐史》亦有康𦦵。又竇懷真族弟名維『鍌』，考諸字書，並無此字，自《唐史》

【一五】今俗多讀作增　「增」原作「曾」，據叢書本改。

【一六】其字從缶　「缶」原作「金」，據諸本改。

【一七】今俗多與釭字相亂　「釭」原作「缸」，據諸本改。

以來，相傳以爲先典切。大抵俗書甚多，史傳中亦稍有用之者，亦相承之久然耳。」

又云：「『榿』字，字書皆無之，蜀中多此木，相傳以爲丘疑切。按介甫絶句『濯錦江邊木有榿』者，與『移』字同押，則知丘宜切是也。杜陵有《覓榿木栽》詩云：『飽聞榿木三年大，與致溪邊十畝陰。』鄭尚明昂作《杜詩釋音》云『五來切』，誤矣。」

宋景文《筆記》云：「周大臣王朴名『朴』，平豆反。而自謂『樸』。案《説文》『朴』無樸音，俗以『朴』爲『樸』爾。」予謂《唐韻》「朴」、「樸」二字，並匹角切。惟《韻略》止有「樸」字。孫謂曰：「按《漢·文紀》『示敦朴爲天下先』，今韻無『朴』字，乞附入覺字韻押。」由此觀之，則「朴」與「樸」同。《集韻》乃景文撰定，凡字訓悉本許慎《説文》，去聲既出「朴」字，蒲候切，入聲又出「朴」字，與「樸」字同匹角切。則與《筆記》所謂「朴無樸音」者不同矣，豈景文而自爲矛盾乎？

《顔氏家訓》云：「世稱『勿勿』【一八】，不知所由。按《説文》云：『勿者【一九】，州里所建之旗。象其柄及三游之形，所以趣民事。故匆遽者稱爲勿勿。』」【二〇】

蔡襄《茶録》云：「茶色貴白，而餅茶多以珍膏油去聲。其面，故有青黄紫黑之異。」又云：「茶碾以銀或鐵爲之，黄金性柔，銅及鍮石皆能生鉎，音星。不入用。」

《邵氏聞見後録》云：「宋景文公納子婦，三日，其婦家饋食物，書云：『以食物煖女。』公曰：『煖字錯用，從食從而從大。』其子退檢字書，《博雅》中出『餪』字，注云：『女

【一八】世稱勿勿　「勿勿」原作「匆匆」，據《顔氏家訓》卷三改。

【一九】勿者　「勿」原作「匆」，據叢書本改。

【二〇】故匆遽者稱爲勿勿　「勿勿」原作「匆匆」，據叢書本改。

嫁三日餉食爲「餪女」。』」

《幕府燕閑録》云：「《唐韻》虍字部有『搱』字，經字部有『蟫』字。『搱』苗，本以『虬』爲音，訛作『乾』字，遂入虍部。《爾雅》『蟫，白魚』，本以『淫』爲音，訛作『涇』字，遂入經部。《韻》中似此甚多。」

元結《惡曲》云：「嗚呼！曲爲之，小爲大之漸，曲爲之也，有何不可？姦邪凶惡其豳音由。乎？」

《關子明易傳》十一篇，率多奇字。以「生」爲「生」，以「象」爲「為」，以「一」爲「弌」，以「三」爲「弎」。

《亢倉子》多古文書，以「事」爲「叓」，以「其」爲「丌」。

《貢父詩話》云：「司馬君實常論九旗之名，旗與旂相近，緩急何以區別？《小雅·庭燎》『夜向晨，言觀其旂』，《左傳》『龍尾伏辰』、『取號之旂』，當爲芹音耳。閩中人言清濁之音則不改，言『丹青』之『青』爲『萋』，又以『中』爲『蒸』，『蟲』爲『塵』，不知『旂』本是『芹』，亦閩中人語轉『青』【二二】、『中』爲『萋』、『蒸』也。」《珩璜論》云：「《詩》『思樂泮水，薄采其芹』。魯侯戾止，言觀其旂』，《左傳》『丙之辰，龍尾伏辰，均服振振，取號之旂。鶉之賁賁，天策焞焞，火中成軍，虢公其奔』。『旂』字從斤，以《詩》與《左傳》驗之，合音芹字，『芹』、『畿』聲相近，故後人相承呼之，訛矣。」

【二二】亦閩中人語轉青　「青」原作「丹」，據諸本改。

《古今詩話》云：「樂天詩云：『請錢不早朝。』『請』作平聲，唐人語也。今人不用『廝』字，唐人作『斯』音，五代時作入聲，陶穀詩云『尖簷帽子卑凡廝』是也。樂天又云『金屑琵琶槽』、『雪擺胡騰衫』【二二】，『琵』、『胡』，語與今不同【二三】。」

「章聖朝，試《天德清明賦》，有閩士破題云：『天道如何？仰之彌高。讀作歌。』會考試者亦閩人，遂中選。又荆南士人吟雪詩【二四】，用先字韻，其末句云：『十二峰前漸漸添。讀添爲天。』」

《曲禮》曰：「以足蹙路馬芻者，有誅。」陸音：「蹙，又作蹴，徐采六反，又子六反。」《禮器》云「不然則已蹙」，子六反，又音促。

《韻語陽秋》云：「近世作文者，多以『紫荷橐』作侍從使，不知其誤。《晉·輿服志》云：『八座尚書則荷紫，以生紫爲袷橐，綴之服外，加於左肩。』所謂『荷紫』者，非『芰荷』之『荷』，乃『負荷』之『荷』也。人徒見《南史》『著紫荷橐』四字，遂作一句讀之，殊不知《晉書》『荷紫』之義。」

「《史記·韓安國傳》『臣以三萬人衆不敵，禔取辱耳』，徐廣曰：『禔，一作祇也。』」【二五】

《南史·王筠傳》：「沈約製《郊居賦》，締思積時，尤未都畢，示筠草。筠讀至『雌霓五的反。連蜷』，約撫掌欣忭曰：『僕常恐人呼爲霓。五今反。』」《學林》云：「《南史》：沈約

【二二】雪擺胡騰衫　「騰」原作「勝」，「衫」字脱，據《校補》改補。

【二三】語與今不同　「不」原作「人」，據《校補》改。

【二四】又荆南士人吟雪詩　「人」下原衍「云」字，據叢書本删。

【二五】禔一作祇也　「祇」原作「秖」，據諸本改。

作《郊居賦》，以章草示王筠，讀之至『雌霓連蜷』，撫掌，恐人讀作雌霓。平聲。《郊居賦》注五結反。與齧同音。本朝范蜀公鎮召試學士院，用『彩霓』字作平聲，考試者判《郊居賦》『霓』爲入聲，景仁爲失韻除館閣校勘，學者皆爲景仁憤鬱。案：『霓』字雖有兩音，然文士用霓倪。音多而齧者少，若專用『雌霓』則當音齧，若泛用『霓』字，則倪音可通用。杜甫《石龕》詩【二六】『驅車石龕下，仲冬見虹霓』，於迷字押韻。又《滕王亭子》詩『尚思鼓吹入，千騎把霓旌』，凡此以霓作平聲押，何傷？」並《學林》。

《明皇雜録》云：「劉晏以神童爲秘書省正字，上問：『汝爲正字，正得幾字？』晏曰：『天下字皆正，唯朋字未正。』」

《侯鯖録》云：「《海物異名》云：『江珧柱，其甲美如玉，肉柱膚寸。』郭景純《江賦》云：『玉珧海月，吐納石華【二七】。』世人不用此『珧』字，乃是未知此耳。」

楊億《談苑》云【二八】：「徐鍇仕江左，至中書舍人，校秘書，時吳淑爲校理，古樂府中有『摻』字，淑多改爲『操』，蓋章草之變。鍇曰：『非可以一例。若「漁陽摻」者，音七鑒反，三撾鼓也。禰衡作《漁陽參撾》，古詞云：「邊城晏開漁陽摻，黄塵蕭蕭白日暗。」』淑歎伏之。」

【二六】杜甫石龕詩　「杜甫」原作「林逋」，據諸本改。

【二七】吐納石華　「吐納」原作「肉吐」，據《侯鯖録》卷三改。

【二八】楊億談苑　「談」原作「説」，據叢書本改。

圖書在版編目(CIP)數據

全宋筆記. 第7編. 3 / 上海師範大學古籍整理研究所編. — 鄭州 : 大象出版社, 2015. 12
ISBN 978-7-5347-8749-2

Ⅰ. ①全…　Ⅱ. ①上…　Ⅲ. ①中國歷史—史料—宋代
Ⅳ. ①K244. 066

中國版本圖書館 CIP 數據核字(2015)第 314094 號

全宋筆記　第七編　三

出版人	王劉純
特約編輯	陳　新
責任編輯	郭一凡
整體設計	張　勝
出版發行	大象出版社　鄭州市開元路16號(450044)
製　版	上海杰申電腦排版有限公司
印　刷	鄭州瑞光印務有限公司
版　次	2016年2月第1版第1次印刷
開　本	640mm×960mm　1/16　17.75印張
字　數	214千字
印　數	850册
定　價	65.00元